21世纪应用型人才汽车类专业规划教材
——实验教程系列

U0643356

汽车构造与拆装
实验教程

主　编　余文明
副主编　汪东明　郁大同

中国电力出版社
www.cepp.com.cn

内容提要

　　本实验教程紧密结合高等院校及高职高专汽车类专业的教材，吸收各编写院校先进的教学方法和实践教学经验，以最大限度地满足各院校的实践教学要求和充分激发学生的兴趣为出发点编写而成。

　　本实验教材内容包括：常用拆装工具的使用方法、汽车的整车解体、发动机的拆装、汽车底盘的拆装、汽车车身的拆装、汽车的总装，共19个实验项目。

　　本书以专项能力的培养为单元，实验项目可根据各院校具体的教学及教材要求，独立开设或综合起来进行。

　　本书可作为高等院校及高职高专汽车类专业的实验教材，也可作为广大汽车维修从业人员的培训指导用书。

图书在版编目（CIP）数据

汽车构造与拆装实验教程/余文明主编. —北京：中国电力出版社，2007

21世纪应用型人才汽车类专业规划教材. 实验教程系列

ISBN 978-7-5083-5940-3

Ⅰ. 汽… Ⅱ. 余… Ⅲ. ①汽车–构造–实验–高等学校–教材②汽车–装配–实验–高等学校–教材 Ⅳ. U463 U472

中国版本图书馆 CIP 数据核字（2007）第 112387 号

中国电力出版社出版、发行

（北京三里河路 6 号 100044 http://www.cepp.com.cn）

北京市同江印刷厂

各地新华书店经售

＊

2007 年 9 月第一版 2011 年 1 月北京第三次印刷

787 毫米×1092 毫米 16 开本 14.125 印张 361 千字

印数 5001—7000 册 定价 **24.00** 元

敬 告 读 者

本书封面贴有防伪标签，加热后中心图案消失

本书如有印装质量问题，我社发行部负责退换

版 权 专 有 翻 印 必 究

《21世纪应用型人才汽车类专业规划教材——实验教程系列》

编 委 会

主　任：淮阴工学院　　　　吴建华

副主任：青岛理工大学　　　王丰元

　　　　河南科技大学　　　周志立

　　　　扬州大学　　　　　陈靖芯

　　　　淮阴工学院　　　　陆昌龙

主　编：淮阴工学院　　　　司传胜

编　委：青岛理工大学　　　王丰元　　王吉忠　　阎　岩　　邹旭东　　于　波

　　　　河南科技大学　　　张　毅　　周建立　　张孝友　　李金辉

　　　　扬州大学　　　　　陈靖芯　　沈　辉　　马明星

　　　　淮阴工学院　　　　范钦满　　司传胜　　王庆安　　余文明　　郁大同

　　　　　　　　　　　　　徐礼超　　徐红光　　王建胜

　　　　淮安信息职业技术学院　　　　汪东明

　　　　金陵科技学院　　　　　　　　凌秀军　　诸鑫瑞

　　　　连云港交通职业技术学校　　　徐同华

前　言

为了解决全国各高校及高职高专汽车类专业实验指导书短缺、不规范等问题，为更好地满足这些院校教育改革与发展的需要，为教学和培训提供更加实用、丰富的实验指导书，按照高校及高职高专汽车类专业教材的教学要求，特编写《21世纪应用型人才汽车类专业规划教材——实验教程系列》教材。

本实验教材根据高等院校及高职高专院校培养21世纪应用型人才的指导思想编写，取材来源于各编写院校先进的教学方法和实践教学经验的总结，以最大限度地满足教学要求和充分激发学生的兴趣为出发点设置实验内容，使本教材更适合各院校的实践教学。

本实验教材在编写上，具有如下特点：

（1）紧密结合高等院校及高职高专汽车类专业的教材，以专项能力的培养为单元，即实验项目可根据具体教学及教材要求，独立开设或综合起来进行，形式灵活，适用面广。

（2）注重对学生技能操作能力和操作规范化的培养，突出实践教学的特点。

（3）紧密联系我国现代汽车业的发展现状，反映新知识、新工艺、新方法、新技术。

（4）编写人员来自本科与高职高专院校从事一线实践教学工作的老师，综合了这几类院校实验课的优势，避免了不足，使本教材具有更好的可操作性和广泛的适用性。

本系列书包括：《汽车电器与电控系统实验教程》、《汽车理论与运用实验教程》、《汽车构造与拆装实验教程》、《汽车服务工程实训指导》、《汽车故障诊断与维修实验教程》、《车用单片机系统实验教程》、《汽车检测技术实验教程》、《发动机原理实验教程》、《汽车设计课程设计指导书》。

《汽车构造与拆装实验教程》是本系列书之一。书中以目前常见的汽车为例，列出了19个汽车发动机、底盘、车身的拆装实验，每个实验项目均详细介绍了目的与要求、实验仪器与设备、实验技术标准与规范、实验内容与操作步骤、实验考核与评分、实验结果整理与分析，突出实验指导书的可操作性，实用性强，内容丰富，图文并茂，通俗易懂。

本书由淮阴工学院余文明任主编，淮安信息职业技术学院汪东明和淮阴工学院郁大同任副主编，实验1～2、实验10～13、实验18由淮阴工学院余文明编写，实验3～9由淮安信息职业技术学院汪东明编写，实验14～17、实验19由淮阴工学院郁大同编写，江苏省交通厅公路局叶敬元为本书的编写提供了大量的资料和宝贵意见，淮阴工学院颜勇为本书的录入和校对做了大量的工作。

本书在编写过程中，得到了淮阴工学院交通工程系的领导和老师的大力支持，在此谨向这些关心和支持本书编写工作的同志表示衷心的感谢！

由于编者水平有限，加之时间仓促，书中难免有不足和错误之处，敬请广大读者批评指正。

编　者

2007年8月

Contents

目　录

第1章 汽车常用拆装工具的使用方法

实验 1 汽车常用拆装工具的使用方法

实验目的及要求

（1）熟悉常用工具的种类和功用。

（2）掌握各种扳手、螺钉旋具、锤子等常用拆装工具的使用方法和使用注意事项。

（3）掌握汽车千斤顶、举升机、吊车等机具的使用方法和使用注意事项。

实验准备

↖ 实验工具及设备

（1）汽车拆装常用工具。

（2）汽车拆装维修常见专用工具。

↖ 实验课时

本实验计划 1 课时。

实验内容与方法

↖ 常用工具

1. 扳手

扳手用以紧固或拆卸带有棱边的螺母和螺栓。常用的扳手有开口扳手、梅花扳手、套筒扳手、扭力扳手、活扳手、管子扳手等。

（1）开口扳手（图 1-1）。开口扳手按形状有双头扳手和单头扳手之分。其作用是紧固拆卸一般标准规格的螺母和螺栓。开口扳手可以直接插入或套入，使用较方便。

常用的开口扳手有：5.5～7、8～10、9～11、12～14、13～15、14～17、17～19、21～23、22～24mm 等规格型号。

1）使用方法：

a）根据螺栓、螺母的尺寸，选用合适规格的开口扳手。

b）将扳手的开口垂直或水平插入螺栓头部。

c）将扳手较厚的一边置于受力大的一侧，扳动扳手。

2）使用注意事项：

a）不能用于扭紧力矩较大的螺栓和螺母。

b）使用时应将扳手手柄往身边拉，切不可向外推，以免将手碰伤（图 1-2）。

c）扳转时不准在开口扳手上任意加套管、锤击，以免损坏扳手或损伤螺栓螺母的棱角。

d）禁止使用开口处磨损过甚的开口扳手，以免损坏螺栓螺母的棱角。

e）不能将开口扳手当撬棒使用。

f）禁止用水或盐酸、碱液清洗扳手，应先用煤油或柴油清洗后再涂上一层薄润滑油，然后保管。

1

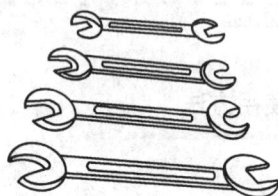

图 1-1　开口扳手

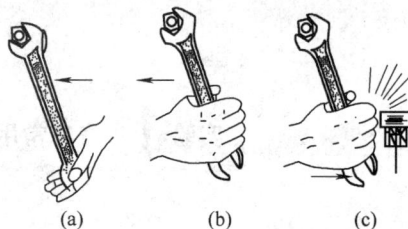

图 1-2　扳手的使用

（a）不正确；（b）正确；（c）不正确

（2）梅花扳手（图 1-3）。梅花扳手与开口扳手的用途相似，其两端是花环式的。梅花扳手的孔壁一般是 12 边形，可将螺栓和螺母头部套住。优点是扭转力矩大，工作可靠，不易滑脱，携带方便，适用于旋转空间狭小的场合。

常用的梅花扳手尺寸型号有：5.5～7、8～10、9～11、12～14、13～15、14～17、17～19、21～23、22～24mm 等规格型号。

1）使用方法：

a）根据螺栓、螺母的尺寸，选用合适的梅花扳手。

b）将扳手垂直套入螺栓头部。

c）轻扳转时，手势与开口扳手相同；用力扳转时，四指与拇指应上下握紧扳手手柄，往身边扳转。

2）使用注意事项：

a）扳转时，不准在梅花扳手上任意套加套管或锤击。

b）禁止使用内孔磨损过甚的梅花扳手。

c）不能将梅花扳手当撬棒使用。

（3）套筒扳手（图 1-4）。套筒扳手除了具有一般扳手的用

图 1-3　梅花扳手

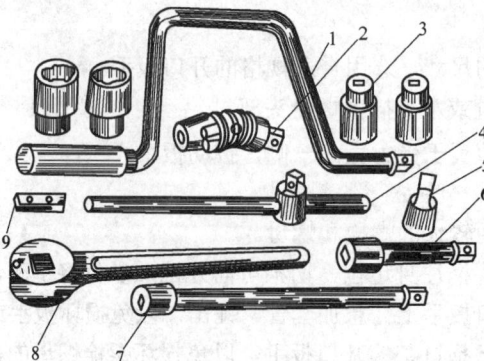

途外，还特别适用于旋转部位很狭小或隐蔽较深处的六角螺母和螺栓。由于套筒扳手各种规格是组装成套的，故使用方便，效率更高。

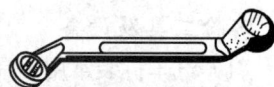

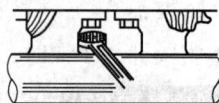

图 1-4　套筒扳手

1—快速摇柄；2—万向接头；3—套筒；4—滑头手柄；
5—旋具接头；6—短接杆；7—长接杆；8—棘轮手柄；9—直接杆

常用的套筒扳手有 24 件套和 32 件套，套筒规格有 6～24mm 和 6～32mm 两种。

1）使用方法：

a）使用时根据螺栓、螺母的尺寸选好套筒。

b）将套筒套在快速摇柄的方形端头上（视需要可与接杆或短接杆配合使用）。

c）再将套筒套在螺栓或螺母上，转动快速摇柄进行拆装。

2）使用注意事项：

a）不准拆装过紧螺栓、螺母。

b）用快速摇柄拆装时，握摇柄的手切勿摇晃，以免套筒滑出或损坏螺栓、螺母的六角。

c）禁止用锤子将套筒击入变形的螺栓、螺母的六角进行拆装，以免损坏套筒。

d）禁止使用内孔磨损过甚的套筒。

e）工具用毕，应清洗油污，妥善放置。

（4）扭力扳手（图 1-5）。扭力扳手是能够控制扭矩大小的扳手，由扭力杆和套筒头组成。凡是对螺母、螺栓有明确规定扭力的（如气缸盖、曲轴与连杆的螺栓、螺母等)，都要使用扭力扳手。在扭紧时指针可以表示出扭矩数值，通常使用的规格为 0～300N·m。

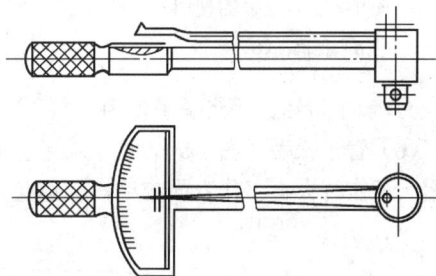

图 1-5　扭力扳手

1）使用方法：

a）将套筒插入扭力扳手的方芯上。

b）用左手把住套筒，右手握紧扭力扳手手柄往身边扳转。

c）预调式扭力扳手使用前应先将力矩调校至规定值。

2）使用注意事项：

a）禁止往外推扭力扳手手柄，以免滑脱而损伤身体（图 1-6）。

b）对要求拧紧力矩较大、工件较大、螺栓数较多的螺栓、螺母时，应分次按一定顺序拧紧。

c）拧紧螺栓、螺母时，不能用力过猛，以免损坏螺纹。

d）禁止使用无刻度盘或刻度线不清的扭力扳手。

e）拆装时，禁止在扭力扳手的手柄上再加套管或用锤子锤击。

（5）活扳手（图 1-7）。活扳手的开口宽度可调节，能在一定范围内变动尺寸，遇到不规则的螺母或螺栓时更能发挥作用，故应用较广。使用活扳手时，扳手口要调节到与螺母对边贴紧。扳动时，应使扳手可动部分承受推力，固定部分承受拉力，且用力必须均匀。

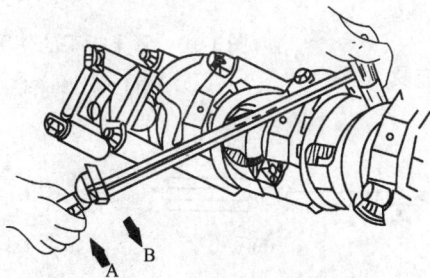

图 1-6　扭力扳手的使用

A—正确；B—错误

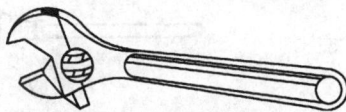

图 1-7　活扳手

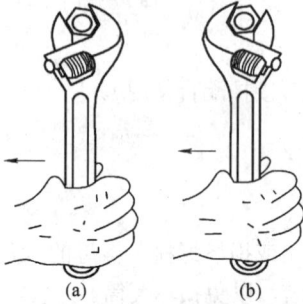

图 1-8　活扳手的使用

（a）正确；（b）错误

常用的尺寸型号有：200mm×24mm、300mm×36mm 等多种规格。

1）使用方法：

a）根据螺栓螺母的尺寸先调好活扳手的开口大小，使之与螺栓螺母的大小一致（不松旷）。

b）将扳手固定部分置于受力大的一侧，垂直或水平插入螺栓头部。

2）使用注意事项：

a）使用时，应使固定部分朝向承受拉力的方向，以免损坏螺栓的棱角和活扳手（图 1-8）。

b）使用时，不准在活扳手的手柄上随意加套管或锤击，以免损坏扳手或螺栓。

c）禁止将活扳手当锤子使用。

（6）管子扳手（图 1-9）。管子扳手主要用于扳转金属管子或其他圆柱工件。管子扳手口上有牙，工作时会将工作表面咬毛，应避免用来拆装螺栓、螺母。

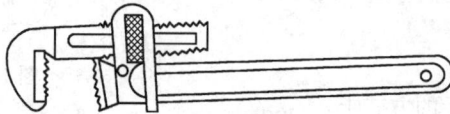

图 1-9　管子扳手

1）使用方法：

a）使用时，应根据圆柱件的尺寸预先调好管子扳手的钳口，使之夹住管件。

b）使固定部分承受拉力，以免扳转时滑脱（图 1-10）。

2）使用注意事项：

a）管子钳使用时不得用锤子锤击，也不可将管子钳当锤子使用。

b）禁止用管子钳拆装六角螺栓螺母，以免损坏六角。

c）禁止用管子钳拆装精度较高的管件，以免损坏工件表面。

2. 螺钉旋具

螺钉旋具主要有一字螺钉旋具和十字螺钉旋具（图 1-11）两种，根据其长度的不同有多种不同的规格。

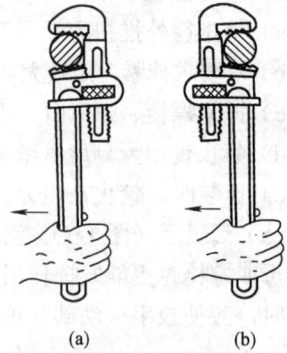

图 1-10　管子扳手的使用

（a）正确；（b）错误

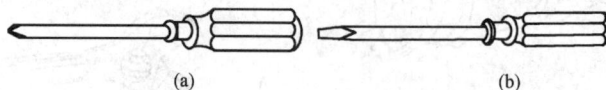

图 1-11　螺钉旋具

（a）十字旋具；（b）一字旋具

Note

（1）使用方法：

1）使用时，右手握住螺钉旋具，手心抵住柄端，螺钉旋具与螺钉同轴心，压紧后用手腕扭转。松动后用手心轻压螺钉旋具，用拇指、中指、食指快速扭转。

2）使用长杆螺钉旋具，可用左手协助压紧和拧动手柄。

（2）使用注意事项：

1）刀口应与螺钉槽口大小、宽窄、长短相适应，刀口不得残缺，以免损坏槽口和刀口。

2）不准用锤子敲击螺钉旋具柄当錾子使用。

3）不准将螺钉旋具当撬棒使用。

4）不可在螺钉旋具口端用扳手或钳子增加扭力，以免损伤螺钉旋具杆。

3. 钳子

汽车拆装中常用的钳子是鲤鱼钳和尖嘴钳（图 1-12），一般用于切断金属丝、夹持或弯曲小零件。

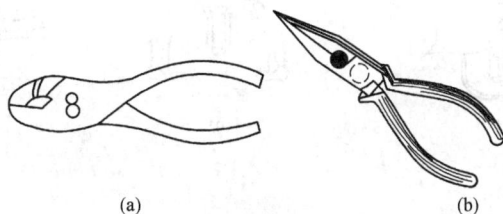

图 1-12 钳子

（a）鲤鱼钳；（b）尖嘴钳

（1）使用方法：

1）根据需要选用尖嘴钳或鲤鱼钳，擦净油污。

2）用手握住钳柄后端，使钳口闭合夹紧工件。

（2）使用注意事项：

1）禁止将钳子当扳手、撬棒或锤子使用。

2）不准用锤子击打钳子。

3）禁止用钳子夹持高温机件。

4. 锤子

锤子按锤头形状分有圆头、扁头及尖头三种。按材料分有铁锤、木锤和橡胶锤（图 1-13）等。锤子主要用于敲击工件，使工件变形、位移、振动，并可用于工件的校正和整形。

（1）使用方法：

1）敲击时，右手握住锤柄后端约 10mm 处，握力适度，眼睛注视工件。

2）挥锤方法有手挥、肘挥和臂挥三种。

（2）使用注意事项：

1）手柄应安装牢固，用楔塞牢，防止锤头飞出伤人。

2）锤头应平整地击打在工件上，不得歪斜，防止破坏工件表面形状。

3）拆卸零部件时，禁止直接锤击重要表面或易损部位，以防出现表面破坏或损伤。

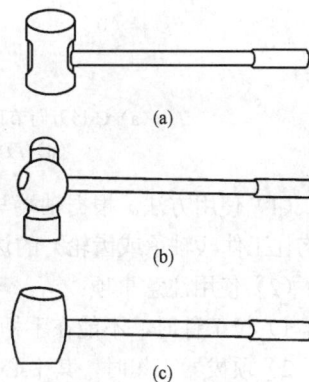

图 1-13 锤子

（a）木锤；（b）铁锤；（c）橡胶锤

5. 铜棒

铜棒用于敲击不允许直接锤击的工件表面，使用时不得用力太大。

（1）使用方法。使用时一般和锤子共用，一手握住铜棒，将其一端置于工件表面，一手用锤锤击铜棒另一端。

（2）使用注意事项。不可代替锤子或当撬棍使用。

↖ 专用工具

1. 顶拔器

常用的顶拔器有 C 形万向节顶拔器、分离轴承顶拔器、横直拉杆球头顶拔器、液压式顶拔器、通用顶拔器和专用顶拔器 6 种（图 1-14）。顶拔器一般用于拆卸配合较紧的轴承、齿轮等机件。

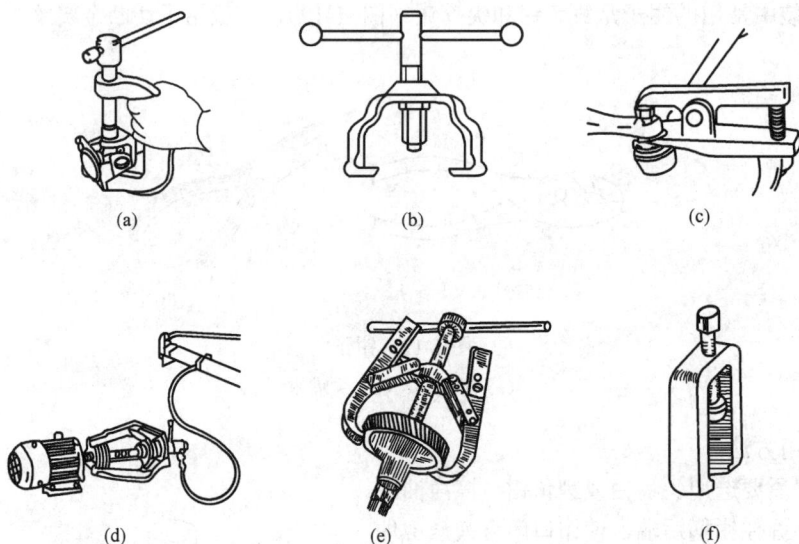

图 1-14 顶拔器

（a）C 形万向节顶拔器；（b）分离轴承顶拔器；（c）横直拉杆球头顶拔器
（d）液压式顶拔器；（e）通用顶拔器；（f）专用顶拔器

（1）使用方法。根据轴端与被拉工件的距离转动顶拔器的丝杆，至丝杆顶端顶住轴端，拉爪钩住工件（轴承或齿轮）的边缘，然后慢慢转动丝杆将工件拉出。

（2）使用注意事项：

1）拉工件时，不能在手柄上随意加装套管，更不能用锤子敲击手柄，以免损坏顶拔器。

2）顶拔器工作时，其中心线应与被拉件轴线保持同轴，以免损坏顶拔器。如被拉件过紧，可边转动丝杆，边用木锤轴向轻轻敲击丝杆尾端，将其拉出。

2. 火花塞套筒扳手

火花塞套筒扳手（图 1-15）是一种薄壁长套筒扳手，是用于拆除火花塞的专用工具。

（1）使用方法：

1）根据火花塞的装配位置和火花塞六角的尺寸选用不同高度和径向尺寸的火花塞套筒。

2）对正火花塞孔，并与火花塞六角套接可靠，用力转动套筒，使火花塞旋入或旋出。

（2）使用注意事项：

1）拆装火花塞时，火花塞套筒不得歪斜，以免套筒滑脱。

2）扳转火花塞套筒时，不准随意加长手柄，以免损坏套筒。

3. 活塞环拆装钳

活塞环拆装钳（图1-16）是一种专门用于拆装活塞环的工具。维修发动机时，必须使用活塞拆装钳拆装活塞环。

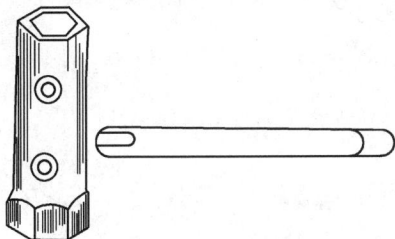

图 1-15 火花塞套筒扳手   图 1-16 活塞环拆装钳

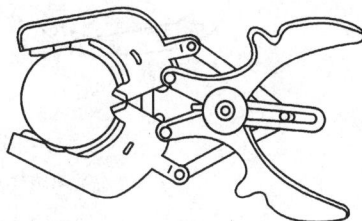

（1）使用方法。使用活塞环拆装钳时，将拆装钳上的环卡卡住活塞环开口，握住手把稍稍均匀地用力，使拆装钳手把慢慢地收缩，环卡将活塞环徐徐地张开，使活塞环能从活塞环槽中取出或装入。

（2）使用注意事项：

1）操作时应垂直上下移动活塞环，不得扳转，以免滑脱或损坏活塞环。

2）操作时用力要适度，以免折断活塞环。

4. 滤清器扳手

滤清器扳手（图1-17）是拆装滤清器的专用工具，有直径可调式和固定式两种。在拆装机油滤清器、柴油滤清器时都可使用。

（1）使用方法：

1）选择尺寸合适的滤清器扳手；可调式滤清器扳手使用前应根据滤清器的直径调节好尺寸。

2）将扳手套入滤清器，转动滤清器将滤清器旋紧或旋松。

图 1-17 滤清器扳手

（2）使用注意事项：

1）使用时尽量将扳手套在滤清器根部靠座位置，以免损坏滤清器。

2）安装前应在滤清器螺纹口处涂上润滑油。

3）安装时不可用力过大，以免损坏滤清器。

5. 气门弹簧钳

气门弹簧钳（图1-18）是一种专门用于拆装顶置气门弹簧的工具。

（1）使用方法。使用时，将拆装架托架抵住气门，压环对正气门弹簧座，然后压下手柄，使得气门弹簧被压缩。这时可取下气门弹簧锁销或锁片，慢慢地松抬手柄，即可取出气门弹簧座、气门弹簧和气门等。

（2）使用注意事项：

1）气门弹簧钳与弹簧座接触要可靠，以防滑出。

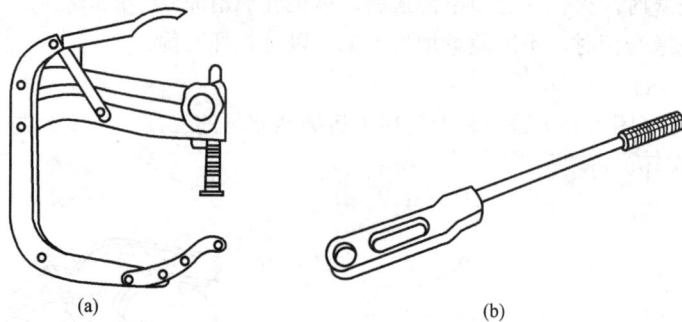

图 1-18　气门弹簧钳

（a）弓形气门弹簧钳；（b）杠杆式气门弹簧钳

2）气阀弹簧钳的活动部分应保持良好的润滑。

6. 油封取出装置

油封取出装置（图 1-19）用于油封的取出。

（1）使用方法。将油封取出器置于油封中，旋转使之张开，将油封拉出即可。

（2）使用注意事项。用力和张开的程度不宜太大，以免损伤油封。

7. 滑脂枪

滑脂枪又称黄油枪（图 1-20），是一种专门用来加注润滑脂（黄油）的工具。

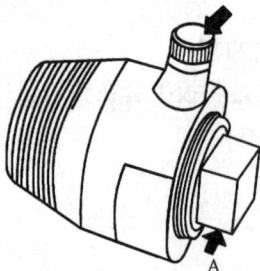

图 1-19　油封取出装置

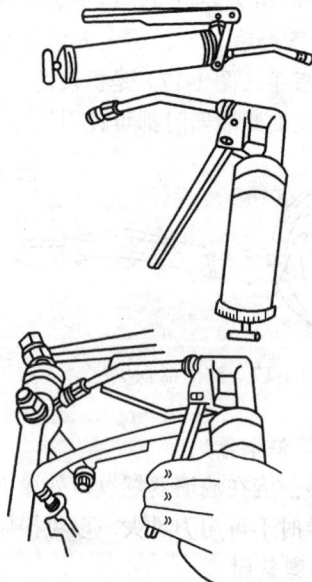

图 1-20　滑脂枪

（1）使用方法：

1）填装黄油：

a）拉出拉杆使柱塞后移，拧下滑脂枪缸筒前盖。

b）把干净黄油分成团状，徐徐装入缸筒内，且使黄油团之间尽量相互贴紧，便于缸筒内

Note

的空气排出。

c）装回前盖，推回拉杆，柱塞在弹簧作用下前移，使黄油处于压缩状态。

2）注油方法：

a）把滑脂枪接头对正被润滑的黄油嘴（滑脂嘴），直进直出，不能偏斜，以免影响黄油加注，减少润滑脂的浪费。

b）注油时，如注不进油，应立即停止，并查明堵塞的原因，排除后再进行注油。

3）加注润滑脂时，不进油的主要原因有：① 滑脂枪缸筒内无黄油或压力缸筒内的黄油间有空气；② 滑脂枪压油阀堵塞或注油接头堵塞；③ 滑脂枪弹簧疲劳过软而造成弹力不足或弹簧折断而失效；④ 柱塞磨损过甚而导致漏油；⑤ 油脂嘴被泥污堵塞而不能注入黄油等。

8. 离合器拆装专用工具

离合器拆装专用工具（图1-21）由夹板、丝杆、手柄等组成，是离合器分解和组装的专用工具。

（1）使用方法：

1）使用时将离合器总成放在两夹板之间，板上装一个推力球轴承，以使转动丝杆手柄时省力。

2）转动丝杆手柄使离合器弹簧压缩，拆下或装上离合器盖与连接片（压板）连接螺栓。

（2）使用注意事项：

1）使用时，不准在丝杆手柄上加装套管或用锤子锤击，以免损坏工具。

2）使用后应将其清洗干净，涂一层薄薄的润滑脂，以防生锈。

9. 千斤顶

千斤顶（图1-22）是一种最常用、最简单的起重工具。按照其工作原理可分为机械丝杆式和液压式；按照所能顶起的质量可分为3000kg、5000kg、10000kg等多种不同规格。目前广泛使用的是液压式千斤顶。

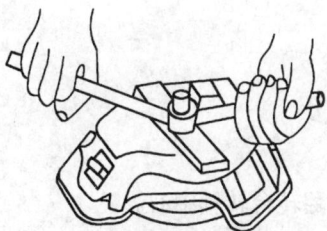

图1-21 离合器拆装专用工具

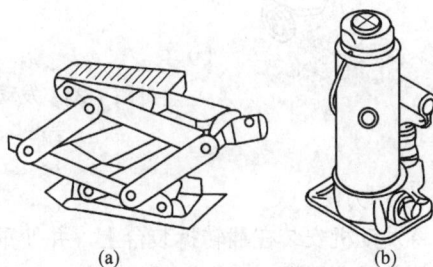

(a)　(b)

图1-22 千斤顶
(a)机械丝杆式；(b)液压式

（1）使用方法。现以液压式千斤顶为例，介绍其使用方法。

1）起顶汽车前，应把千斤顶顶面擦拭干净，拧紧液压开关，把千斤顶放置在被顶部位的下部，并使千斤顶与被顶部位相互垂直，以防千斤顶滑出而造成事故。

2）旋转顶面螺杆，改变千斤顶顶面与被顶部位的原始距离，使起顶高度符合汽车需要的顶置高度。

3）用三角形垫木将汽车着地车轮前后塞住，防止汽车在起顶过程中发生滑溜事故。

4）用手上下压动千斤顶手柄，被顶汽车逐渐升到一定高度，在车架下放入搁车凳，禁止用砖头等易碎物支垫汽车。落车时，应先检查车下是否有障碍物，并确保操作人员的安全。

5）徐徐拧松液压开关，使汽车缓缓平稳地下降，架稳在搁车凳上。

（2）使用注意事项：

1）汽车在起顶或下降过程中，禁止在汽车下面进行作业。

2）应徐徐拧松液压开关，使汽车缓慢下降，汽车下降速度不能过快，否则易发生事故。

3）在松软路面上使用千斤顶起顶汽车时，应在千斤顶底座下加垫一块有较大面积且能承受压力的材料（如木板等），防止千斤顶由于汽车重压而下沉。千斤顶与汽车接触位置应正确、牢固。

4）千斤顶把汽车顶起后，当液压开关处于拧紧状态时，若发生自动下降故障，则应立即查找原因，及时排除故障后方可继续使用。

5）如发现千斤顶缺油时，应及时补充规定油液，不能用其他油液或水代替。

6）千斤顶不能用火烘热，以防皮碗、皮圈损坏。

7）千斤顶必须垂直放置，以免因油液渗漏而失效。

10. 发动机翻转拆装台

发动机翻转拆装台（图1-23）由座架、蜗轮蜗杆减速器、轮子、手轮及凸缘盘等组成。装卸台是用来拆装发动机的专用机具，可使发动机做180°翻转，以方便拆装。

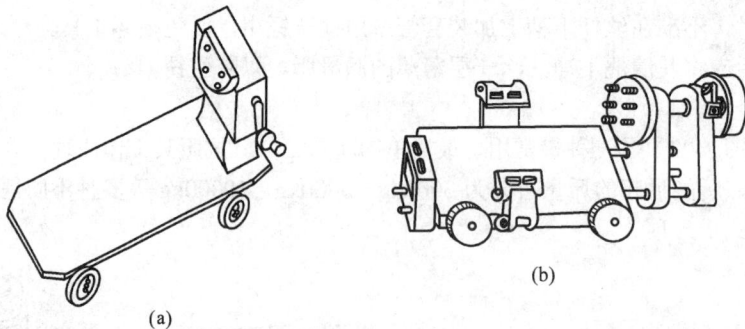

图 1-23　发动机翻转拆装台
（a）式样一；（b）式样二

（1）使用方法：

1）将发动机安装在翻转拆装台上，并使重心尽量靠近翻转台转轴中心。

2）使用时，根据需要慢慢摇转手轮使发动机翻转到适合位置。

（2）使用注意事项：

1）翻转时，应慢慢摇转手轮。

2）发动机翻转拆装台的轴承、蜗杆蜗轮副等处应保持良好的润滑。

11. 主减速器翻转拆装台

主减速器翻转拆装台（图1-24）由座架、转盘、凸缘盘、定位锁止装置等组成，为拆装主减速器的专用机具，在拆装中可作任意角度翻转。

（1）使用方法：

1）使用时先将主减速器总成吊装在翻转拆装台上，用螺栓将其固定。

2）根据拆装的需要，将定位锁止装置的手轮旋出，使凸缘盘轴转过一定角度，然后转进手轮予以定位，再松开转盘锁止装置，绕转盘中心转过一定角度，使主减速器处于最佳拆装位置。

（2）使用注意事项：

1）拆装时必须将两锁止装置锁紧，以免影响安全。

2）拆装台的转轴和转盘应保持良好的润滑。

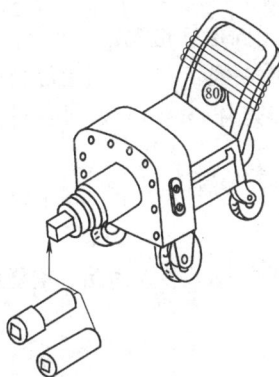

12. 轮胎螺母拆装机

轮胎螺母拆装机（图 1-25）是拆装轮胎螺母的专用工具。

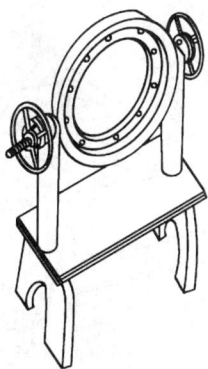

图 1-24　主减速器翻转拆装台　　　　　图 1-25　轮胎螺母拆装机

（1）使用方法：

1）根据螺母的尺寸选择套筒，装在拆装机上。

2）根据轮胎螺母的旋向，选择电动机的转动方向。

3）如螺母过紧，可先使电动机反方向旋转后再正转，利用起动惯性进行敲击使其松开。

（2）使用注意事项：

1）使用前应先检查电源接插件和导线绝缘是否可靠，以防触电事故的发生。

2）拆装时套筒与螺母不能偏斜，以免滑脱而损坏螺母六角。

3）最初旋松螺母时，可利用起动惯性进行敲击。紧固螺母时，敲击力切勿过大，以免损伤轮胎螺柱、螺母的螺纹。

4）使用后应妥善保管。

13. 全自动轮胎拆装机

全自动轮胎拆装机（图 1-26）是专用于安装和分解汽车轮胎和轮毂的设备，主要由控制踏板、轮胎固定装置、装拆头、轮胎充气装置等组成。

（1）使用方法：

1）拆开胎唇：

a）将已放气的轮胎置于轮胎拆装机右边的橡胶支撑靠板上。

b）将拆卸铲顶在胎唇上。

c）踩下轮胎拆卸铲控制踏板，使拆卸铲工作。

d）当胎唇撬开时，松开轮胎拆卸铲控制踏板。

2）分解轮胎：

a）将轮胎放在卡盘上，踩下卡爪开合控制踏板，使卡爪将轮毂卡紧。

Note

b）踩下立柱倾斜控制踏板，移动拆装头，使拆装头插到胎唇与轮毂之间，并使之与轮毂相距2mm。

c）将撬棒插到胎唇与拆装头之间。

d）踩下卡盘转动控制踏板，使卡盘转动，直到轮辋与轮胎分离。

e）用同样方法拆下另一侧胎唇。

3）组装轮胎：

a）在卡盘上固定好轮毂。

b）将轮胎放在毂上，在胎唇上涂特殊润滑油。

c）将胎唇移到拆装头边缘，压下拆装头，将胎缘压入轮毂。

d）踩下卡盘转动控制踏板，使卡盘转动一圈，使胎唇到位。

e）将轮胎换一边，装入内胎，重复以上操作，装好另一面胎唇。

4）轮胎充气：

a）将充气枪接到轮胎气嘴上。

b）扣动充气枪扳机给轮胎充气至规定压力。

（2）使用注意事项：

1）操作前应先放气，并取下所有平衡块。

2）拆装前应在胎唇上涂上厂家提供的润滑油。

3）安装时应确保轮胎与轮辋直径相同。

4）拆装过程中应注意防止轮辋变形。

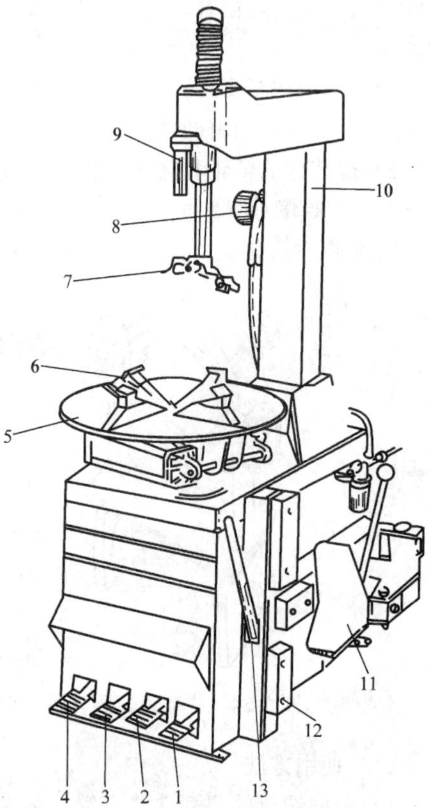

图 1-26　全自动轮胎拆装机

1—卡盘转动控制踏板；2—轮胎拆卸铲控制踏板；3—卡爪开合控制踏板；4—立柱倾斜控制踏板；5—卡盘；6—卡爪；7—拆装头；8—充气枪；9—悬臂锁紧手柄开关；10—立柱；11—胎唇拆卸铲；12—轮胎支撑靠板；13—撬棒

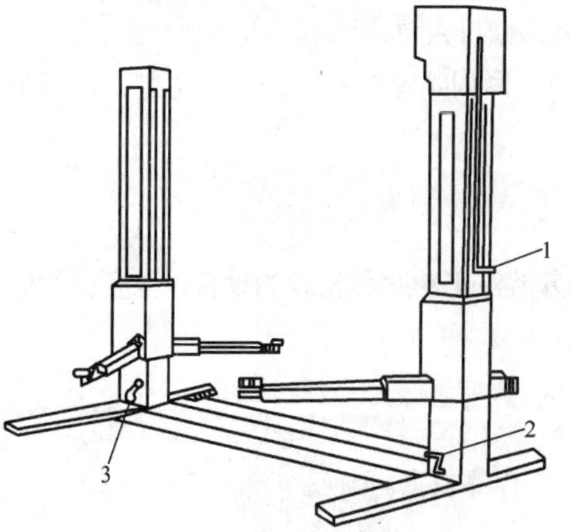

图 1-27　双柱液压汽车举升机

1—操纵杆；2—主动立柱保险手柄；3—被动立柱保险手柄

14. 双柱液压汽车举升机

双柱液压汽车举升机（图 1-27）用于车辆整车的举升，主要由主动立柱、被动立柱、四只托臂及撑脚、操纵杆、二只保险手柄等组成。

（1）使用方法：

1）车辆进入：

a）四只托臂处于最低位置，同一立柱上的二条托臂张至最大角度，将托臂缩至最短。

b）车辆驶入工位，尽量使汽车重心位于两立柱中间。

2）举升：

a）调整托臂长度并锁上锁止机构，选好托举位置，调整撑脚高度。

b）轻轻上推操纵杆，使车辆徐徐上升，至适当高度后松开操纵杆。

3）工作：

a）将被动立柱上的保险手柄置于"工作"位置。

4）下降：

a）将被动立柱上的保险手柄置于"下降"位置。

b）左手转动并按住主动立柱上的保险手柄。

c）同时用右手拉下操纵杆，车辆下降至适当高度后松开操纵杆。

（2）使用注意事项：

1）应按汽车使用说明书规定的托举位置支车。

2）除下降过程外，其余时间被动立柱上的保险手柄必须置于工作状态。

3）下降作业时应检查车辆下部，必须保证车下无人和物。

4）车下作业时，禁止过度用力推动车辆，以防汽车从撑脚上滑下。

5）有上横梁的举升器在上升过程中应注意车辆上部不能与横梁相撞。

15. 龙门式吊车

龙门式吊车（图1-28）由吊架、手拉滑轮、转子等组成。吊车可前后移动，手拉滑轮可作横向移动，主要用于吊装汽车各个总成。

（1）使用方法：

1）使用时将吊车移至被吊总成所处位置，用钢缆扎好总成。

2）根据需要放下滑轮链条，钩住钢缆后，缓缓拉起滑轮链条，将总成吊起。

3）移动吊车将总成吊至拆装台上。

（2）使用注意事项：

1）手拉滑轮链条时如卡住不要硬拉，应查明故障予以排除。

2）总成起吊时应随时注意重心位移，及时纠正，以免倾翻。

3）吊车各活动部位应保持良好的润滑。

16. 机械式悬臂吊车

机械式悬臂吊车（图1-29）由座架、悬臂及机械吊钩等组成。该吊车适用于发动机总成的起重，工作时底架前端可伸至车架下部。

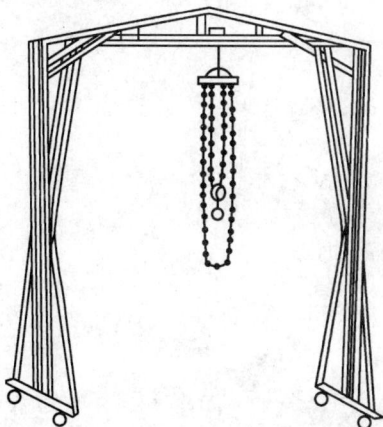

图1-28 龙门式吊车

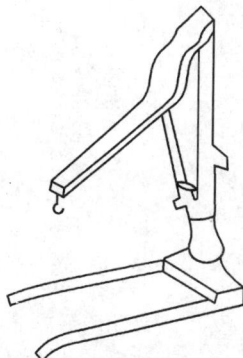

图1-29 机械式悬臂吊车

（1）使用方法：

1）使用时，将吊车移至被吊总成所处位置，按需要转动摇柄，放下吊钩。

2）将总成用钢缆扎好，然后用吊钩钩住钢缆，缓慢摇转摇柄，将总成吊起。

3）移动吊车可将总成移至拆装台上。

（2）使用注意事项：

1）如移动距离较长，应先将被吊总成放到座架上，以免移动时倾翻。

2）吊车的各活动部分应保持良好的润滑。

实验考核

▶ 考核要求

应能正确使用汽车拆装常用工具和汽车拆装维修常见专用工具。

▶ 考核时间

考核时间为 30min。

▶ 考核标准

考核内容和评分标准见表 1-1。

表 1-1　　　　　　　　　　考核内容和评分标准

考核项目	分值	评分标准	评价结果
正确使用常用工具	50	工具使用不当一项扣 10 分，扣完为止	
正确使用专用工具	40	工具使用不当一项扣 10 分，扣完为止	
整理工具、清理现场	10	没有整理工具、清理现场扣 5 分	
遵守相关安全操作规范		因违规操作发生人身和设备事故，此项按 0 分计	
分数合计	100		

实验报告

汽车举升器的使用（实验报告模板见附录）。

第2章 汽车的整车解体

实验 2 汽车的整车解体

实验目的及要求

▶ 实验目的

汽车的整车解体是将汽车拆散成总成和组合件的过程，其目的是满足全车大修检测、维修的需要。此过程应将以车身或车架为基础件的各总成、部件全部分散拆下，为各总成、部件的检测、维修做好准备工作。

▶ 实验要求

（1）掌握整车解体的步骤和操作方法。

（2）了解主要总成件的相互位置关系、装配标记。

（3）学会各种拆装工具的操作与使用方法。

实验准备

▶ 实验工具及设备

（1）东风 EQ1090 载货汽车、上海桑塔纳轿车各一部。

（2）举升设备、拉器及各种常用、专用工具。

▶ 实验课时

本实验计划 8 课时，可结合汽车拆装实习使用。

实验注意事项

（1）汽车在拆卸前，各总成润滑油应在热态时放净，并收集在专用容器内。放冷却液时，应注意避免烫伤。

（2）将汽车停在拆卸工位上（地沟或举升器），安全地将车支起。

桥式千斤顶支车方法如图 2-1 所示，切忌钻到车下操作，如确有必要，必须使用安全支架。用千斤顶顶起车身前，应先将着地轮前后两侧用三角木块垫稳。使用安全支架时，要注意车身支撑部位；接触面不平时，应在支架与支点处垫上木块或橡胶块。

图 2-2 所示为用双柱举升器支起汽车的方法。顶举车体时，应尽可能将支臂伸出，长度调节到大致相等，并使车体前后保持平衡。安装支臂时，注意不要碰到制动管和燃油管。注意：双柱举升器只能用于自重小于 2.5t 的小客车的举升作业。

（3）将工具及装零散小零件的盛具放在汽车周围，准备数块保护汽车面漆的垫布。

（4）注意观察汽车各总成、部件间的相互关系、安装位置、调整部位及拆装顺序等。

实验内容与方法

汽车的解体应本着由表及里、由附件到主机，并遵循先由整车拆成总成、由总成拆成部件、再由部件拆成零件的原则进行。

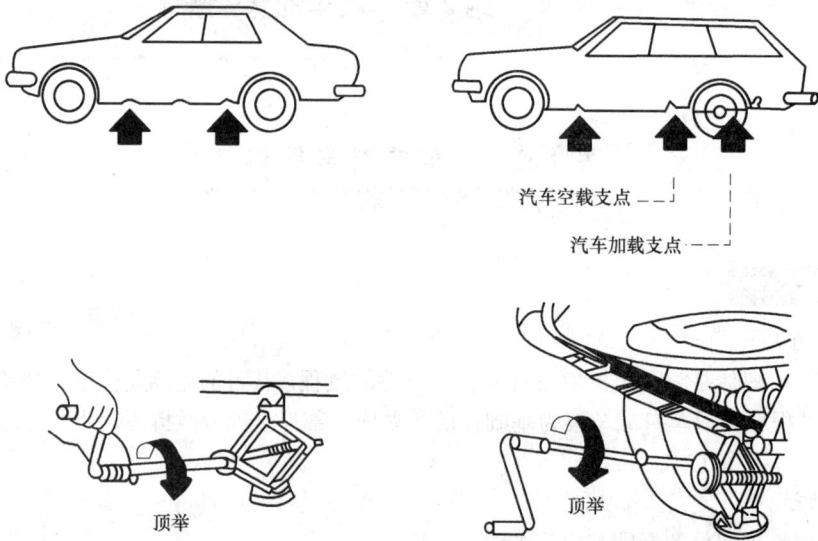

汽车空载支点
汽车加载支点

顶举 顶举

图 2-1　桥式千斤顶支车方法

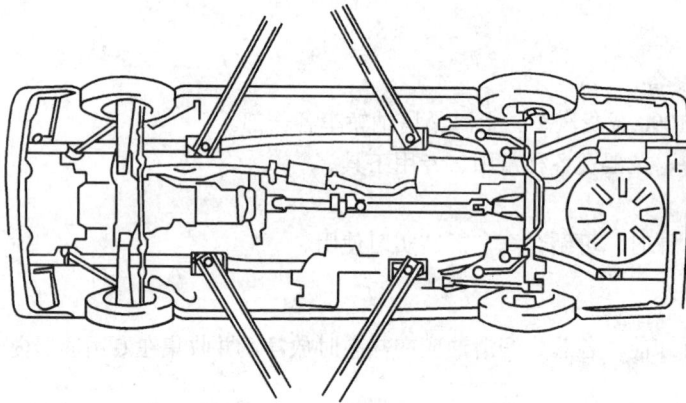

图 2-2　双柱举升器支车方法

轿车整车解体程序如下：

▶ **拆卸发动机**

（1）一般车型的拆装。不同车型，从车架上拆下的方法不同，通常来说，都必须进行下列作业：

1）拆下发动机罩。

2）拆下蓄电池负极接线柱。

3）拆下散热器上、下水管（先放掉冷却液），拆下散热器。

4）拆下暖风装置进、回水管。

5）拆下各类拉索，如油门拉索、阻风门拉索、离合器拉索、里程表软轴等。

6）拆下各类电器配线，如水温感应塞、机油压力感应塞、发电机、起动机、分电器等的配线。注意拉开电气插座时，应牵拉插座本体，不能拉引线部分，如图 2-3 所示。

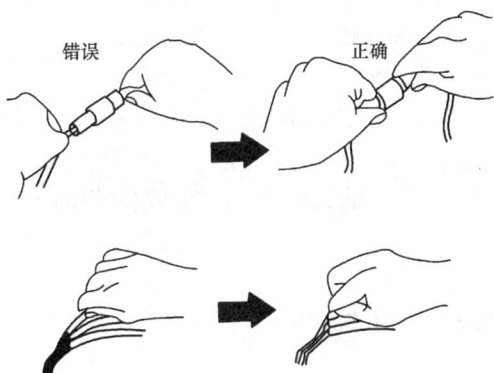

错误　　　　正确

图2-3　拉插座时的方法

7）拆下燃油管、真空软管等，对易发生错误的软管，要做标记。

8）拆下与发动机相连接的总成和部件，如空调压缩机、变速器、排气支管、发动机支脚等。

9）吊下发动机时，小客车应从前侧吊出，要向各个方向摆动一下发动机，看其是否完全与车体及连接件脱离，然后缓缓吊起，勿让车身及附件受到损伤。

（2）上海桑塔纳2000型汽车拆卸发动机的顺序。拆卸的方向是从汽车发动机罩盖位置向上，其起吊的专用吊具代号为

VAG1202，如图2-4所示。具体拆卸顺序可以各不相同，但原则是先拆最外围的、相对独立的，即对其他部位干涉少的附件。这里推荐如下拆卸方法：

1）拆下电喷发动机控制单元ECU与各传感器及执行元件之间的连接线路。

2）拆下空气滤清器。

3）从蓄电池上拆下其接地线。

4）将暖风开关拨到"暖气"位置。

5）打开散热器盖。

6）冷却液泵有三个进口，即自散热器出液口来的大循环进口、自暖风出液口来进入冷却液泵的第二进口、小循环时的冷却液泵进口。从冷却液泵的大循环进口处拆开，放出冷却液，并用容器收集好，以备以后使用。

7）从气缸盖冷却液出液口处（往散热器去的一路）拔掉冷却液软管，并保管好夹箍。

8）拆下热敏开关（在三通接头处）和电扇上的连接导线。

9）松开并拆下散热器顶部左、右角上的固定支架，将散热器连同冷却风扇和护风罩一起整体取出，并妥善保管好。

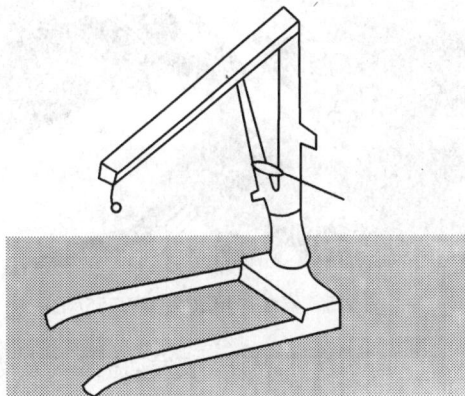

图2-4　VAG1202型发动机吊具

10）拆卸交流发电机的接线，使其完全脱线。

11）拆下化油器的进油管、出油管及回油管（仅适用于装用化油器的上海桑塔纳2000型轿车）。

12）从燃油油压调节器上拆下真空管、回油管。

13）拆下燃油滤清器到喷油器前的进油管。

14）从分电器盖上面拆下中心高压线、侧插孔高压线及其他相关接线和插头（第三代机型已无分电器）。

15）拆卸节气门（油门）操纵拉索及相关附件。

16）对于化油器式汽油机，应拆卸真空连接管路，从真空罐上拔下真空管，从分电器真空提前装置上拔下真空管，从进气支管上拔下制动真空助力用真空管。

17）拆卸进气支管电热塞接线，拆卸热敏开关接线，拆卸电源接线柱的接线。

18）拆卸冷却液温度表传感器上的接线，并从机油压力开关上拔下连接导线。

19）松开支架上的紧固螺栓，拆卸下面离合器操纵钢丝绳。

20）松开发动机左支承脚橡胶缓冲块上的固定螺栓，松开发动机右支承脚橡胶缓冲块上的固定螺栓。

21）拆卸发动机前支承架固定螺栓，拆卸排气支管夹头的连接螺栓，拆卸起动机的接线。

22）拆卸起动机的固定螺栓。

23）松开发动机与变速器的连接螺栓。

24）将吊座夹头放在发动机后端，旋紧连接螺栓，如图 2-5 所示。

25）拆卸齿形带防护罩（或待吊出整机后拆卸）。

26）如图 2-6 所示安装吊架。在主轴带轮端，对第 3 号位第 3 孔插入销子。在飞轮端，将销子插入第 8 号位第 2 孔（标在吊架上的 1～4 号插孔，对着带轮方向，样板铁孔位从吊钩端数起）。插销与吊钩，均用弹簧开口销保险。

图 2-5　安装吊座夹头 VW785/1B

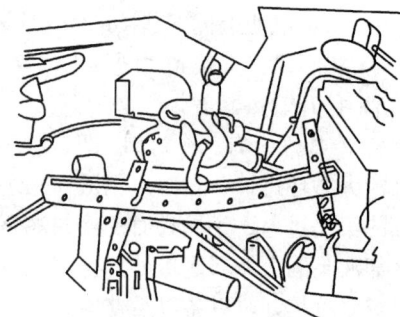

图 2-6　安装吊架

27）起吊发动机稍许，使发动机脱离发动机支座，再次拧紧 VW785/1B 吊座夹头的支承螺栓。

28）拔出发动机与变速器的连接螺栓，使发动机与变速器脱离。倾转发动机体，并将发动机逐渐吊起。这时动作要慢，操作应十分仔细，并随时注意发动机与外界的联系，以免在起吊过程中碰坏有关结构件。

29）用 VW540 托架，将发动机固定在装配架（旋转架）上。

发动机的安装顺序基本上与拆下顺序相反，但也可以有局部顺序不同的几种安装顺序。安装前还应注意以下几点：

1）检查离合器分离轴承的磨损状况，必要时更换新的分离轴承。

2）在分离轴承和驱动传动花键上应涂一薄层二硫化铝润滑脂，但分离轴承的导向套上不涂。

3）更换发动机支承脚橡胶缓冲块，并更换缓冲块固定螺栓的自锁螺母。

4）将发动机吊入支座后，不马上拧紧螺栓，通过摇动发动机而使其位置摆正。

5）调整离合器踏板自由行程，使之保持在大约 15mm 左右。

➤ 拆卸变速器

（1）一般车型的拆卸。不同车型的变速器，其自身结构和安装形式会有所不同，但也有许多共同或相似的地方，一般遵循以下原则：

1）拆下蓄电池负极接线柱。

2）放出变速器齿轮油。

3）拆下传动轴（或前驱动型）的左右半轴。

4）拆下速度表传动软轴。

5）拆下离合器工作缸或拉索。

6）拆下起动机导线、变速器搭铁线和倒挡灯开关导线。

7）拆下起动机总成。

8）拆下变速杆或变速操纵杆。

9）用千斤顶顶起变速器，拆下与发动机的连接螺栓，把变速器向下往后拉出。

（2）上海桑塔纳 2000 型轿车的拆卸。拆卸过程如下：

1）拆掉蓄电池的接地线。

2）拆下离合器拉索（见图 2-7）。

3）拆下车速表软轴（见图 2-8）。

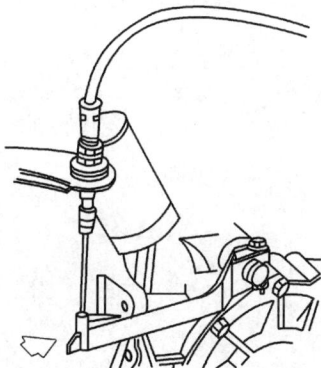

图 2-7 拆下离合器拉索

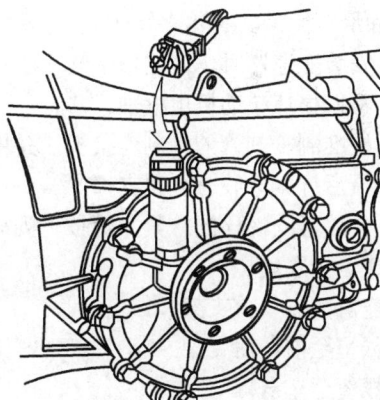

图 2-8 拆下车速表软轴

4）拆去排气管。

5）拆下倒车灯开关的电线束接头。

6）拆下发动机—变速器上部连接螺栓。

7）举起汽车。

8）将传动轴从变速器上拆下并支撑好（见图 2-9）。

9）旋松变速器控制系统的内变速杆螺栓。

10）拆下离合器盖板。

11）拆下起动机。

12）拆下发动机中间支架。

13）拆下螺栓，拆下变速器减振垫和减振垫前支架（见图 2-10）。

Note

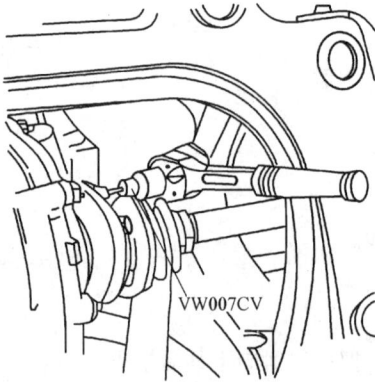

图 2-9　拆传动轴

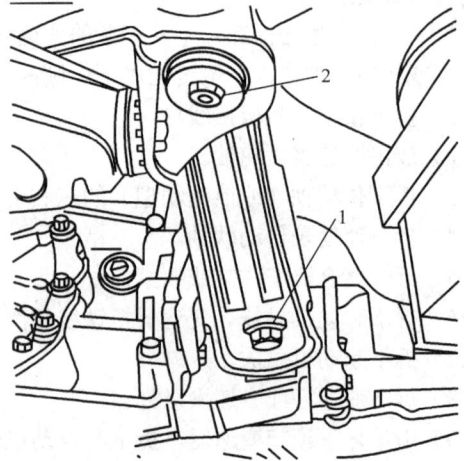

图 2-10　拆下减振垫

1、2—螺栓

14）拆下发动机—变速器下连接螺栓，使用杠杆将变速器和发动机分开，并拆卸变速器。

（3）在车上安装变速器。变速器安装可参照拆卸时的相反顺序进行，但必须注意以下事项：

1）传动轴的啮合齿要保持清洁，并薄薄地涂上一层铝润滑脂或铝喷剂加以润滑。后轴承也用铝润滑膏润滑。

2）安装变速器时，需注意中间板的正确位置。

3）不得损坏起动机电枢轴。

4）校准制冷剂管的钢制连接板，并用螺钉拧在一起。

5）最后拧紧橡胶—金属支撑。

6）各处紧固螺栓的拧紧力矩按下列规定进行：

变速器至发动机	55N·m
变速器减振垫前支架	25N·m
减振垫至前、后支架	20N·m
减振垫至车身	110N·m
变速器支架至横梁	70N·m
发动机中间支架至车身	30N·m
传动轴至变速器	40N·m
内变速杆固定螺栓	30N·m

拆卸离合器总成

离合器总成位于发动机曲轴输出端与变速器输入轴之间，只有拆下变速器或发动机，才可以拆卸离合器。图 2-11 所示为离合器总成的结构和安装位置。

（1）拆下变速器。

（2）拆下离合器压盘和离合器片：

1）将固定螺栓每次旋松一圈，直到弹簧张力消失为止。

2）拆下锁止螺栓，取下离合器总成。

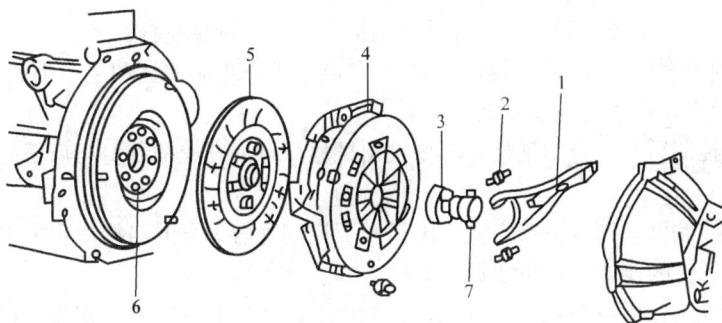

图 2-11　离合器总成的结构和安装位置

1—拨叉；2—卡环；3—分离轴承；4—压力板；5—离合器片；6—飞轮；7—分离轴承

　　（3）自变速器上拆下分离轴承、分离叉和轴承座。先拆下卡环、下轴承和轴承座，再拆下分离叉防尘套。

↖　**拆卸万向传动装置**

　　万向传动装置的拆卸比较简单，只要拆开与差速器和变速器的连接及中间支承即可。其拆卸程序如下：

　　（1）拆开与差速器凸缘相连接传动轴后凸缘，在凸缘上做好标记，以便安装时作为参考（图 2-12）。

　　（2）拆下中间支承。

　　（3）拆开与变速器输出端的连接。对于凸缘连接，先做好标记，拧出螺栓，拆下传动轴。对于花键连接，只需向后抽出传动轴即可。为防止机油泄漏，应用油塞插入变速器输出端口。

↖　**拆卸驱动桥总成**

　　（1）拆下半轴及差速器轴承盖紧固螺栓，从变速器壳体上取下半轴、主减速器轴承盖及差速器总成。

图 2-12　拆开与差速器的连接

　　（2）拆下行星齿轮轴锁销（或卡簧），取出行星齿轮轴，并转动半轴齿轮，将行星齿轮从差速器壳中取出。拆下半轴齿轮及止推片。

　　（3）用顶拔器从差速器壳上拉出里程表驱动齿轮、差速器轴承，用内顶拔器从变速器壳体和差速器轴承盖上向内侧拉出轴承外圈，取出调整垫片，并拆下油封。

　　（4）拆下主减速器从动锥齿轮与差速器壳间的连接螺栓，拆下主减速器从动锥齿轮。

↖　**拆卸悬架**

　　（1）上海桑塔纳 2000 型轿车后悬架的拆卸。拆卸过程如下：

　　1）用双柱举升器将车举起，拆下左、右车轮。

　　2）拆开制动软管和驻车制动钢索。

　　3）拆开差速器与传动轴的连接。

　　4）将一专用支架（1.5m 高）放在后桥壳下，将举升机支臂向下运行，直到后桥壳的大部分质量落于支架上为止，这样可以使各弹性元件、连杆等处于相对松弛状态，便于拆卸。

　　5）拆开减振器与后桥壳和车身连接的螺栓，拆下两个后减振器。

6）拆开稳定杆两端的连接。

7）将侧控制杆与车身、后桥壳的连接分别拆开，拿下侧控制杆。

8）将车身向上慢慢举高，使后桥壳与支架脱离，拆下螺旋弹簧和上、下胶垫。

9）将车身放下，后桥壳落于支架上。

10）拆开上控制臂与车身的连接，不要抽出螺栓；再拆开上控制臂与后桥壳的连接，螺栓也不要拆下。

11）拆开下控制臂。先拆下锁定块，再拆开下控制臂与车身的连接，不抽出螺栓；然后拆开下控制臂与后桥壳的连接，也不要拆下螺栓。

12）由两个人扶住后桥壳左、右两侧，先抽出上、下控制臂的 6 个螺栓，拆下控制臂，再慢慢将车升起，由两个人将后桥抬下。

（2）上海桑塔纳轿车前悬架的拆卸。可参照实验 15 行驶系拆装的有关内容进行。

↖ **拆卸转向系统**

上海桑塔纳 2000 型轿车转向系在车上的解体过程如下所述：

（1）拆卸转向盘和转向柱。转向盘与转向柱分解图如图 2-13 所示。

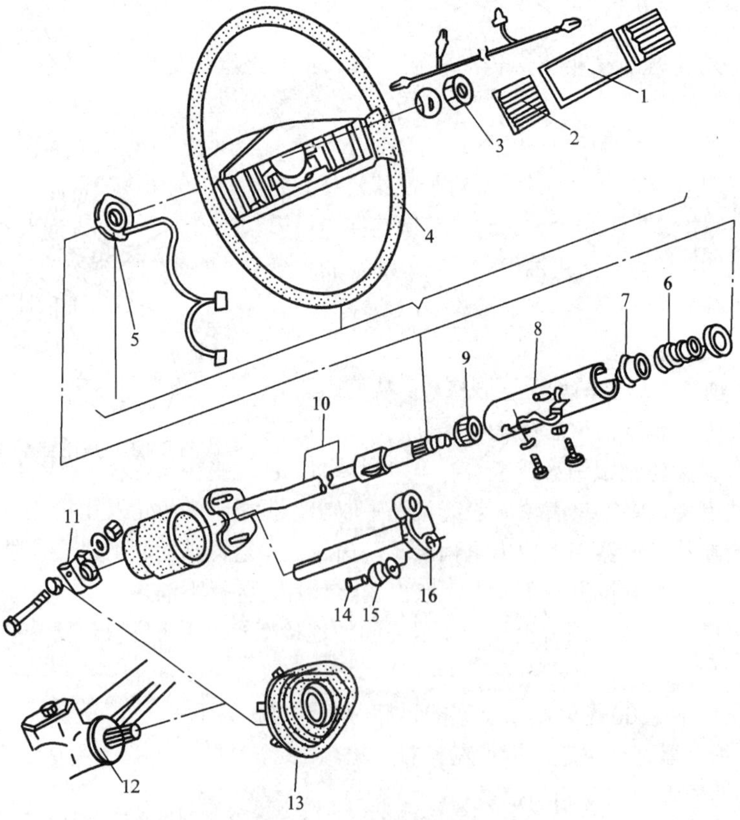

图 2-13　转向盘与转向柱分解图

1—转向盘盖板；2—喇叭按钮盖板；3—转向盘与转向柱紧固螺母 M16（45N·m）；4—转向盘；5—接触环；
6—压缩弹簧；7—连接圈；8—转向柱套管；9—轴承；10—转向柱上段；11—夹箍；12—动力转向器；
13—转向柱防尘橡胶圈；14—转向减振尼龙销；15—转向减振橡胶圈；16—转向柱下段

1）拔开转向盘上盖板，拆下转向柱上段上端三角花键紧固螺母、垫圈，取下喇叭按钮盖板，拆卸喇叭按钮及有关线束插件。

2）松开转向柱套管的两只紧固螺钉，卸下套管。将转向柱上段往下压，使上段端部法兰上的两只驱动销脱离转向柱下段，取出转向柱上段。

3）取下转向柱防尘橡胶圈，松开夹箍的螺栓、螺母、垫圈，便可拆下转向柱下段。在转向盘受到很大冲击力或转向器受力被压向车厢时，位于转向柱上的安全元件被压缩，安全联轴节脱开。

（2）拆卸动力转向器和转向横拉杆。图2-14所示为动力转向器和转向横拉杆，拆卸过程如下：

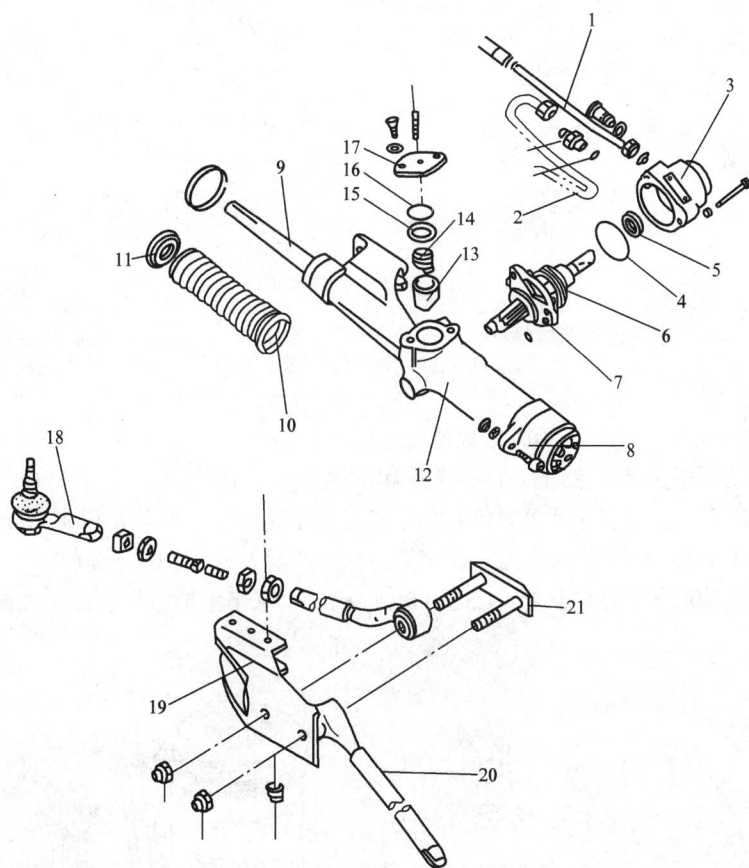

图2-14　动力转向器和转向横拉杆

1—进油管；2—回油管；3—阀体罩壳；4—O形密封圈；5—轴承；6—转向机构主动齿轮；7—连接盖；
8—密封罩；9—齿条；10—防尘罩；11—固定环；12—转向器外壳；13—压块；14—补偿弹簧；
15—补偿垫片；16—密封压座；17—压盖；18—右横拉杆；19—转向支架；20—左横拉杆；21—连接件

1）松开转向支架上分别与左、右横拉杆球销连接的防松螺母和齿条螺母［其拧紧力矩为（46±5）N·m］。

2）分别拆下左、右横拉杆的球头一端。再拆下左、右横拉杆另一端球头螺母（该螺母的拧紧力矩为30N·m）。这样分别拆下左、右横拉杆和齿条推力缸。

Note

3）拆下阀体罩壳的拧紧螺栓（拧紧力矩为 20N·m），拆下阀门罩壳，同时拆下与阀体罩连接的进油管螺母（拧紧力矩为 40N·m）、回油管连接管接头螺母（拧紧力矩为 30N·m），拆下进、回油管。松开转向器外壳压盖螺栓（拧紧力矩为 20N·m），取出补偿弹簧、压块、补偿垫片、密封压座，这样便可抽出转向机构主动齿轮。

（3）拆卸叶片泵。拆卸过程如下：

1）拆下叶片泵上进油、回油软管的紧固螺栓，排放掉叶片泵中的 ATF 油，如图 2-15 所示。

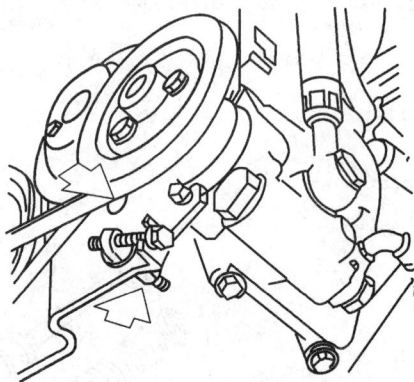

2）拆下前支架上叶片泵的张紧螺栓，如图 2-16 所示。

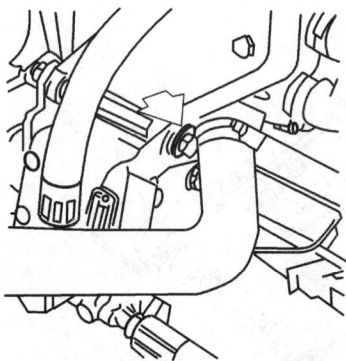

图 2-15　拆叶片泵进油管紧固螺栓　　　　　图 2-16　拆前支架上叶片泵张紧螺拴

3）拆卸后支架上叶片泵的固定螺栓，如图 2-17 所示。

4）松开中心支架上叶片泵的固定螺母和螺栓。

5）把叶片泵固定在台虎钳上，拆卸滑轮和中间支架。

这里应当注意，在安装叶片泵时，当用手指压在中间点上，传动带应有 10mm 的挠度。

（4）拆下储油罐。松开储油罐的安装支架螺栓［拧紧力矩为（6.0±3）N·m］和储油罐进油、回油软管的夹箍［拧紧力矩为（1.5±0.5）N·m］，从车上拆下储油罐。如图 2-18 所示。

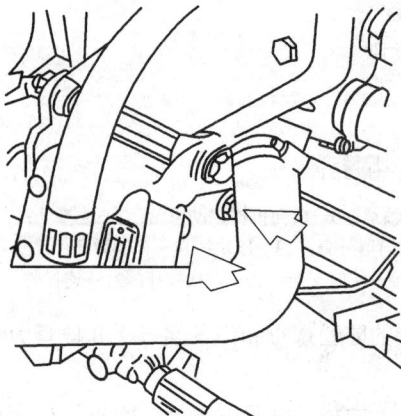

图 2-17　拆后支架上叶片泵固定螺栓　　　　　图 2-18　拆卸储油罐

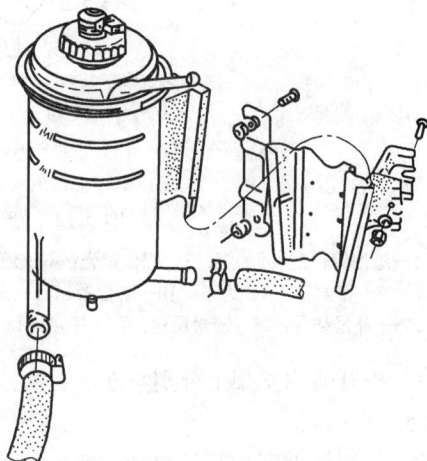

↖ 拆卸制动系

上海桑塔纳 2000 型轿车制动系在车上的拆卸可参照实验 17 制动系拆装的有关内容进行。

实验考核

↖ 考核要求

能按规范正确分解整车。此项考核需要 2～4 人合作进行。

↖ 考核时间

考核时间为 240min。

↖ 考核标准

考核内容和评分标准见表 2-1。

表 2-1　　　　　　　　　　　　考核内容和评分标准

考核项目	分值	评分标准	评价结果
发动机总成拆卸	50	按规范正确拆下得 50 分，有一项操作不当扣 10 分，扣完为止	
变速器总成拆卸	40	按规范正确拆下得 40 分，有一项操作不当扣 10 分，扣完为止	
整理工具、清理现场	10	没有整理工具、清理现场扣 5 分	
遵守相关安全操作规范		因违规操作发生人身和设备事故，此项按 0 分计	
分数合计	100		

实验报告

汽车整车解体（实验报告模板见附录）。

第3章 发动机的拆装

实验 3 曲柄连杆机构和配气机构的拆装

实验目的及要求

（1）掌握曲柄连杆机构和配气机构的拆装步骤、操作注意点、技术要求及相关的检测调整方法。

（2）熟悉曲柄连杆机构和配气机构主要零部件的结构特点及装配关系。

（3）掌握一些专用拆装工具的正确使用方法。

实验准备

↖ 实验工具及设备

（1）EQ6100-1型汽油机活塞连杆组总成1套、桑塔纳2000AJR发动机总成1台、EQ6100-1型汽油机总成1台。

（2）常用拆装工具、桑塔纳2000轿车发动机专用拆装工具。

（3）发动机拆装翻转架、活塞环拆装钳、活塞销专用铳棒、气门弹簧压具等专用拆装工具。

（4）相关挂图、图册若干。

↖ 实验课时

本实验计划6课时。

实验注意事项

（1）熟练掌握各种机具、工具、量具的正确使用方法，必要时必须使用专用拆装工具。

（2）拆卸、安装曲柄连杆机构时，必须注意各配合件的配合关系和装配记号。若无装配记号，在拆卸前必须做上标记，保证对号入座、对正记号。

（3）配缸间隙、曲轴轴承径向间隙、曲轴轴向间隙、活塞环的"三隙"、气门间隙等关键部位的配合间隙、装配间隙必须符合规定的技术要求。

（4）注意各零件正确的装配顺序、安装方向。

（5）气门组零件一经拆卸，必须检查气门的密封性。

（6）注意曲轴油封的正确安装方法。

（7）曲柄连杆机构、配气机构中的所有螺栓必须按规定的力矩拧紧。

（8）拆卸、安装桑塔纳2000AJR发动机驱动皮带和同步齿形带时，必须保证装配记号对正，注意正确的安装方向，正确调整皮带的张紧度。

实验内容与方法

↖ EQ6100-1型汽油机活塞连杆组的分解、组装与检测

　　1. 活塞连杆组的分解

EQ6100-1型汽油机活塞连杆组的分解图如图3-1所示，其分解过程如下：

（1）用活塞环拆装钳拆下活塞环。

（2）用孔用挡圈卡钳拆下活塞销两端的卡簧。

（3）将活塞置于开水中加热几分钟，取出后用锤子和专用铳棒拆出活塞销。

（4）拆下连杆螺栓、连杆盖，拆下连杆轴承。

注意事项：

1）不要直接用手拆卸活塞环，因活塞环很脆，容易折断。

2）拆连杆轴承时，应从光边一侧向带定位槽的一侧推动。

2. 活塞连杆组的热装

（1）将活塞连杆组零件清洗干净。

（2）将活塞销、连杆小头衬套内涂抹机油。

（3）将活塞置于开水中加热几分钟后取出，迅速擦净活塞销座孔，用手掌力将活塞销推入活塞销座孔并稍微露出（图 3-2），随即将连杆小头伸入活塞销座之间，使连杆小头孔对准活塞销，继续将活塞销推到底（必要时可用手锤敲入活塞销），直至活塞另一座孔。

（4）在活塞销座孔两端装入限位卡簧。

（5）装入连杆轴承。

（6）装入连杆盖，拧上连杆螺栓。

注意事项：

1）组装活塞连杆组时，应注意活塞与连杆的安装方向。活塞顶上的缺口、连杆杆身上的凸起、连杆盖上的凸起应在同一方向（图 3-3），发动机装配时应将记号朝向发动机前端。

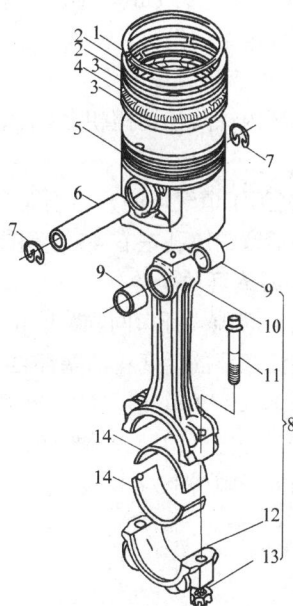

图 3-1　EQ6100-1 型汽油机
活塞连杆组分解图

1—第 1 道气环；2—第 2、3 道气环；
3—油环刮片；4—油环衬套；5—活塞；
6—活塞销；7—活塞销卡簧；8—连杆总成；
9—连杆衬套；10—连杆；11—连杆螺栓；
12—连杆盖；13—连杆螺母；14—连杆轴承

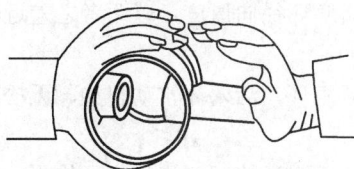

图 3-2　装入活塞销

2）活塞连杆组热装时，动作应迅速，以免活塞冷却后无法装配。

3）活塞连杆组组装后，连杆应能绕活塞销自由摆动。

3. 活塞环的安装

（1）安装组合油环。

（2）依次装入第 3 道气环、第 2 道气环、第 1 道气环。

（3）使各道气环的开口在圆周方向上相互错开 120°，形成"迷宫式"密封（图 3-4）。

注意事项：

1）装配组合油环时，先把衬环装入环槽中，再依次

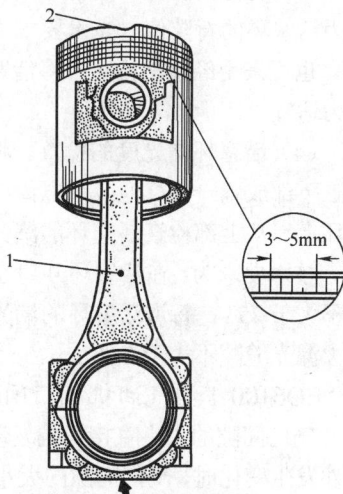

图 3-3　活塞与连杆的组装

1—连杆上的凸起；2—活塞上的缺口

27

装入上、下两个刮片环，上、下刮片环开口错开 180°。

2）分清楚第 1 道气环。为增强表面耐磨性，第 1 道气环表面应镀铬，发亮。

3）注意活塞环的安装方向，3 道气环都为扭曲环，应使活塞环内缘阶梯切槽朝上（活塞环上有字的一面一般朝上安装）。

4）第 1 道气环的开口不能在活塞承受侧压力一侧，也不能在活塞销座孔左右 45° 范围内。

4. 活塞环的检验

（1）端隙（开口间隙）的检查。将活塞环放入气缸内，用不装活塞环的活塞将活塞环推平，用厚薄规测量活塞环开口处的间隙（见图 3-5）。技术要求为：第 1、2、3 道气环（0.39±0.1）mm，油环 0.5～1.0mm。

（2）侧隙（边隙）的检查。将活塞环放入活塞环槽内，用厚薄规测量活塞环与活塞环槽侧面之间的间隙（图 3-6）。技术要求为：第 1 道气环 0.05～0.11mm，其余气环、油环 0.03～0.09mm。

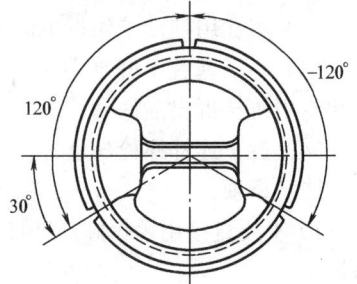

图 3-4　活塞环的开口方向

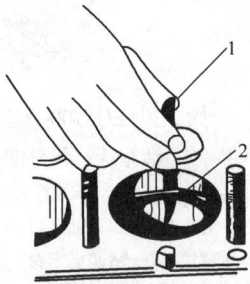

图 3-5　测量活塞环端隙

1—厚薄规；2—活塞环

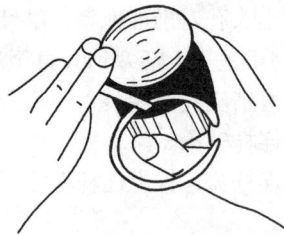

图 3-6　测量活塞环侧隙

（3）背隙的检查。用游标卡尺分别测量活塞环槽深度、活塞环径向厚度，以两者之差近似作为活塞环的背隙值。技术要求为：0～0.35mm。

也可采用经验法检查：将活塞环装入活塞环槽内，夹紧活塞环，活塞环转动自如、无松旷感为适宜。

（4）活塞环漏光度的检查。将活塞环放入气缸内，用不装活塞环的活塞将活塞环推平，在气缸下部放置一小灯泡或手电筒，将一张直径大于活塞环内径、小于活塞环外径的盖板盖在活塞环上，从上部检查活塞环的漏光度。

技术要求为：在活塞环开口左右 30° 范围内不允许有漏光现象；每处漏光弧长所对的圆心角不大于 25°；每道活塞环的漏光处不得多于两处，漏光总弧长所对的圆心角不得大于 45°；最大漏光缝隙不大于 0.03mm。

↖ EQ6100-1 型汽油机气门间隙的检查与调整

气门间隙的大小直接影响发动机的配气相位，从而影响发动机的工作性能。当配气机构的零件发生变化时，气门间隙的大小会随之发生变化，使发动机的工作性能变差。气门间隙过小，易造成气门关闭不严而漏气，导致发动机功率下降，甚至烧坏气门；气门间隙过大，气门开度减小，气门开启延续时间缩短，引起发动机进气不充分，排气不彻底，导致发动机功率下降，还增加了零件之间的撞击,使零件磨损加剧。

气门间隙的调整方法有逐缸调整法和两次调整法。逐缸调整法调整较繁琐,但对于磨损严重或结构复杂的发动机更加适用;两次调整法调整方便,应用广泛。

1. 逐缸调整法

(1) 调整步骤:

1) 找到第 1 缸的压缩上止点。具体方法是:拆下气门罩盖,转动飞轮,观察第 1 缸气门的动作,当排气门关闭、进气门打开又完全关闭后,使飞轮上的圆柱销(上止点记号)与飞轮壳上的刻线对齐。此时,第 1 缸进、排气门处于完全关闭状态,第 6 缸进、排气门处于打开状态。

2) 选择 0.20~0.25mm 厚度的厚薄规分别插入第 1 缸进、排气门摇臂与气门杆之间,检查气门间隙是否符合技术要求。

3) 分别调整第 1 缸进、排气门气门间隙(见图 3-7)。具体做法是:松开锁紧螺母,将标准厚薄规插入摇臂与气门杆之间,一边用“一”字螺丝刀旋动气门间隙调整螺钉,一边来回拉动厚薄规,直至感到稍有阻力即可,拧紧锁紧螺母,复查间隙。

拧入气门间隙调整螺钉,气门间隙变大;反之,气门间隙减小。

4) 按照点火顺序,将曲轴每转 120°,依次检查调整 5、3、6、2、4 缸进、排气门的气门间隙。

(2) 注意事项:

1) 调整气门间隙前,必须按规定力矩拧紧摇臂轴支座的螺母。

2) 正确识别第 1 缸(正确区分发动机的前、后端)。

3) 搞清气门的排列。

4) 知道发动机的工作顺序。

5) 正确找准第 1 缸的压缩上止点。

6) 正确观察气门的动作状态。

7) 知道气门间隙的大小。

8) 调整过程中,当厚薄规来回拉动时,应感到稍有阻力即可。

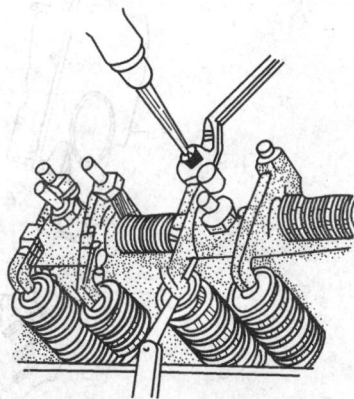

图 3-7 调整气门间隙

9) 拧紧锁紧螺母时,必须用“一”字螺丝刀固定气门间隙调整螺钉,以防调整螺钉跟转而改变气门间隙。当拧紧锁紧螺母后,必须复查气门间隙,若不符合技术要求,应重新调整。

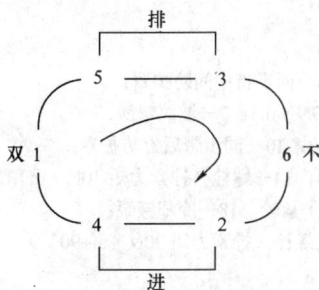

图 3-8 六缸发动机
的“双排不进”原则

(3) 找第 1 缸压缩上止点的方法:

1) 观察第 1 缸进、排气门的动作,对正 1、6 缸上止点记号。具体方法如调整步骤中所述。

2) 在第 1 缸火花塞孔中塞棉球或用手指堵住火花塞孔,对正 1、6 缸上止点记号。具体做法是:拆下第 1 缸火花塞,用棉球塞住火花塞孔或用手指堵住火花塞孔,摇转曲轴,当棉球被顶出或手指感到有很大的气压力后,使飞轮上的圆柱销上止点记号与飞轮壳上的刻线对齐。

3) 观察分火头。拆下分电器盖,摇转曲轴,当转至分火头对准第 1 缸旁电极时,即为第 1 缸压缩上止点。

4) 根据配气相位找准第 1 缸压缩上止点。当发动机上没有1缸上止点记号时，可根据配气相位，结合进、排气门的动作找准第1缸压缩上止点。

2. 两次调整法

用两次调整法调整气门间隙的步骤如下：

（1）找到第1缸的压缩上止点。

（2）按照"双排不进"的原则（见图3-8），调整一半气门的气门间隙。即调整1缸的进、排气门，3、5缸的排气门，6缸不调整，2、4缸的进气门。

（3）将曲轴转动1周，调整余下所有气门的气门间隙。即1缸不调整，调整3、5缸的进气门，6缸的进、排气门，2、4缸的排气门。

↖ 桑塔纳2000AJR型发动机曲柄连杆机构和配气机构的拆装

1. 曲柄连杆机构的拆卸

（1）同步齿形带的拆卸

同步带的分解图如图3-9所示，其拆卸过程如下：

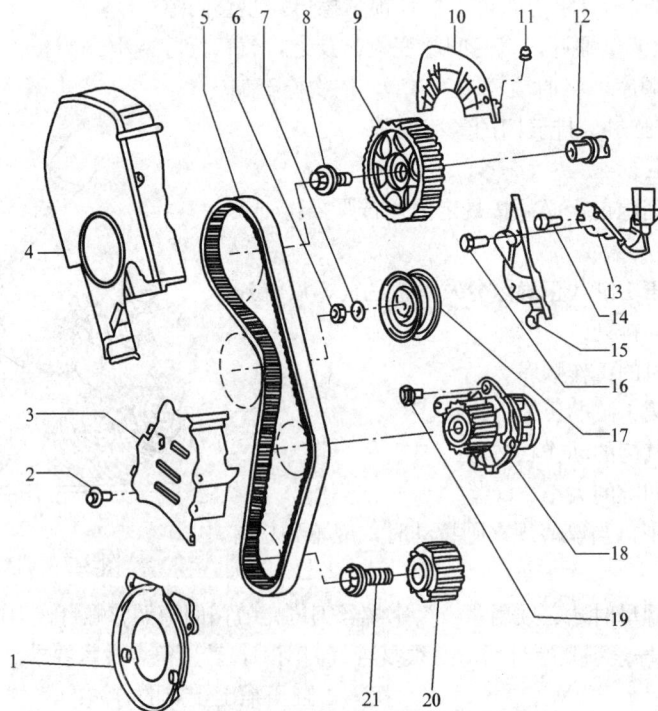

图3-9　同步带的分解图

1—同步带下防护罩；2—中间防护罩螺栓（拧紧力矩10N·m）；3—同步带中间防护罩；

4—同步带上防护罩；5—同步带；6—张紧轮固定螺栓（拧紧力矩15N·m）；7—波纹垫圈；

8—凸轮轴同步带轮固定螺栓（拧紧力矩100N·m）；9—凸轮轴同步带轮；10—同步带后上防护罩；

11—后上防护罩固定螺栓（拧紧力矩10N·m）；12—半圆键；13—霍尔传感器；14—螺栓（拧紧力矩10N·m）；

15—同步带后防护罩；16—螺栓（拧紧力矩20N·m）；17—半自动张紧轮；18—冷却液泵；

19—螺栓（拧紧力矩15N·m）；20—曲轴同步带轮；21—曲轴同步带轮固定螺栓（拧紧力矩90N·m+90°）

1）将发动机安装在发动机拆装翻转架上。

2）转动曲轴，使第1缸活塞处于上止点位置。此时，曲轴驱动带轮上的标记应与同步带下防护罩上的标记对齐，如图3-10所示。

3）拆下同步带上防护罩。

4）将凸轮轴同步带轮上的标记对准同步带后上防护罩上的标记，如图3-11所示。

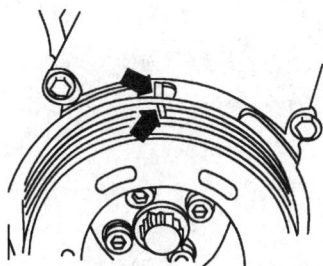

图3-10　曲轴驱动带轮与同步带下
　　　　防护罩上的标记

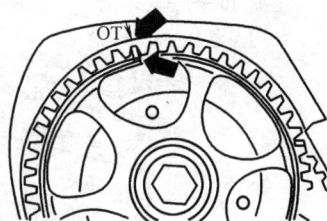

图3-11　凸轮轴同步带轮与同步带后上
　　　　防护罩上的标记

5）拆下曲轴驱动带轮。

6）分别拆卸同步带中间防护罩和下防护罩。

7）用粉笔在同步带上做好方向记号。

8）用专用工具松开半自动张紧轮，拆下同步带。

注意事项：

1）在拆卸同步带之前，用粉笔在同步带上做好方向记号。若按相反方向安装使用同步带，可能会造成皮带损坏。

2）拆下的同步带不得有磨损、扭曲现象，否则必须更换。

（2）进、排气歧管的拆卸。进气歧管及气缸盖的分解如图3-12所示。进、排气歧管的拆卸过程如下：

1）拔下各缸喷油器上的插接器，从燃油分配管上拆下各缸喷油器。

2）拔下各缸的高压分缸线。

3）拔下空气进气软管和曲轴箱通风管，如图3-13所示。

4）拔下气缸盖后的小软管。

5）拔下气缸盖后冷却液管凸缘和上冷却液管之间的冷却液软管。

6）拔下上冷却液管与散热器之间的冷却液软管。

7）松开进气歧管支架的紧固螺栓，如图3-14所示。

8）拆下进气歧管和气缸盖之间的连接螺栓，拆下进气歧管及密封衬垫。

9）拆下排气歧管和气缸盖之间的连接螺栓，拆下排气歧管及密封衬垫。

注意事项：

1）拆卸进、排气歧管时，应对称交叉拧松连接螺栓。

2）拆卸进、排气歧管后，应及时用干净的布盖住气缸盖上的进、排气口处。

（3）气缸盖的拆卸。拆卸过程如下：

1）拆下同步带后上防护罩，拧下气门罩盖上的连接螺母。

2）取下压条、支架和气门罩盖。

3）拔下水温传感器的插接器。

4）拔下机油压力传感器的插接器。

5）拔下霍尔传感器的插接器。

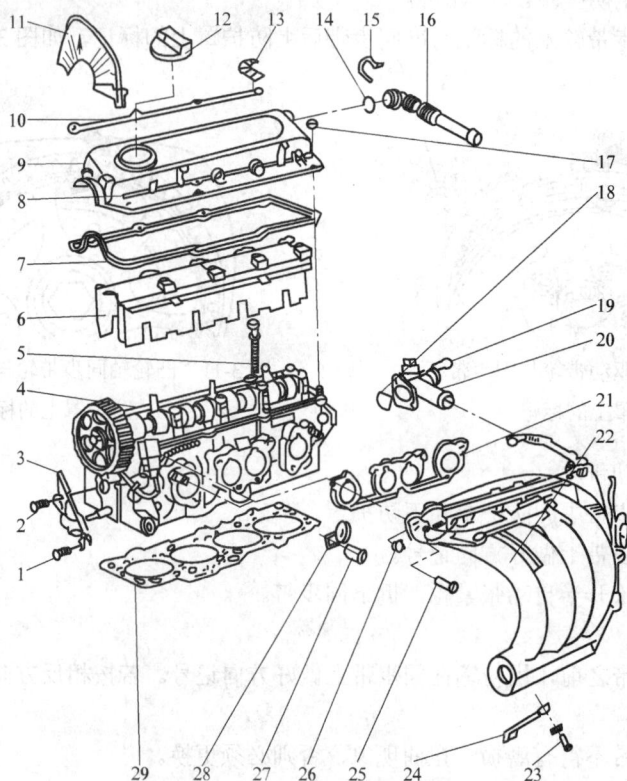

图 3-12　进气歧管及气缸盖分解图

1—螺栓（拧紧力矩 15N·m）；2—25、27—螺栓（拧紧力矩 20N·m）；3—同步带后护板；
4—气缸盖总成；5—气缸盖螺栓；6—机油反射罩；7—气门罩盖衬垫；8—紧固压条；
9—气门罩盖；10—压条；11—同步带后上防护罩；12—加机油口盖；13—支架；
14—O 形密封圈；15—夹箍；16—曲轴箱通气软管；17—螺母（拧紧力矩 12N·m）；18—O 形密封圈；
19—螺栓（拧紧力矩 10N·m）；20—凸缘；21—进气歧管衬垫；22—进气歧管；23—进气歧管支架；
24—进气歧管支架紧固螺栓；26—螺母（拧紧力矩 20N·m）；28—吊耳；29—气缸垫

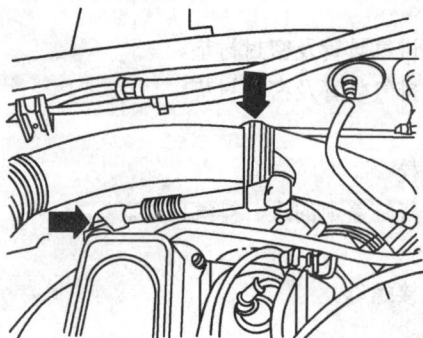

图 3-13　拔下空气进气软管和曲轴箱通风管

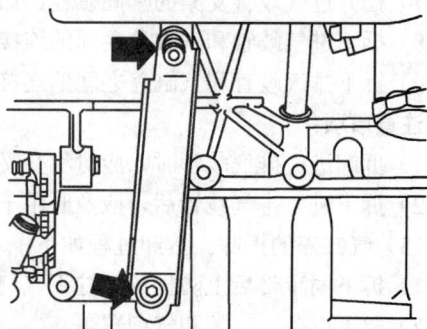

图 3-14　松开进气歧管支架的紧固螺栓

6）按图 3-15 所示顺序，对称交叉分 2～3 次拧松气缸盖螺栓。

7）抬下气缸盖总成，取下气缸垫。

（4）活塞连杆组的拆卸。活塞连杆组的分解图如图 3-16 所示，其拆卸过程如下：

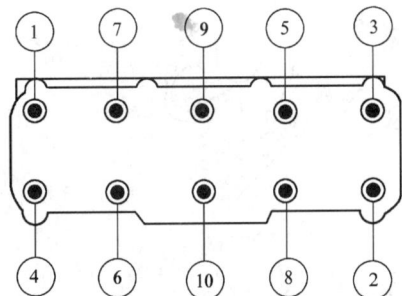

图 3-15 气缸盖螺栓拆卸顺序

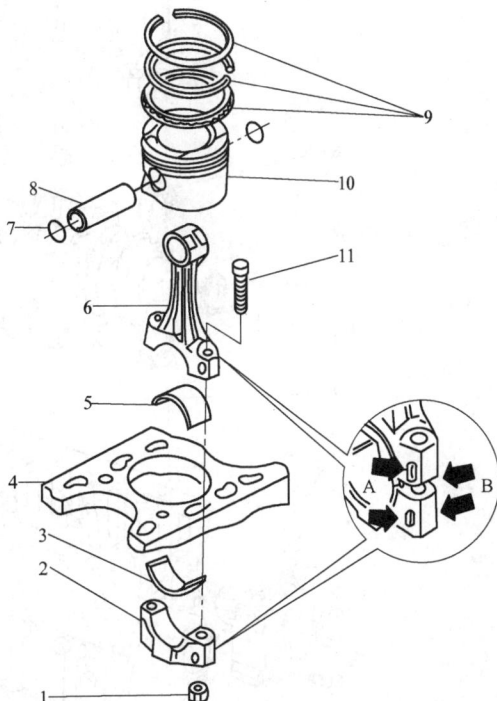

图 3-16 活塞连杆组的分解图

1—连杆螺母（拧紧力矩 30N·m+90°）；2—连杆轴承盖；
3—连杆下半轴承；4—缸体；5—连杆上半轴承；
6—连杆；7—夹箍；8—活塞销；9—活塞环；10—活塞；11—连杆螺栓

1）摇转发动机拆装翻转架，将发动机侧置。

2）转动曲轴，使 1、4 缸的活塞处于下止点位置。

3）分次拧松 1 缸的连杆螺栓，取下连杆盖。

4）用手锤木柄顶住连杆体一侧，推出活塞连杆组。

5）取出活塞连杆组后，将连杆盖、连杆螺栓按原位装复。

6）用同样方法拆下 4 缸的活塞连杆组。

7）转动曲轴，使 2、3 缸的活塞处于下止点位置，分别拆下 2、3 缸的活塞连杆组。

（5）活塞连杆组的分解。分解过程如下：

1）用活塞环拆装钳从上向下依次拆下活塞环，如图 3-17 所示。

2）用孔用挡圈卡钳拆下活塞销两端的卡簧。

3）用专用铳棒拆出活塞销。

4）拆下连杆螺栓、连杆盖，拆下连杆轴承。

（6）曲轴飞轮组的拆卸。曲轴飞轮组的分解图如图 3-18

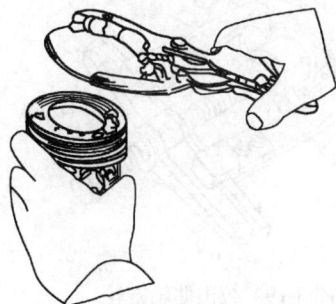

图 3-17 拆卸活塞环

所示，其拆卸过程如下：

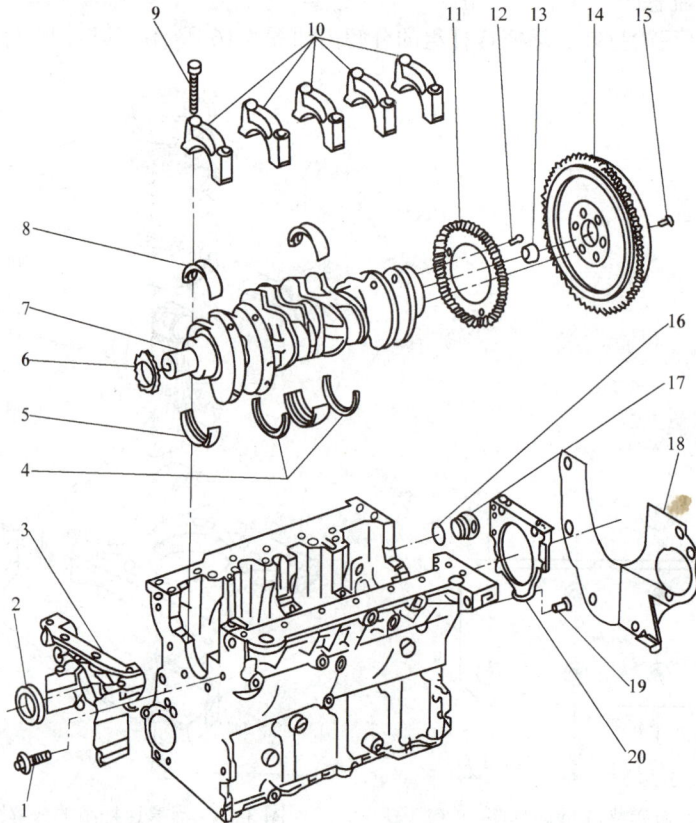

图 3-18　曲轴飞轮组的分解图

1—前密封凸缘螺栓（拧紧力矩 16N·m）；2—O 形密封圈；3—前密封凸缘；4—止推环；5—主轴承；
6—链轮；7—曲轴；8—主轴承；9—主轴承盖螺栓；10—轴承盖；11—发动机转速传感器脉冲轮；
12—发动机转速传感器螺栓（拧紧力矩 65N·m+90°）；13—滚针轴承；14—飞轮；
15—飞轮紧固螺栓（拧紧力矩 60N·m+90°）；16—O 形密封圈；17—螺塞（拧紧力矩 100N·m）；
18—中间支板；19—后密封凸缘螺栓（拧紧力矩 16N·m）；20—曲轴后密封凸缘

1）摇转发动机拆装翻转架，将发动机倒置。

2）从两端向中间对称、交叉分次拧松油底壳连接螺栓，取下油底壳及密封衬垫。

3）拆下机油泵固定螺栓，拆下机油泵及链轮总成（见图 3-19）。

4）用专用工具固定曲轴，对角、交叉、分次拧松离合器固定螺栓，拆下离合器总成。

5）用专用工具固定住飞轮，拆下飞轮固定螺栓，拆下飞轮（见图 3-20）。

6）用专用工具固定曲轴，拆下曲轴同步带轮固定螺栓，拆下曲轴同步带轮。

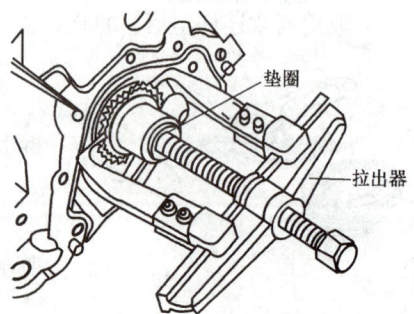

图 3-19　拉出曲轴链轮

7）分别拆下曲轴前、后油封法兰，从曲轴前、后油封法兰上取下油封。

8）从两端向中间分次拧松曲轴主轴承连接螺栓，依次取出各主轴承盖。

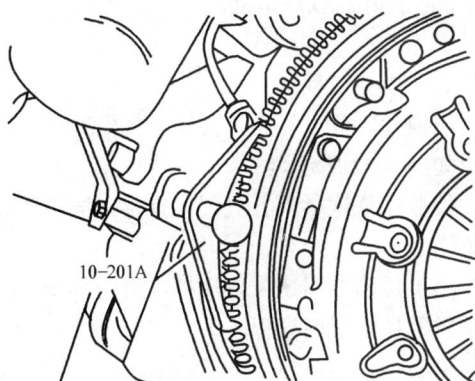

图 3-20　用专用工具固定飞轮

9）抬下曲轴，取下第3道主轴承处的止推垫片。

注意事项：

1）拆卸油底壳时，必要时可用橡皮锤或木榔头敲击、振松油底壳。

2）拆卸主轴承盖前，应检查主轴承盖上是否有安装标记。若无安装标记，应打上安装标记，以免装错。

2. 配气机构的拆卸

配气机构由凸轮轴总成、气门组件、液力挺杆等组成，它们的分解图如图3-21所示。配气机构的拆卸过程如下：

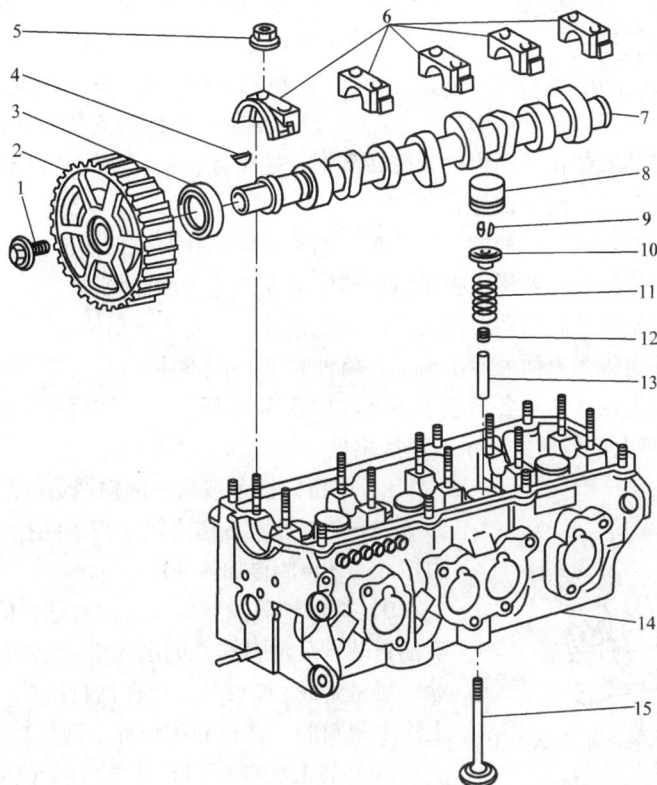

图 3-21　凸轮轴总成、气门组件、液力挺杆等的分解图

1—凸轮轴同步带轮螺栓（拧紧力矩100N·m）；2—凸轮轴同步带轮（带霍尔传感器的脉冲轮）；
3—O形密封圈；4—半圆键；5—螺母（拧紧力矩20N·m）；6—轴承盖；7—凸轮轴；8—液力挺杆；
9—气门锁片；10—气门弹簧座；11—气门弹簧；12—气门杆密封圈；13—气门导管；14—气缸盖；15—气门

（1）将气缸盖总成放置在拆装平台上。

（2）固定凸轮轴，拆下凸轮轴同步带轮固定螺栓，用拉器拉出凸轮轴同步带轮，从凸轮轴上取下半圆键。

（3）先对角、交替、分次松开第1、3、5轴承盖连接螺母，再对角、交替、分次松开第2、

35

4 轴承盖连接螺母，依次取下各道凸轮轴轴承盖，按顺序放好，以免错乱。

（4）取下凸轮轴。

（5）用磁性棒依次吸出各个液力挺杆，按顺序放好，以免错乱。

（6）用专用气门弹簧压具压下气门弹簧，取出气门锁片，取下气门弹簧座、气门弹簧，取出气门，从气门导管上拆下气门油封。拆卸气门油封如图 3-22 所示。

（7）按顺序依次拆下各气门组零件，按顺序放好，以免错乱。

（8）用手锤和专用铳棒依次拆出气门导管，或用专用顶拔器拉出气门导管。

注意事项：

1）必须按规定的顺序拆卸凸轮轴轴承盖固定螺母。

2）拆下的凸轮轴轴承盖、液力挺杆、气门必须按顺序放好，以便装复原位。

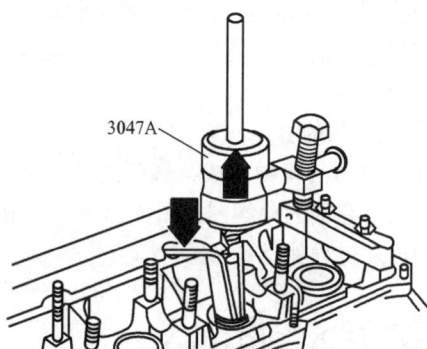

图 3-22　拆卸气门油封

3. 曲柄连杆机构、配气机构的装配

（1）曲轴飞轮组的安装。安装过程如下：

1）将发动机机体安装在发动机拆装翻转架上，摇转翻转架，将发动机倒置。

2）用压缩空气疏通各润滑油道。

3）清洁机体平面、气缸、曲轴主轴承孔、凸轮轴轴承孔等主要装配面。

4）在轴承座上依次装复各道上主轴承，清洁后在工作表面涂机油。

5）在第 3 道主轴承承孔的两侧面装上两片止推片。

6）清洁曲轴各道轴颈表面并涂上机油，将曲轴安装在机体上。

7）在主轴承盖上依次装复各道下主轴承，如图 3-23 所示，清洁后在工作表面涂机油，依次装复到各主轴承座上，装上主轴承盖连接螺栓。

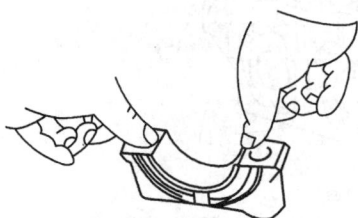

图 3-23　将下主轴承装入主轴承盖中

8）用扭力扳手按从中间向两边的顺序（3、2、4、1、5）分 2～3 次拧紧各道主轴承盖的螺栓，最后拧紧至规定力矩 65N·m，再加转 90°。

9）将曲轴前油封装入前油封法兰的承孔中，将曲轴后油封装入后油封法兰的承孔中。装油封前在油封外表面涂一层密封胶，油封装入后在油封法兰与机体接触的一面上涂上密封胶，在油封刃口涂一薄层机油。

10）装上前、后油封法兰，以 16N·m 的力矩拧紧前、后油封法兰固定螺栓。

11）检测曲轴的轴向间隙，如图 3-24 所示。检测时，用撬棒将曲轴撬向后端极限位置，在曲轴前端面处安装一只千分表，将千分表调零，再将曲轴撬向前端极限位置，千分表的摆动量即为曲轴的轴向间隙。装配新止推片的间隙为 0.07～0.21mm，磨损极限为 0.30mm。若曲轴轴向间隙过大，应更换止推垫片。

12）装上曲轴后滚针轴承和中间支板。

13）装上飞轮，对角、交叉、分次拧紧飞轮紧固螺栓，最后拧紧至规定力矩 60N·m，再加转 90°，并予以锁止。

14）用专用工具固定曲轴，用专用工具将从动盘定位在离合器压盘和飞轮的中心，对角、交叉、分次拧紧离合器固定螺栓，最后拧紧至规定扭矩 25N·m。

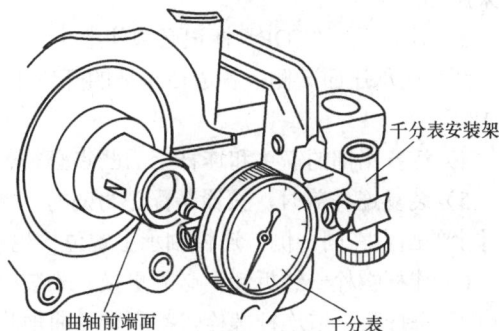

图 3-24 检查曲轴的轴向间隙

注意事项：

1）发动机在装配前必须疏通润滑油道，以免润滑油道堵塞，造成发动机工作后润滑不良，导致运动机件损坏。

2）装复各道主轴承时，必须使主轴承的凸起与主轴承承孔的凹槽对齐。第 1、2、4、5 道装在轴承座上的轴承上有油孔和油槽，装在轴承盖上的轴承上无油孔和油槽；第 3 道上、下轴承上都有油孔和油槽。

3）装止推垫片时，应使止推片有润滑油槽的一面（有减磨合金层表面）朝外。

4）装复主轴承盖时，按原装配记号对号入座，并使主轴承盖上的凸点朝前，同时上、下主轴承上的定位槽必定在同一侧。

5）主轴承盖螺栓为一次性使用件，一经拆卸，必须更换。

6）每拧紧一道主轴承盖连接螺栓，都应转动曲轴几圈，转动中不得有忽重忽轻现象，否则应查明原因，及时排除。

7）装复油封法兰时，必须小心，不能使油封扭曲。

（2）活塞连杆组的安装。安装过程如下：

1）组装活塞连杆组。将活塞销座孔、活塞销、连杆小头衬套内涂抹机油。将活塞销推入活塞销座孔并稍微露出，将连杆小头伸入活塞销座之间，使连杆小头孔对准活塞销，大拇指用力将活塞销推到底，在活塞销座孔两端装入限位卡簧。

2）用活塞环拆装钳依次装入组合式油环、第 2 道气环（锥形环）、第 1 道气环（矩形环），使活塞环的开口错开一定的角度，如图 3-25 所示，形成"迷宫式"密封。

3）摇转翻转架，将发动机侧置。

4）清洁气缸内壁、活塞连杆组，在各气缸内壁、活塞裙部、连杆轴承表面涂抹机油。

5）转动曲轴，使 1、4 缸连杆轴颈处于上止点位置。

6）用活塞环卡箍夹紧第 1 缸活塞环，用手锤木柄将活塞推入气缸，使连杆大头落在连杆轴颈上。继续用手锤木柄顶住活塞，转动曲轴，使曲轴连杆轴颈转到下止点位置。装上连杆盖，拧上连杆螺栓，分 2 次拧紧连杆螺栓，最后拧紧至规定力矩 30N·m，再加转 90°。

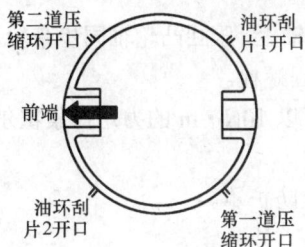

图 3-25 活塞环开口的安装方向

7）用同样方法装复 4 缸的活塞连杆组。

8）转动曲轴，使 2、3 缸的连杆轴颈处于上止点位置，用同样方法分别装复 2、3 缸的活塞连杆组。

注意事项：

1）组装活塞连杆组时，活塞裙部的箭头和连杆上的凸点应在同一侧。

2）活塞销为"全浮式"，在常温下，活塞销与活塞销座孔为过度配合，若活塞销安装困难，可采用热装法。

3）活塞环的"TOP"标记必须朝上（活塞顶部），第 1 道气环开口与活塞销轴线呈 45°且不在活塞的承压面一侧，各道活塞环的开口相互错开 120°，油环的两刮片的开口方向互相错开 180°。

4）活塞裙部的箭头和连杆上的凸点必须朝向发动机前端。

5）装复连杆盖时，按原装配记号对号入座，并使连杆盖上的凸点朝前，同时连杆盖与连杆体上的凸点在同一侧，连杆轴承上定位槽也必定在同一侧，安装时不要使用密封剂。

6）连杆螺栓一经拆卸，必须更换，安装时先润滑螺纹和接触表面。

7）每拧紧一道连杆螺栓，都应转动曲轴几圈，转动中不得有卡滞现象，否则应查明原因，及时排除。

8）在测量连杆径向间隙时，连杆螺栓拧紧力矩为 30N·m，不要再加转 90°。

（3）配气机构的安装。安装过程如下：

1）将气缸盖放置在拆装平台上。

2）将新气门导管外表面涂抹机油，从气缸盖上端将气门导管压入气缸盖。

3）用专用工具装上气门油封，装上气门、气门弹簧、气门弹簧座。

4）用专用气门弹簧压具压下气门弹簧，将两个锁片安装在气门杆尾部的环槽内，松开专用气门弹簧压具，用橡胶锤轻轻敲击气门杆顶端，以保证锁片锁止到位。

5）用同样方法依次装复其他气门组零件，检查气门密封性。

6）装上各缸火花塞。

7）清洁、润滑液力挺杆、凸轮轴轴承、凸轮轴轴颈表面。

8）按原位置装回液力挺杆，保证对号入座。

9）将凸轮轴装回气缸盖上，转动凸轮轴，使第 1 缸进、排气凸轮朝上。

10）依次装复各凸轮轴轴承盖，保证对号入座，拧上凸轮轴轴承盖连接螺母。

11）先对角、交替、分次拧紧第 2、4 轴承盖连接螺母，拧紧至规定力矩 20N·m；再对角、交替、分次拧紧第 5、1、3 道轴承盖连接螺母，拧紧至规定力矩 20N·m，如图 3-26 所示。

12）装上凸轮轴密封圈。

13）将半圆键装到凸轮轴上，压回凸轮轴同步带轮，以 100N·m 的力矩拧紧紧固螺栓。

14）装上霍尔传感器，以 10N·m 的力矩拧紧霍尔传感器固定螺栓。

15）安装好同步带后上防护罩。

注意事项：

1）气门、液力挺杆、凸轮轴轴承盖必须装复原位，保证对号入座。

图 3-26　安装凸轮轴

2）安装液力挺杆前，应检查凸轮轴的轴向间隙，磨损极限为 0.15mm。

3）气门装入后，必须检查气门密封性。气门只能进行研磨，不能进行修复。若研磨后仍然漏气，必须更换气门。

4）必须按规定的顺序拧紧凸轮轴轴承盖固定螺母。

5）安装凸轮轴轴承盖时，必须保证中心对准。

6）凸轮轴密封圈一经拆卸，必须更换。

7）安装好凸轮轴后，发动机在 30min 内不得起动，否则液力挺杆液压补偿元件没有进入工作状态，气门将敲击活塞。

（4）气缸盖的安装。安装过程如下：

1）摇转翻转架，将发动机正置。

2）转动曲轴，使第 1 缸活塞处于上止点位置。

3）装上气缸垫，使有标号（配件号）的一面必须可见（朝上）。

4）装上气缸盖。

5）对称、交叉分 2～3 次拧紧气缸盖螺栓，如图 3-27 所示，最后拧紧至规定力矩 40N·m，再加转 180°。

6）插上霍尔传感器、机油压力传感器、水温传感器的插接器。

7）装上气门罩盖，装上压条和支架，拧紧气门罩盖连接螺母，拧紧力矩为 10N·m。

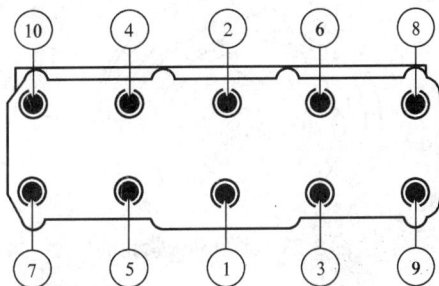

图 3-27　气缸盖螺栓拧紧顺序

注意事项：

1）在安装气缸盖之前，要将曲轴转到第 1 缸上止点位置。

2）气缸垫若有损坏，必须更换。

3）安装气缸垫时，有配件号的一面必须可见，并保证气缸垫与气缸盖上的所有水道孔、油孔、螺栓孔对准。

4）气缸盖螺栓一经拆卸，必须更换。

5）装入气缸盖螺栓前，必须清理气缸盖螺栓盲孔，保证孔内没有杂物，气缸盖螺栓螺纹处涂上机油。

（5）进、排气歧管的安装。安装过程如下：

1）装上排气歧管密封衬垫和排气歧管，以 20N·m 的力矩拧紧排气歧管固定螺栓。

2）装上进气歧管密封衬垫和进气歧管，以 20N·m 的力矩拧紧进气歧管固定螺栓。

3）装上进气歧管支架，拧紧支架紧固螺栓。

4）将喷油器装在燃油分配管上，并使导线插接器朝外，卡上卡簧。

5）将喷油器和燃油分配管一起安装在进气歧管相应位置上，以 15N·m 的力矩紧固燃油分配管固定螺栓。

6）插上各缸喷油器上的插接器。

7）插上各缸的高压分缸线。

8）装上上冷却液管与散热器之间的冷却液软管。

9）装上气缸盖后冷却液管凸缘和上冷却液管之间的冷却液软管。

10）装上气缸盖后的小软管。

11）装上曲轴箱通风管。

注意事项：

1）进、排气歧管密封衬垫一经拆卸，必须更换。

2）应对称、交叉拧紧进、排气歧管连接螺栓。

（6）同步带的安装。安装过程如下：

1）转动曲轴，使所有活塞都不在上止点的位置，以免损坏气门及活塞。

2）转动凸轮轴，使凸轮轴同步带轮上的标记对准同步带后上防护罩上的标记。

3）转动曲轴，使曲轴同步带轮上止点标记与参考标记对齐。

4）将同步带安装到曲轴同步带轮和水泵同步带轮上。

5）调整半自动张紧轮的位置，使定位块嵌入气缸盖上的缺口内，如图 3-28 所示。

6）将同步带安装到张紧轮和凸轮轴同步带轮上。

7）逆时针转动张紧轮，直到可以使用专用工具，如图 3-29 所示。

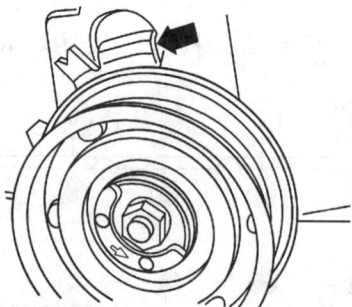

图 3-28　半自动张紧轮的位置

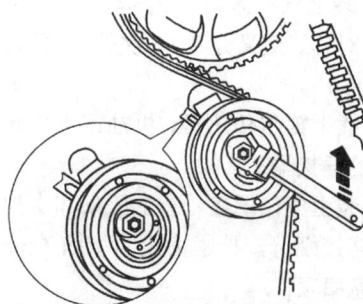

图 3-29　使用专用工具

8）松开张紧轮，直到指针位于缺口下方约 10mm 处。旋紧张紧轮，直到指针和缺口对齐，以 15N·m 的力矩拧紧张紧轮上的锁紧螺母。

9）检查同步带张紧力，如图 3-30 所示。用拇指用力弯曲同步带，指针应移向一侧；放松同步带，张紧轮应回到初始位置（指针和缺口对齐）。

10）转动曲轴，检查曲轴同步带轮、凸轮轴同步带轮上的正时标记是否同时与相应的参考标记对准，如不对准应重新安装同步带。

11）安装同步带下防护罩。

12）安装曲轴驱动带轮。

13）安装同步带中间防护罩和上防护罩。

注意事项：

1）转动凸轮轴前，必须转动曲轴，使所有活塞都不在上止点的位置，以免损坏气门及活塞。

图 3-30　检查同步带张紧力

2）安装同步带时，必须调整张紧轮的位置，使定位块嵌入气缸盖上的缺口内。

3）注意不要将同步带装反，安装时保证同步带正确地啮合进各同步带轮，以免损坏同步带。

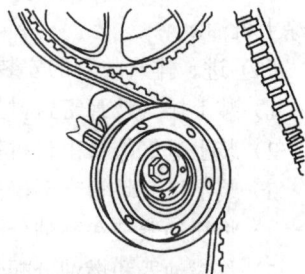

实验考核

▶ 活塞连杆组的分解、组装与检测，气门间隙的检查与调整

1. 考核要求

（1）正确分解、组装活塞连杆组，应在规定的时间内完成。

（2）正确进行活塞环的检测与安装。

（3）熟练掌握多缸发动机气门间隙的检查与调整方法，使调整后的气门间隙符合规定的技术要求。

2. 考核时间

（1）活塞连杆组的分解、组装与检测，65min。

（2）气门间隙的检查与调整，25min。

3. 考核标准

考核内容和评分标准见表 3-1。

表 3-1 考核内容和评分标准

考核项目	分值	评分标准	评价结果
正确使用拆装工具	5	工具使用不当酌情扣分	
活塞连杆组的热装方法	15	装配方法错误扣 10 分，操作不规范酌情扣分	
活塞连杆组各零件间的装配关系及安装方向	10	安装方向错误扣 10 分	
活塞环的检测与安装	20	有 1 项检测方法错误扣 5 分，安装方法错误扣 5 分，安装方向错误扣 5 分	
重要螺栓的拧紧力矩	10	不按规定力矩拧紧，每处扣 5 分	
气门间隙的检查与调整	35	调整方法错误扣 10 分，不知道气门的排列扣 10 分，操作不规范酌情扣分，第 1 缸压缩上止点不会找按 0 分计，复查后气门间隙全部不正确按 0 分计	
整理工具、清理现场	5	没有整理工具、清理现场扣 3 分	
遵守相关安全操作规范		因违规操作发生人身和设备事故，此项按 0 分计	
分数合计	100		

◤ 轿车发动机曲柄连杆机构和配气机构的拆装

1. 考核要求

（1）按正确的步骤和规定的技术要求拆装轿车发动机曲柄连杆机构和配气机构，并在规定的时间内完成。

（2）注意主轴承盖的配对安装及安装方向，正确安装曲轴前、后油封，注意飞轮与曲轴的正确定位关系。

（3）正确拆装活塞连杆组，注意连杆盖的配对安装及安装方向。

（4）正确安装顶置气门式配气机构。

（5）紧固螺栓必须按规定的力矩拧紧。

（6）严格按照技术规范安装同步齿形带，保证安装正确，皮带张紧度适中。

2. 考核时间

考核时间为 180min。

3. 考核标准

考核内容和评分标准见表 3-2。

表 3-2 考核内容和评分标准

考核项目	分值	评分标准	评价结果
正确使用拆装工具	10	工具使用不当酌情扣分	
拆卸步骤及拆卸注意点	15	拆卸步骤错误、操作不规范酌情扣分	
各配合件的配合关系和装配记号	15	每 1 处错误扣 5 分	
装配步骤及装配注意点	25	装配步骤错误、安装方向错误、操作不规范酌情扣分	
紧固螺栓的拧紧力矩	15	不按规定力矩拧紧，每处扣 5 分	
配合间隙、装配间隙的检查	10	每 1 处检查方法错误、不知道技术要求扣 3 分	
整理工具、清理现场	10	没有整理工具、清理现场扣 5 分	
遵守相关安全操作规范		因违规操作发生人身和设备事故，此项按 0 分计	
分数合计	100		

实验报告

曲柄连杆机构和配气机构的拆装（实验报告模板见附录）。

实验 4 汽油机燃料供给系的拆装

实验目的及要求

（1）了解汽油机供给系的基本组成及工作路线图。

（2）了解汽油机供给系主要部件的功用，搞清各部件的结构及工作原理。

（3）搞清现代化油器五大装置的结构特点、油路、气路，知道各量孔的作用，搞懂汽油机在各种不同工况下化油器的工作情况。

（4）掌握空气滤清器、汽油滤清器的拆装与正确保养方法。

（5）掌握汽油泵的拆装与检测方法。

（6）按正确的顺序拆装化油器，掌握化油器的调整方法。

实验准备

↖ 实验工具及设备

（1）EQ6100-1 型汽油机空气滤清器、CA6102 型汽油机汽油滤清器 EQ6100-1 型汽油机 EQB601-C 型汽油泵、EQ6100-1 型汽油机 EQH102 化油器、桑塔纳 JV 发动机 Keihin 化油器各 1 只。

（2）常用拆装工具 1 套，化油器清洗剂 1 瓶，压缩空气设备。

（3）相关挂图、图册若干。

↖ 实验课时

本实验计划 4 课时。

实验注意事项

（1）保持工作台清洁，拆装工具摆放整齐。

（2）注意空气滤清器纸质滤芯的正确保养方法，注意汽油滤清器与空气滤清器滤芯保养方法的不同之处。

（3）搞清汽油泵单向进、出油阀的正确安装方向及密封性的检测方法。

（4）汽油泵与机体间垫片的厚度不能随意增减或简单地用普通垫片代替。

（5）现代化油器结构复杂、零件多，应按正确的顺序进行拆装，拆下的各零件应摆放整齐，以免装配时丢失或搞不清正确的安装位置。

（6）现代化油器调整项目多，虽调整原理基本类似，但调整方法不尽相同，应按厂家使用说明书的要求进行调整。一般采用就车调整，便于实时观察，保证发动机工作状况良好，各项性能指标符合规定的技术要求。

实验内容与方法

☜ EQ6100-1 型汽油机空气滤清器的拆装

1. 空气滤清器的分解

空气滤清器分解图如图 3-31 所示，其拆卸过程如下：

（1）拆开空气滤清器前、后支架的连接，拔下连接至滤芯堵塞传感器的软管接头，从化油器上取出空气滤清器，取下外壳密封圈。

（2）旋下蝶形螺母，取下密封垫圈、空气滤清器上盖。

（3）依次取出滤芯上密封圈、空气滤清器滤芯总成、滤芯下密封圈。

（4）清洁空气滤清器滤芯、壳体和上盖。

注意事项：

干式纸质空气滤清器在保养时，主要进行清洁和更换滤芯，一般在二级保养时进行。具体做法是：轻轻敲拍滤芯端面，或用压缩空气从滤芯内部向外吹，边吹边振动，振落滤芯外表面的灰尘、杂物。

（1）用压缩空气吹滤芯时，不能由外向内吹，以免灰尘嵌藏在滤纸中。

（2）干式纸质滤芯切忌用油或水清洗，以免损坏滤芯。

2. 空气滤清器的装复

（1）放平空气滤清器壳体，依次装入滤芯下密封圈、空气滤清器滤芯总成、滤芯上密封圈。

（2）装上空气滤清器上盖，套上密封垫圈，拧紧蝶形螺母。

（3）将空气滤清器装回到发动机上。

注意事项：

（1）空气滤清器在保养时必须更换所有密封件。

（2）清洁后，检查滤芯。若滤芯上沾有许多油污或有破损，应更换。

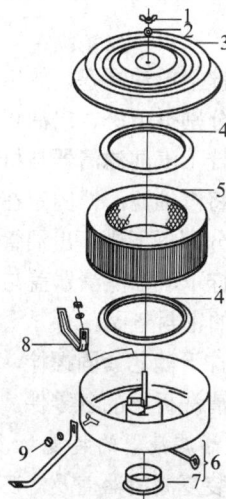

图 3-31　空气滤清器分解图

1—蝶形螺母；2—密封垫圈；3—空气滤清器上盖；
4—滤芯密封圈；5—空气滤清器滤芯总成；
6—空气滤清器外壳分总成；7—外壳密封圈；
8—空气滤清器前支架；9—空气滤清器后支架

（3）在密封、连接处保证严格的密封。

⬏ CA6102 型汽油机汽油滤清器的拆装

1. 汽油滤清器的分解

汽油滤清器分解图如图 3-32 所示，其拆卸过程如下：

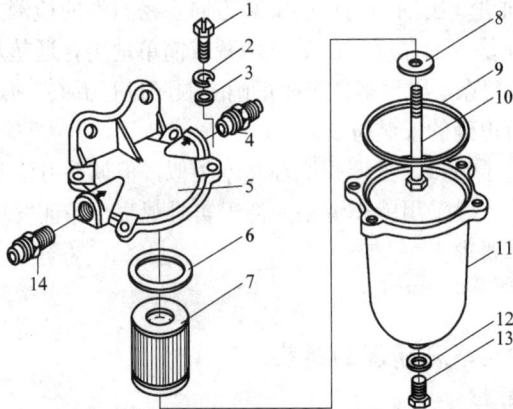

图 3-32　汽油滤清器分解图

1—螺栓；2—弹簧垫圈；3—垫圈；4、11—油管接头；5—盖；6、8、9、12—O 形密封圈；
7—滤芯；10—螺栓；11—沉淀杯；13—放油螺塞

（1）拧下放油螺塞，放出沉淀杯中的残留汽油。

（2）分别拆下进、出油管。

（3）拧下汽油滤清器与机体间的连接螺栓，取下汽油滤清器总成。

（4）将汽油滤清器固定在台虎钳上。

（5）分别拆下进、出油管接头。

（6）拧下汽油滤清器盖与沉淀杯的连接螺栓，取下汽油滤清器盖及滤芯总成，取出盖与沉淀杯之间的密封垫圈。

（7）拧下滤芯紧固螺栓，依次取出下密封垫圈、滤芯、上密封垫圈。

（8）清洗拆下的各零件。

2. 汽油滤清器的装复

（1）装复滤清器盖及滤芯总成。

将汽油滤清器盖倒放，依次装上上密封垫圈、滤芯、下密封垫圈，拧紧滤芯紧固螺栓。

（2）将沉淀杯固定在台虎钳上，在沉淀杯上口上装好密封垫圈。

（3）将滤清器盖及滤芯总成与沉淀杯装合，拧紧滤清器盖与沉淀杯的紧固螺栓。

（4）分别装上进、出油管接头。

（5）将汽油滤清器装上发动机。

注意事项：

（1）汽油滤清器在保养时必须更换所有密封件。

（2）用汽油或煤油清洗滤芯。若滤芯有破损，应更换新滤芯。

（3）在密封、连接处保证严格的密封。

（4）注意不要将进、出油管接反。

（5）现代汽车汽油机上的汽油滤清器许多为一次性使用、不可拆卸式，当发现滤芯堵塞时，应整体更换汽油滤清器。

↖ EQ6100-1 型汽油机 EQB601-C 型汽油泵的拆装

1. 汽油泵的分解

EQB601-C 型汽油泵如图 3-33 所示，其拆卸过程如下：

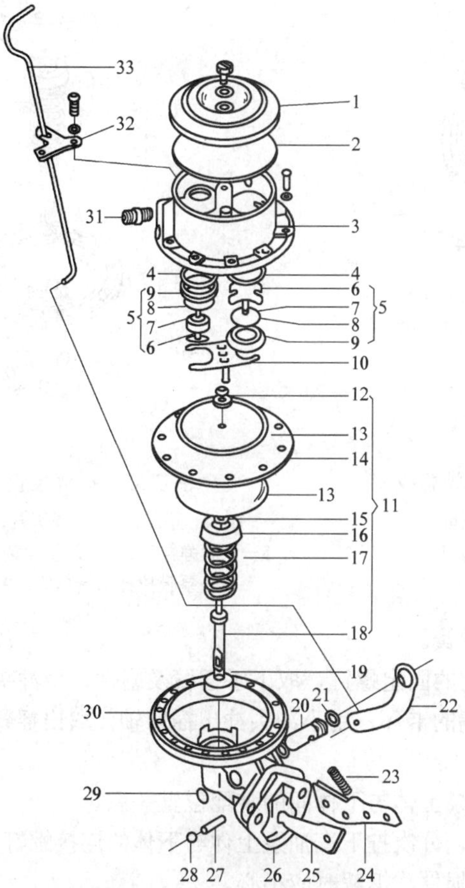

图 3-33　EQB601-C 型汽油泵

1—汽油泵上盖；2—上盖垫片；3—汽油泵盖；4—活门垫片；5—汽油泵活门总成；6—活门盖；
7—活门弹簧；8—活门；9—活门座；10—活门支持片；11—泵膜总成；12—小垫圈；13—泵膜夹片；
14—泵膜；15—小垫圈；16—泵膜弹簧座；17—泵膜弹簧；18—泵膜顶杆；19—泵膜拉杆油封总成；20—手拉杆轴；
21—小活塞环；22—手拉杆；23—摇臂回位弹簧；24—摇臂总成；25—泵膜顶杆拉钩；26—汽油泵衬垫；
27—摇臂轴；28—钢球；29—开口挡圈；30—汽油泵本体；31—端式管接头；32—支板；33—手柄

（1）分别从汽油泵上拆下进油管、出油管。

（2）拆下汽油泵与机体间的连接螺栓，拆下汽油泵总成，取下汽油泵与机体间的厚垫片。

（3）拧下支架连接螺钉，拆下手油泵拉杆及支架总成。

（4）拧下汽油泵上体与下体的连接螺钉，将汽油泵上体与汽油泵下体分离。

（5）拧下汽油泵上盖连接螺钉，取下汽油泵上盖及上盖垫片。

（6）拆下阀门支持板的固定螺钉，分别取出进油阀总成、出油阀总成，如图 3-34 所示。

（7）拧下进油管接头，取出滤网。

（8）取出泵膜总成，如图 3-34 所示。

（9）必要时，可对阀门总成、泵膜总成进一步解体，拆解泵膜、驱动机构如图 3-35 所示。

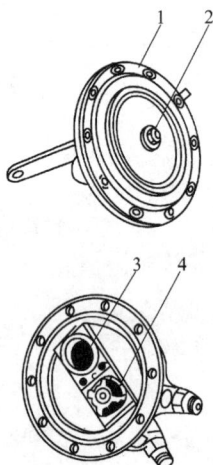

图 3-34　取出进、出油阀总成

1—泵膜；2—膜片紧固螺母；

3—出油阀门；4—进油阀门

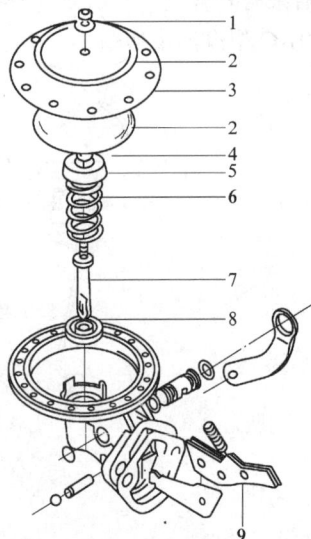

图 3-35　拆解泵膜、驱动机构

1、4—垫圈；2—泵膜夹片；3—泵膜；

5—泵膜弹簧座；6—泵膜弹簧；7—泵膜拉杆；

8—泵膜拉杆油封总成；9—摇臂总成

（10）取下摇臂回位弹簧。

（11）拧下手油泵轴上的固定螺钉，取下手摇臂及附件，用冲头冲出手油泵轴。

（12）拆下摇臂轴两端的卡环，用小冲头冲出摇臂轴，取出摇臂，如图 3-35 所示。

注意事项：

（1）拆卸前注意汽油泵上体与下体间的装配位置关系。

（2）必须对角、交叉、分次拧下汽油泵上体与下体的连接螺钉，以免损坏泵膜。

（3）进、出油阀是易损件，拆解时应小心。

（4）进油管接头内的滤网易脏污，拆下后应清洗干净。

（5）分解泵膜总成。有两种方法：

方法一：用左手将外摇臂向上顶住，用右手按下泵膜组件并转动一定角度，使泵膜拉杆与摇臂内端脱离后，即可取出泵膜总成，然后进一步进行分解。拧下泵膜固定螺母，依次取出垫圈、泵膜组件（包括泵膜上夹片、泵膜、泵膜下夹片）、泵膜弹簧座、泵膜弹簧、泵膜拉杆、泵膜拉杆油封总成等。

方法二：在泵膜总成没有取出前，直接拧下泵膜固定螺母，依次取出垫圈、泵膜组件、泵膜弹簧座、泵膜弹簧，然后很轻易取出泵膜拉杆、泵膜拉杆油封总成等。此种方法简单实用，又不会损坏泵膜。

（6）在拧出泵膜固定螺母时，应用手用力按住泵膜组件，以免拆下固定螺母时泵膜弹簧弹出而将其他零件弹出。

2. 汽油泵的装复

（1）将摇臂装入汽油泵下体，使摇臂上的轴孔与下体轴孔对齐，插入摇臂轴，用小冲头冲入，在摇臂轴两端分别转入卡环。

（2）用冲头冲进手油泵轴，装上手摇臂及密封件，拧紧手油泵轴上的固定螺钉。

（3）装上摇臂回位弹簧。

（4）装上泵膜总成。有两种方法：

方法一：将泵膜拉杆上的长槽孔与摇臂内端的挂钩连接可靠后，用手向上拉住泵膜拉杆，再依次装上泵膜拉杆油封总成、泵膜弹簧、泵膜弹簧座、泵膜组件、垫圈等，拧紧泵膜固定螺母。

方法二：先装复泵膜总成，再将泵膜总成装入下体，使泵膜拉杆上的长槽孔与摇臂内端的挂钩连接好。

（5）装入滤网，装上进油管接头。

（6）分别装上进油阀总成和出油阀总成。

（7）装合汽油泵上体总成与下体总成，对角、交叉、分次拧紧连接螺钉。

（8）装上上盖密封垫片及汽油泵上盖，拧紧上盖连接螺钉。

（9）装上手油泵拉杆及支架总成，拧紧支架连接螺钉。

（10）装上厚垫片，将汽油泵装回机体，拧紧两颗连接螺栓。

（11）分别装上汽油泵进、出油管。

注意事项：

（1）装复前，应检查汽油泵下体上的两个检视孔（图 3-36）是否堵塞。若堵塞，必须疏通。

（2）装入手油泵轴时，应使半圆轴的缺口朝上。

（3）用第二种方法装入泵膜总成时，应用左手将摇臂向上顶死，右手压住泵膜中部，下压后稍作旋转即可将泵膜拉杆上的长槽孔与摇臂内端的挂钩连接上。

（4）进油阀总成与出油阀总成结构完全相同，安装时可互换，但必须注意正确的安装方向，不要装反。

（5）装合汽油泵上体总成与下体总成时，必须注意两者之间正确的安装位置关系，以免给后面的安装带来不便。

（6）将汽油泵上、下体装合时，应先稍微旋上所有连接螺钉，然后将手摇臂拉到最上位置，再将连接螺钉拧紧，以防止泵膜破裂或汽油泵工作时过度拉伸。

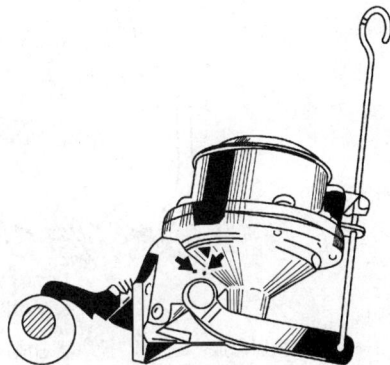
图 3-36　汽油泵检视孔

（7）安装汽油泵上盖时，注意密封垫与汽油泵上盖的安装方向，不要装反。

（8）汽油泵总成在装回机体前，必须进行密封性检查和泵油性能试验。

1）单向进、出油阀密封性检测有两种方法。

方法一：用嘴吸、吹汽油泵进、出油管接头。若进油管接头吹得动，吸不动，说明单向进油阀密封性良好；若出油管接头吸得动，吹不动，说明单向出油阀密封性良好。

方法二：用手堵住进油管接头，提拉手摇臂拉杆，若感觉到进油口有吸力，且能维持 5s 以上，则认为出油阀密封性良好；用手堵住出油管接头，提拉手摇臂拉杆，若感觉到出油口有吸力，且能维持 5s 以上，则认为进油阀密封性良好。

2）用经验法检查汽油泵泵油性能。将进油管浸入汽油中，不断拉动手摇臂拉杆，若出油急促有力，垂直扬程大于 0.5m，表明汽油泵泵油性能良好。在泵油过程中，同时检查汽油泵有

Note

无渗漏现象。

（9）汽油泵与机体间垫片的厚度不能随意增减，垫片过厚或过薄都会使泵膜的有效行程减小，降低汽油泵的泵油能力。

▶ EQ6100-1 型汽油机 EQH102 化油器的拆装与调整

1. 化油器的分解

（1）拆卸化油器的外部连接装置。化油器的操纵机构如图 3-37 所示。

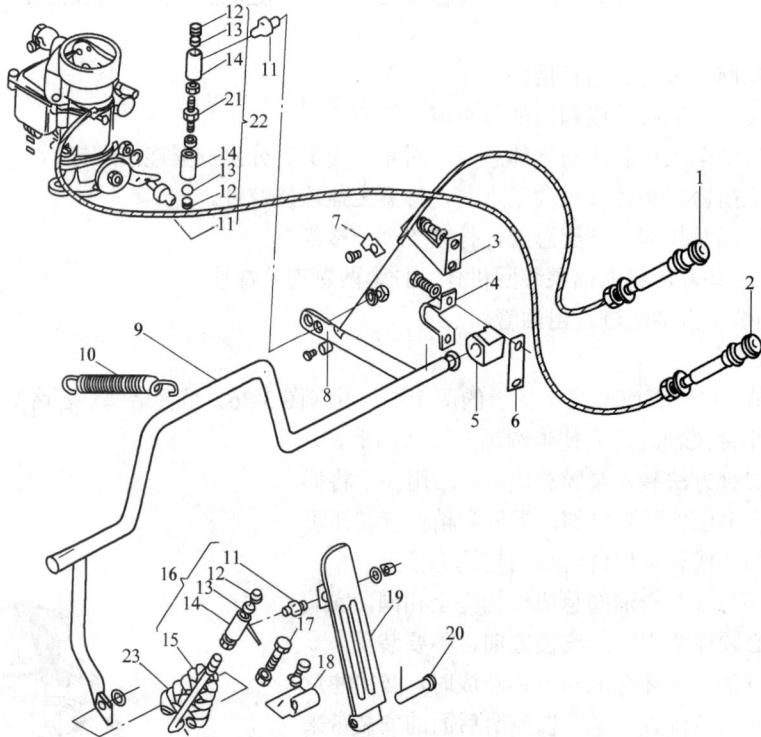

图 3-37　化油器操纵机构

1—油门操纵器总成；2—风门操纵器总成；3—油门操纵线支架总成；4—卡箍；5—加速传动摇杆轴塑料支承；
6—塑料支承支撑板；7—油门操纵线护套夹子；8—套圈（固定油门操纵线用）　9—加速传动摇杆轴总成；
10—加速传动摇杆回位弹簧；11—球头销；12—螺塞；13—垫块；14—推杆接头；15—加速踏板推杆；
16—加速踏板推杆总成；17—加速踏板限位螺栓；18—加速踏板支架；19—加速踏板总成；
20—平头销；21—加速传动拉杆；22—加速传动拉杆总成；23—加速踏板推杆孔密封套

1）拆下空气滤清器。

2）拆下化油器上的进油管。

3）拆下分电器点火提前角真空调节装置软管。

4）拆下怠速截止电磁阀的连接导线。

5）拆下阻风门操纵机构与化油器阻风门轴拉杆间的连接。

6）拆下手油门操纵机构与节气门联动机构间的连接。

7）拆下油门传动摇杆回位弹簧，拆下节气门联动机构与节气门轴之间的连接。

（2）化油器上体的分解。化油器上体构造如图 3-38 所示，其拆卸过程如下：

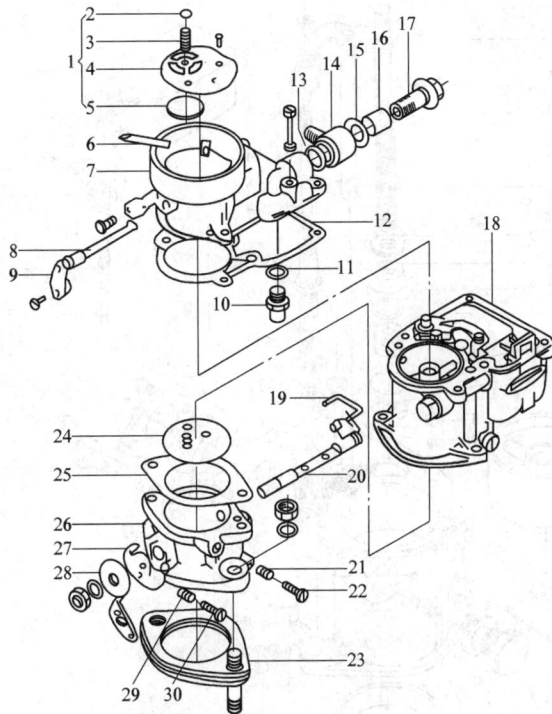

图 3-38　化油器上体构造

1—阻风门分总成；2—活门轴；3—活门弹簧；4—阻风门；5—活门；6—平衡管；7—化油器上体；
8—阻风门回位弹簧；9—阻风门轴分总成；10—进油针阀分总成；11—主量孔密封垫圈；12—上体衬垫；
13—进油口密封垫圈；14—进油接头；15—进油螺栓密封垫圈；16—滤网；17—进油螺栓；
18—化油器中体总成；19—加速泵拉钩；20—节气门轴分总成；21—怠速调节螺钉弹簧；
22—怠速调节螺钉；23—化油器衬垫；24—节气门；25—下体衬垫；26—化油器下体；
27—节气门操纵架；28—节气门操纵臂；29—节气门调节螺钉弹簧；30—节气门调节螺钉

1）拧下化油器上体与中体间的连接螺钉，取下化油器上体及上、中体间的纸质衬垫。

2）从上体上拧下进油管接头，取出进油滤网。

3）拆下进油针阀总成及密封垫圈。

4）拆下浮子室油平面调整螺钉总成。

注意事项：

1）必须对角、交叉、分次拧松化油器上体与中体间的连接螺钉，以免损坏纸质衬垫。纸质垫片损坏后一定要更换新件。

2）进油管接头密封垫圈前、后各一个，不要丢失。

3）在阻风门工作可靠的情况下，一般不拆卸、分解阻风门装置。

（3）化油器中体的分解。化油器中体构造如图 3-39 所示，其拆卸过程如下：

1）用尖嘴钳拆下加速泵拉杆与节气门轴之间连接钩锁止钢丝，取下连接钩。

2）拧下化油器中体与下体间的连接螺钉，取下化油器中体，倒出浮子室内的汽油，取出大喉管，取下中、下体间的石棉密封衬垫。

3）抽出加速泵活塞总成连同机械加浓装置推杆总成，夹出机械加浓阀杆。

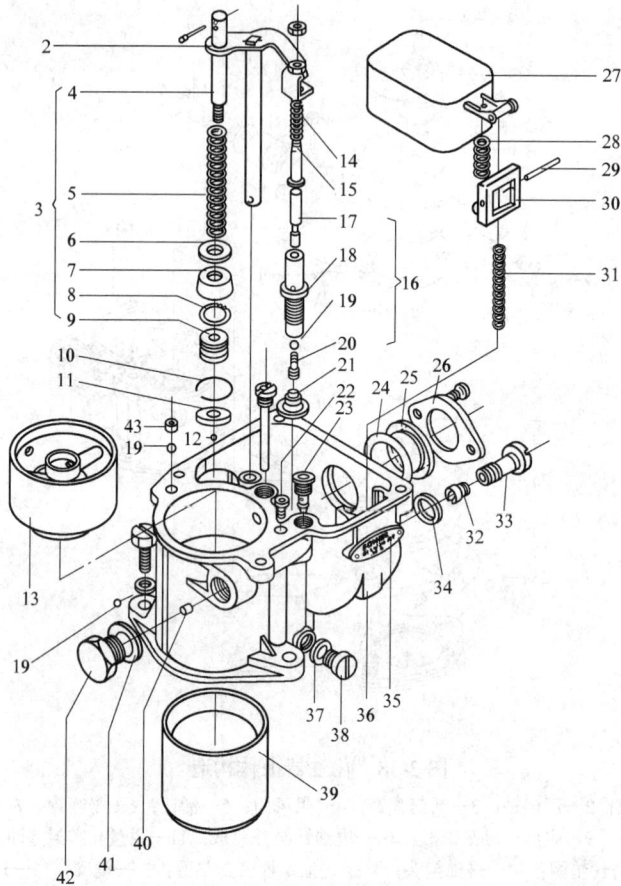

图 3-39　化油器中体构造

1—泡沫管分总成；2—加速泵拉杆分总成；3—加速泵活塞分总成；4—加速泵活塞杆；5—加速泵弹簧；
6—垫圈；7—活塞皮碗；8—皮碗弹簧；9—活塞本体；10—挡圈；11—滤网；12—钢球；13—中、小喉管总成；
14—弹簧；15—省油器推杆；16—省油器分总成；17—锥阀杆；18—省油器本体；
19—钢球（装于省油器、加速泵出油孔及中体主油道两个工艺孔）；21—省油器量孔；
22—怠速第二空气量孔；23—怠速量孔分总成；24—O 形密封圈；25—油面观察窗；26—压框；
27—浮子及摇臂分总成；28—浮子弹簧；29—浮子轴；30—浮子支架；31—浮子支架弹簧；32—主油量孔；
33—主量孔座；34—主量孔垫圈；35—化油器说明牌；36—化油器中体；37—量孔座垫圈；38—放油螺塞；
39—大喉管；40—怠速节油量孔；41—进油口垫圈；42—堵塞；43—矩形圈

4）取出浮子总成，取出浮子弹簧、浮子支架弹簧。

5）抽出浮子轴，将浮子与浮子支架分离。

6）拆下怠速截止电磁阀及密封垫圈。

7）拧出主量孔本体，取出主量孔本体垫圈，从主量孔本体上拆下主量孔。

8）拧出放油螺塞及密封垫圈。

9）拧出机械加浓阀总成，取出垫圈。

10）拆下泡沫管。

11）分别拆下第一怠速空气量孔、第二怠速空气量孔。

12）取出加速喷口上方的橡胶闷头，倒出小钢球。

注意事项：

1）加速泵活塞总成、机械加浓装置推杆总成一般不分解，以免装复不好，影响其工作性能。

2）在有的 EQH102 型化油器上没有装设怠速截止电磁阀，在阀座孔上用一个堵塞螺塞堵住。

3）拆下机械加浓阀总成后，取出垫圈后应如数保存。

4）分解化油器中体时，没有固定的拆卸顺序。

（4）化油器下体的分解：

1）拆下化油器下体与进气管的连接螺母及垫圈，取出化油器下体及下体与进气管间的金属密封衬垫。

2）拧出怠速油量调节螺钉及弹簧。

3）拧出节气门限位调节螺钉及弹簧。

4）拆下节气门轴紧固螺母及垫圈，取下节气门操纵臂、节气门操纵架。

5）拆下节气门紧固螺钉，取出节气门。

6）拉住节气门轴端的连接板，抽出节气门轴。

注意事项：

（1）节气门组件一般不拆卸。

（2）分解节气门组件时，节气门轴应小心抽出，以免硬拉硬拽，损坏节气门轴端的螺纹。

（3）化油器分解后，应用汽油彻底清洗各零件。对于化油器上体、中体、下体中的各油道、气道以及各零件中的空气量孔、油量孔，必须用专用的化油器清洗剂清洗，保证各孔道的畅通。

2. 化油器的装复

（1）化油器下体的装复：

1）在节气门轴孔处涂适量的润滑油，插入节气门轴，装入节气门，拧紧节气门紧固螺钉。

2）装上节气门操纵架、节气门操纵臂，装上弹性垫圈，拧紧节气门轴紧固螺母。

3）分别拧入节气门限位调节螺钉及弹簧、怠速油量调节螺钉及弹簧。

注意事项：

1）装入节气门轴后，应检查节气门轴与节气门轴孔间的配合。若节气门轴明显松旷，应更换。

2）插入节气门轴后，应转动节气门轴，使轴的切口平面朝上，且背向节气门限位调整螺钉。

3）安装节气门操纵架、节气门操纵臂时，应注意它们的安装关系及正确的安装方向。

4）装好节气门组件后，应转动节气门操纵臂，检查有无卡滞现象。将节气门完全关闭，检查节气门边缘的缝隙，若转动不灵活或关闭不严，缝隙过大，应查找原因，排除故障后再装入。

（2）化油器中体的装复：

1）将小钢球装入加速泵出口油道中，堵上橡胶闷头。

2）装上第一怠速空气量孔、第二怠速空气量孔。

3）装上泡沫管。

4）装入垫圈，装上机械加浓阀总成。

5）装上密封垫圈，拧紧放油螺塞。

6）装复主量孔总成，将主量孔本体装回。

7）装上怠速截止电磁阀。

8）装复浮子总成，将浮子总成装回浮子室。

9）装入机械加浓锥阀杆，装入加速泵活塞总成连同机械加浓装置推杆总成。

注意事项：

1）不要将加速泵出口油道中的小钢球丢失或遗忘不装。

2）各量孔、阀门总成的安装紧度应适宜，一般拧紧即可，不可用力过猛，以免损坏螺纹。

3）机械加浓阀下的垫片既是密封垫圈，又是调整垫圈，不可随意增减。

4）浮子的舌片不要随意弯曲，以免影响浮子室油平面高度。

5）注意浮子的安装方向，不要将浮子装反。

6）机械加浓锥阀杆应小头朝下装入。

（3）化油器上体的装复：

1）装入浮子室油平面调整螺钉总成。

2）装上密封垫圈，拧紧进油针阀总成。

3）装入进油滤网，拧紧化油器进油管接头。

注意事项：

1）浮子室油平面调整螺钉只要拧入即可，不要拧入过长，以免影响调整浮子室油平面高度。锁紧螺母暂时不要锁紧。

2）进油针阀密封垫圈厚度不可随意增减，以免影响调整浮子室油平面高度。密封垫圈也不得破损，以免造成浮子室油平面过高。

（4）化油器的总装：

1）在化油器下体上装上石棉密封衬垫，装上大喉管，装上中体，拧紧中、下体的两颗连接螺钉。

2）装上加速泵拉杆与节气门轴的连接钩，用钢丝锁线锁紧。

3）在化油器中体上放平、放正纸质衬垫，装上化油器上体，对角、交叉、分次拧紧上、中体间的连接螺钉。

注意事项：

1）石棉密封衬垫不要装反。

2）纸质衬垫必须放平、放正，保证露出各油孔、气孔。

3）加速泵拉杆上的安装孔应与季节相适应，不能将连接钩随意装入。

（5）化油器装车：

1）在进气管上装上金属密封衬垫，装上化油器总成，装上弹性垫圈，拧紧连接螺母。

2）装上化油器外部各部件、连接件。

注意事项：

1）在化油器的整个装配过程中，各紧固件、密封部位都应拧紧，不得有松动，以免造成漏油或漏气，影响化油器的工作性能。

2）化油器装车后，应检查化油器各操纵机构的操纵灵活性和工作可靠性。

化油器的调整

1. 浮子室油平面高度的检查与调整

浮子室油平面的高低直接关系到可燃混合气的浓度，影响汽油机工作性能。汽油机在正常的工作条件下，浮子室油平面应保持在油平面观察窗中线位置。当工作条件不同时，油平面允许在观察窗中线位置±2mm范围内变化。

（1）浮子室油平面高度调整前提：

1）汽车停在平坦的路面上。

2）起动发动机，使发动机达到正常的工作温度。

3）一般在发动机转速稍高于怠速转速的情况下进行。

（2）浮子室油平面高度调整方法如图 3-40 所示。在不同的化油器上，浮子室油平面调节机构可能不同，调节方法可能不一样，但调节原理都一样，都是通过改变浮子支架的高低位置来改变油平面的。浮子支架的高度下降，浮子下移，浮子室油平面升高；反之，浮子室油平面降低。具体按厂家使用说明书进行。

EQH102 型化油器浮子室油平面高度的调整方法是：通过化油器上体上浮子室油面调节螺钉进行调整。先拧松锁紧螺母，用"一"字螺丝刀旋动调节螺钉。旋出调节螺钉，浮子支架上移，油平面降低；旋入调节螺钉，浮子支架下移，油平面上升。边调整边观察油平面，直至符合要求，最后拧紧锁紧螺母。

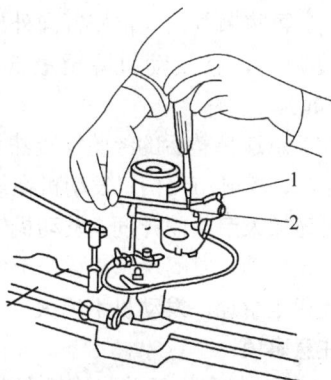

图 3-40 浮子室油面高度调整方法
1—锁紧螺母；2—油面调节螺钉

注意事项：

1）一般情况下，浮子室油平面不可随意调整，以免破坏化油器良好的供油特性。

2）调整过程中，旋动调整螺钉的速度不能过快，以免影响判断浮子室的油平面高度。

3）调整后，应使发动机运行一段时间，等油平面稳定后，看其高度是否符合要求。如不符合要求，还应进一步调整。

4）汽车在寒冷冬季或低海拔地区行驶时，可将浮子室油平面调高一些；反之，在炎热夏季或高海拔地区行驶时，可将浮子室油平面调低一些。

2. 怠速的检查与调整

怠速工况是发动机的一个重要工况，影响怠速的因素很多，怠速对发动机的性能影响也较大，怠速的检查与调整是发动机的一项重要的保养项目。调整好怠速，可以有效降低怠速油耗，减少排放污染。

（1）调整前提：

1）点火系统工作正常。

2）配气机构工作正常。

3）油、气路通畅，油压满足要求。

4）发动机密封性良好。

5）发动机工作温度正常。

6）阻风门全开。

7）关掉大功率电器。

（2）怠速调整原理：

1）调整怠速油量调整螺钉。拧入怠速油量调整螺钉，怠速转速降低；反之，怠速转速升高。

2）调整节气门限位螺钉。拧入节气门限位螺钉，怠速转速升高；反之，怠速转速降低。

（3）怠速调整方法如图 3-41 所示。在不同的发动机上，怠速的调整方法不尽相同，一般按厂家使用说明书进行。

EQH102 型化油器怠速的调整方法是：调整时，起动发动机，拧进节气门限位螺钉，使发动机中速运转。待转速稳定后，拧出节气门限位螺钉，调整发动机转速使其为最低转速。拧出怠速油量调整螺钉，使发动机转速尽可能地提高。再将节气门限位螺钉向外旋出，以便使节气门最小开度减小，使发动机降至最低稳定转速（约 450～550r/min）。

（4）怠速调整后的经验检查法。起动发动机后，待转速稳定后，松开节气门，发动机在规定怠速范围内稳定运转；迅速加大节气门开度，发动机转速应迅速升高，过渡圆滑，无抖动、发闷现象；猛松节气门，发动机转速迅速降低至稳定怠速，发动机不熄火。

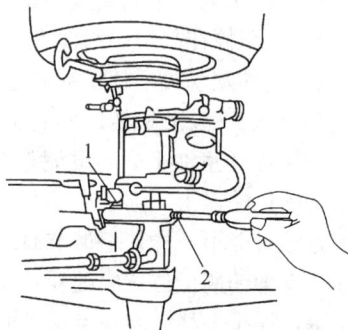

图 3-41　怠速调整方法
1—节气门开度调节螺钉；2—怠速油针

注意事项：

1）发动机在出厂前，一般在专用的发动机试验台上进行怠速调整，以便检查怠速转速、耗油量和排放。

2）在发动机保养或维修时，一般凭经验调整怠速。

3）在调整怠速的过程中，旋动两调整螺钉的速度应适当，边调整，边观察发动机转速，边听发动机声音，直至符合要求。

4）发动机的怠速调整，既要满足原厂规定的怠速转速的要求，也要满足国家规定的排放法规要求。

3. 加浓装置的调整

加浓装置工作性能的好坏直接影响发动机的动力性，也影响发动机的经济性。

调整方法：一般按厂家使用说明书进行。

EQH102 型化油器只有机械加浓装置，没有真空加浓装置，通过增减加浓阀下方的调整垫圈进行调整。增加垫圈，加浓起作用时间提前；反之，加浓起作用时间延迟。

注意事项：

（1）加浓装置一般不调整。调整时，一般按气温、海拔高度的变化调整加浓起作用时间。气温升高，加浓起作用时间推迟；反之，加浓起作用时间提前。海拔升高，加浓起作用时间推迟；反之，加浓起作用时间提前。

（2）EQH102 型化油器加浓推杆不可调整。

4. 加速装置的调整

加速装置工作性能的好坏直接影响发动机的加速性能和发动机的动力性。

调整方法：一般按厂家使用说明书进行。

EQH102 型化油器加速泵活塞杆上有两个开口销孔，可根据不同地理环境和不同季节时的要求来调整加速供油量。将开口销插入下面的销孔，加速泵活塞相对上移，活塞实际工作行程变大，加速泵喷油量增加，以适应低温工作的要求；在高温环境中工作时，将开口销插入上面的销孔，以减少加速喷油量，达到节油的目的。

5. 节气门开度的调整

节气门是汽油机中的"油门",化油器式汽油机是通过操纵机构控制节气门的开度,改变进气量,从而控制化油器的供油量,以满足汽油机不同工况的需要。为保持化油器良好的工作特性,必须保证对节气门操纵的灵活性和节气门工作的可靠性。

对节气门开度的具体技术要求是:将油门踏板踩到底,节气门应处于全开位置,发动机以额定转速运转,以保证发动机发出最大功率;放松油门踏板,节气门应完全关闭,发动机以怠速稳定运转。

EQH102 型化油器节气门开度的调整方法是:通过改变加速拉杆两端旋入接头的螺纹深度进行调整。

6. Keihin 化油器拆装

Santana JV 发动机装用 Keihin 化油器,该化油器为双腔分动下吸式。主腔有起动装置、怠速装置、主供油装置、加浓装置和加速装置,主腔在发动机所有工况下都起作用;副腔有主供油装置和怠速过渡装置,只有在发动机处于高速、大负荷工况,主腔节气门开至 53°以上时,副腔才起作用。副腔中有副腔节气门真空控制器,主、副腔之间设有联动装置,采用真空式分动机构。起动装置中采用联动式半自动阻风门,有快怠速真空控制器;怠速油道上设有怠速截止电磁阀,主腔的怠速装置中装有空调调节机构;主供油装置的泡沫管为直立内吹式,采用真空式加浓装置、膜片式加速装置。

Keihin 化油器的功能较为完善,附属装置多,结构复杂,装配要求高,一般不轻易进行拆解、清洗,以免装配时不能保证原有的装配要求,影响化油器的工作性能。在维护时,一般可用化油器清洗剂进行就车清洗即可,必要时进行相应的调整。

Keihin 化油器的拆装步骤与单腔化油器类似,只是零件更多,容易混淆。在本作业中,不专门介绍该化油器的拆装步骤,只是说明拆装过程中的一些注意事项,重点介绍该化油器的主要调整。

(1)拆解时的注意事项:

1)在拆解之前,应认真阅读有关技术资料,熟悉化油器的结构,以便拆解时做到心中有数。

2)在拆解过程中,应注意按分解的顺序摆放拆下的零件,以免装复时漏装或装错。

3)主腔、副腔中的零件应分开拆卸、摆放和清洗,以免相互混淆。

(2)装配时的注意事项:

1)主腔、副腔中相似的零件不能混装,导致化油器工作性能不稳定。

2)不要漏装衬垫和 O 形密封圈,每次检修时,都应更换衬垫。

3)化油器上各真空管不可以装错。

4)所有连接处都要用二硫化钼润滑。

7. Keihin 化油器的检查与调整

(1)浮子室油平面高度的检查与调整。Keihin 化油器浮子室油平面高度在出厂时已调整好,在使用过程中一般不需要调整。浮子室的油平面通过化油器上的观察窗进行检查:发动机怠速运转时,浮子室油平面应在观察窗中间位置。若油平面高度不符合要求,可通过浮子室盖上的油平面调整螺钉进行调整。

(2)起动装置的检查与调整。Keihin 化油器的起动装置采用联动式半自动阻风门,具有快怠速功能,能保证发动机在各种环境温度和热状态下顺利起动和正常运转。

1)阻风门操纵机构的检查与保养。完全拉出阻风门拉索手柄,阻风门应能全关;完全推

55

进阻风门拉索手柄，阻风门应能全开。在阻风门开、关过程中，阻风门拉索不应有阻滞现象。若有阻滞现象，应在阻风门拉索上加注润滑油进行润滑。

2）阻风门工作性能的检查与调整。冷起动时，拉出阻风门拉索手柄，完全关闭阻风门，起动发动机后，发动机瞬时应有快怠速动作，快怠速真空控制器会灵敏地拉开阻风门，以调节进气量，防止发动机被"闷死"；热起动时，待发动机起动后，迅速推回阻风门拉索手柄，阻风门应能逐渐打开至全开位置，与此同时，节气门关闭，发动机转速平稳下降，逐渐转入低怠速工况，发动机应平稳运转。逐渐增大节气门开度，发动机转速应平稳升高。

若阻风门工作性能不理想，应检查调整阻风门起动拉索、快怠速真空控制器、快怠速机构和怠速调整装置。

（3）快怠速的调整：

1）调整前提：

a）发动机温度升高至 60℃以上。

b）点火正时。

c）怠速良好。

d）拆下空气滤清器。

2）化油器快怠速的调整如图 3-42 所示。接上转速测定仪，推回阻风门拉索手柄，使阻风门拉臂位于止动块上。起动发动机，用止动杆将阻风门开至最大开度，此时发动机转速应为（4200±200）r/min。若转速不符合要求，可通过弯曲止动块进行调整。转速过高时，将止动块压紧；反之，将止动块拉开。

（4）怠速的检查与调整：

1）怠速调整的前提：

a）发动机工作温度正常。

b）点火系统工作正常。

c）配气机构工作正常。

d）进气管路无漏气现象。

e）阻风门全开。

f）拔下气门罩上曲轴箱通风软管。

g）前照灯远光灯打开，关掉其他电器，特别是空调开关。

2）化油器怠速的调整如图 3-43 所示。通过怠速调整螺钉调节发动机怠速。拧入怠速调整螺钉，怠速转速升高；反之，怠速转速降低。JV 发动机正常怠速转速为（850±50）r/min。

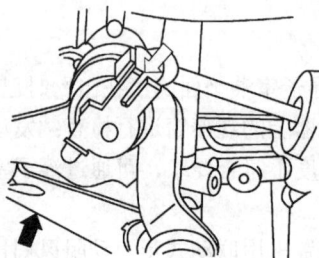

图 3-42　化油器快怠速的调整　　　　图 3-43　化油器怠速的调整

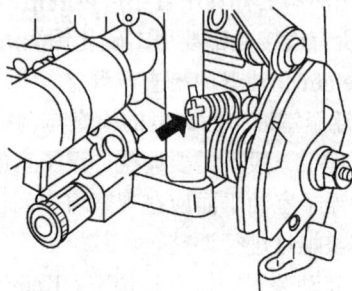

（5）CO 含量的调节。接好废气分析仪，将其探头伸入至排气管中，起动发动机，使发动机在怠速工况下运转。通过旋转 CO 调节螺钉（怠速油量调整螺钉）调整 CO 的含量。在怠速时，CO 排放量的体积分数应≤1.5%。

（6）副腔节气门开启时刻的调整：

1）调整前提：

a）将阻风门全开。

b）将主腔节气门置于怠速位置。

2）副腔节气门开启时刻的调整如图 3-45 所示。拆下化油器，旋出副腔节气门限位螺钉，直至限位螺钉与止动块之间出现间隙。在限位螺钉与止动块间放一张薄纸，边向里拧紧限位螺钉边来回拉动纸片，直到抽动纸片有阻力感为止。抽出纸片，再将限位螺钉旋进 3/4 圈，使螺钉刚好与止动块接触。

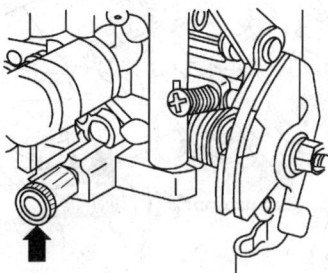

图 3-44　CO 含量的调节

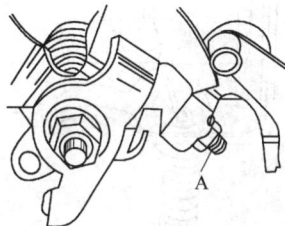

图 3-45　副腔节气门开启时刻的调整

3）技术要求。装复化油器，起动发动机，缓踩油门踏板，使节气门温度达 50℃以上，当发动机转速在 3200r/min 左右时，保持油门踏板位置不变，发动机转速应有明显升高，应明显听到发动机转速升高的轰鸣声，说明副腔节气门开始打开。

注意事项：

1）副腔节气门开启时刻在出厂时已调好，一般不要调整，以免影响化油器的工作性能。

2）检查时，若发现副腔节气门开启时刻不符合要求，应先检修分动机构、副腔节气门真空拉力器、真空管路，或清洗副腔节气门轴上的积炭。无法恢复时，再拆下化油器，调整副腔节气门开启时刻。

3）副腔节气门开启时刻调好后，在限位螺钉上涂防护漆，然后调整怠速转速及 CO 的含量，保证怠速稳定，CO 含量符合要求。

（7）加速泵喷油量的检查与调整：

1）加速泵喷油量的检查。有以下两种方法：

a）定量检查法。从车上拆下化油器，旋出怠速调整螺钉，使主腔节气门关闭，将漏斗及量杯放置于化油器下方，将阻风门全开。全程慢慢扳动节气门摇臂 10 次，每开一次至少 3s，观察量杯中收集的燃油量，计算每一个行程的平均值，技术要求为 0.78mL/行程。

b）定性经验检查法。起动发动机，待发动机怠速稳定后，迅速开大节气门，加速喷嘴应急促喷油，发动机转速应迅速升高，并发出巨大的轰鸣声，无抖动、发闷现象。若加速喷嘴喷油无力、发动机转速不能立即升高或加速持续时间过短，说明加速性能差。

2）加速泵喷油量的调整如图 3-46 所示。Keihin 化油器无专门的加速泵调节装置，一般不

Note

作调整。若加速性能变差，应检查加速泵油道有无堵塞现象，加速装置有无损坏。必要时，可通过弯曲加速泵活塞杆连接板进行调整。向上弯曲，加速泵喷油量增加；向下弯曲，加速泵喷油量减少。或者在加速泵膜片弹簧处加垫片，以加大弹簧弹力，增加加速泵喷油量。

（8）节气门拉索的检查与调整：

1）检查方法。将油门踏板踩到底时，节气门应能完全打开；完全放松油门踏板时，节气门开度最小，发动机怠速正常。且节气门操纵灵活，反应灵敏。

2）节气门拉索的调整如图 3-47 所示。将节气门钢丝拉索在其支承座与固定点之间拉直，将加速踏板踩到底，使节气门全开。通过拉索支承套挡圈的调整螺母进行调整，使节气门拉杆长度刚刚达到节气门全开位置（节气门拉杆处最大可调间隙为 1mm）。

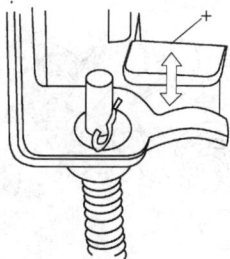

图 3-46　加速泵喷油量的调整　　　　　图 3-47　节气门拉索的调整

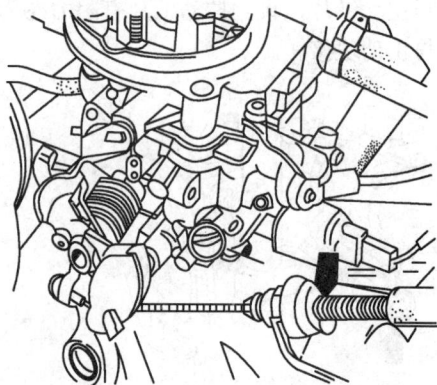

（9）怠速截止电磁阀工作性能的检测。将怠速截止电磁阀的壳体搭铁，引出线与蓄电池正极反复接通与断开时，电磁阀应能发出"咔嗒"声。若无声响，说明电磁阀已损坏，应更换新件。

（10）空调调节机构工作性能的检测。在 Keihin 化油器主腔的怠速装置中装设空调调节机构，是为了防止发动机在怠速工况下，由于使用空调而导致发动机熄火。

空调调节机构工作性能的检测方法是：起动发动机，待发动机在怠速下稳定运转时，打开、关闭空调开关，应能听到空调真空电磁阀发出"咔嗒"声，打开空调开关后，发动机转速稍有升高，然后维持正常的怠速。若无声响，说明电磁阀已损坏，应更换新件。

实验考核

↖ **考核要求**

（1）拆装空气滤清器、汽油滤清器、汽油泵、化油器，应在规定的时间内完成。

（2）按正确的方法拆装和保养空气滤清器、汽油滤清器。

（3）按正确的方法拆装汽油泵，对单向进、出油阀进行密封性检查，检测汽油泵的泵油能力。

（4）按正确的顺序拆装化油器。

（5）正确进行化油器的各项调整，保证发动机在各种工况下工作良好。

（6）正确分析汽油泵的工作过程。

（7）正确分析化油器各油路、气路，说出各量孔的作用。

↖ **考核时间**

（1）空气滤清器的拆装与保养 25min。

（2）汽油滤清器的拆装与保养 20min。

（3）汽油泵的拆装与检测 45min。

（4）单腔化油器的拆装与调整 65min。

（5）双腔化油器的调整 25min。

❧ 考核标准

考核内容和评分标准见表 3-3。

表 3-3   考核内容和评分标准

考核项目	分值	评分标准	评价结果
正确使用拆装工具、仪器	5	工具、仪器使用不当酌情扣分	
空气滤清器的拆装与保养	10	拆装错误扣 5 分，保养不当酌情扣分	
汽油滤清器的拆装与保养	10	拆装错误扣 5 分，保养不当酌情扣分	
汽油泵的拆装与检测	15	拆装错误扣 10 分，不会检测扣 5 分，操作不规范酌情扣分	
单腔化油器的拆装与调整	30	拆装顺序错误扣 5 分，零件安装部位不当扣 5 分，有 1 处调整错误扣 5 分，零件乱摆放酌情扣分	
双腔化油器的调整	15	有 1 处调整错误扣 5 分	
化油器油路、气路分析，化油器各部件识别	10	有 1 处分析错误扣 2 分	
整理工具、清理现场	5	没有整理工具、清理现场扣 3 分	
遵守相关安全操作规范		因违规操作发生人身和设备事故，此项按 0 分计	
分数合计	100		

实验报告

汽油机供给系的拆装与调试（实验报告模板见附录）。

实验 5   电控燃油喷射系统的拆装

实验目的及要求

（1）掌握汽油机电控燃油喷射系统各部件的拆装方法。

（2）了解各部件的安装位置、名称及所起的作用。

（3）搞清汽油机电控燃油喷射系统进气系统、供油系统、排气系统的路线，搞懂汽油机电控燃油喷射系统的工作原理。

实验准备

❧ 实验工具及设备

（1）Santana2000Gsi 轿车 1 辆，Santana2000AJR 发动机台架 1 台。

（2）常用拆装工具 1 套，Santana2000 Gsi 轿车专用拆装工具。

（3）相关挂图、图册若干。

Note

> 实验课时
>
> 本实验计划 4 课时。

实验注意事项

（1）拆卸电控系统的传感器、ECU 或执行器时，必须断开点火开关。

（2）燃油管路接头松开前，应擦净周围的油泥；插接器在拔下前应做好清洁工作。

（3）拆卸油管前，应对燃油供给系统进行卸压，并注意安全操作。

（4）拆卸下的燃油供给系统零部件要放在干净的地方并盖好，不要使用易掉纤维的布料。

（5）维修时，所有的 O 形密封圈、衬垫、垫圈、管道卡箍必须全部更换。

（6）节气门体重新装复后必须进行基本设定操作，完成节气门体与发动机 ECU 的匹配。

（7）发动机 ECU 重新装复后，必须进行电控单元编码，完成 ECU 与发动机的匹配。

（8）电控燃油喷射系统传感器、ECU 和执行器装复后，应进行执行元件诊断，以检测各喷油器及活性炭罐电磁阀的工作性能。

实验内容与方法

Santana2000Gsi 轿车 AJR 发动机采用 M3.8.2 电控燃油喷射系统，主要由燃油供给系统、空气供给系统、电控单元和点火系统四部分组成，系统的基本组成和布置如图 3-48 所示。

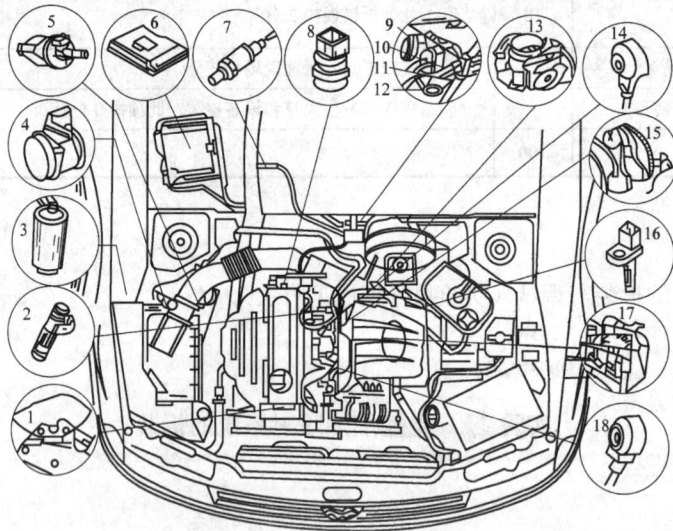

图 3-48　Santana2000Gsi 轿车 AJR 发动机电控燃油喷射系统的基本组成和布置

1—霍尔传感器（G40）；2—喷油器（N30～N33）；3—活性炭罐；4—热膜式空气流量计（G70）；
5—活性炭罐电磁阀（N80）；6—发动机 ECU（J220）；7—氧传感器（G39）；8—冷却液温度传感器（G62）；
9—发动机转速传感器插接器（灰色）；10—1 号爆燃传感器插接器（白色）；11—氧传感器插接器（黑色）；
12—2 号爆燃传感器插接器（蓝色）；13—节气门体（J338）；14—2 号爆燃传感器（G66）；15—发动机转速传感器（G28）；
16—进气温度传感器（G72）；17—点火线圈（N152）；18—1 号爆燃传感器（G61）

> 空气供给系统

1. 空气供给系统的拆卸

（1）空气供给系统如图 3-49 所示，空气滤清器、空气流量器、进气管的拆卸过程如下：

1）断开点火开关，拆下蓄电池搭铁线，放净冷却液。

2）拧松进气软管两端的卡箍。

3）拔下进气软管。

4）拔下空气流量计的导线插接器。

5）用专用外花扳手拆下空气流量计固定螺栓，从空气滤清器上向后取下空气流量计。空气流量计如图 3-50 所示。

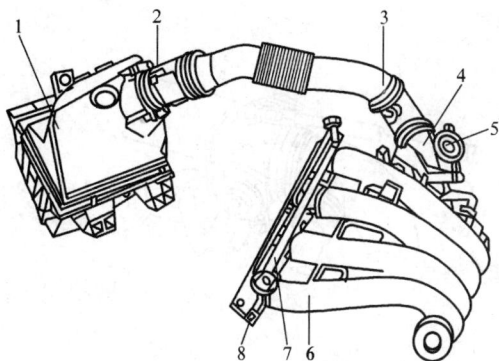

图 3-49　空气供给系统

1—空气滤清器；2—空气流量计；3—进气管；
4—节气门体；5—节气门操纵臂；6—进气歧管；
7—燃油分配管；8—油压调节器

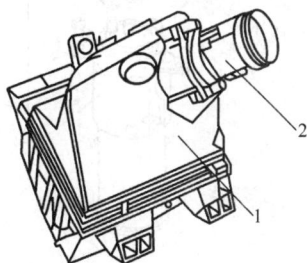

图 3-50　空气流量计

1—空气滤清器；2—空气流量计

6）拔下活性炭罐电磁阀的导线插接器，拔下与活性炭罐相连的真空管，从空气滤清器侧面拔下活性炭罐电磁阀连接管，取下活性炭罐电磁阀。

7）拆下空气滤清器上盖，取出空气滤清器滤芯，如图 3-51 所示。

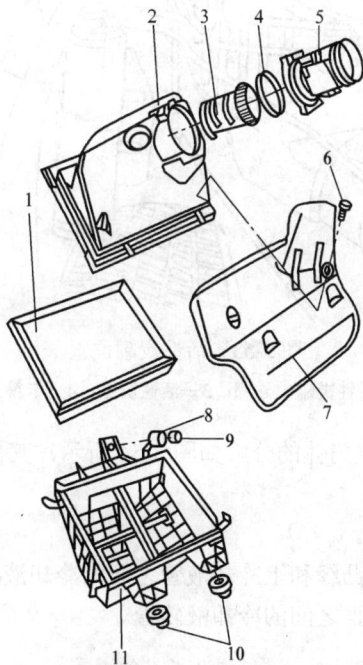

图 3-51　拆卸空气滤清器

1—滤芯；2—滤清器盖；3—空气管；4—卡箍；5—空气流量计；6—螺栓；7—隔热板；
8—橡胶套；9—隔套；10—垫块；11—滤清器体

8）拆下滤清器壳体固定螺栓，取下隔套和橡胶套，拆下隔热板，拆下滤清器体，取下垫块。

（2）汽油蒸汽回收系统的拆卸。汽油蒸汽回收系统的结构如图 3-52 所示，拆卸过程如下：

1）按上述方法拆下活性炭罐电磁阀。

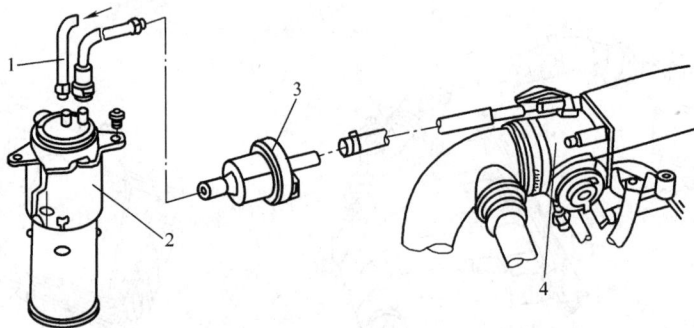

图 3-52 汽油蒸汽回收系统的结构

1—油箱蒸气管；2—活性炭罐；3—活性炭罐电磁阀；4—节气门体

2）拆下左前轮罩的挡泥板。

3）从活性炭罐上拔下汽油箱蒸汽管、拔下与活性炭罐电磁阀相连的真空管。

4）松开活性炭罐卡箍，拆下活性炭罐，如图 3-53 所示。

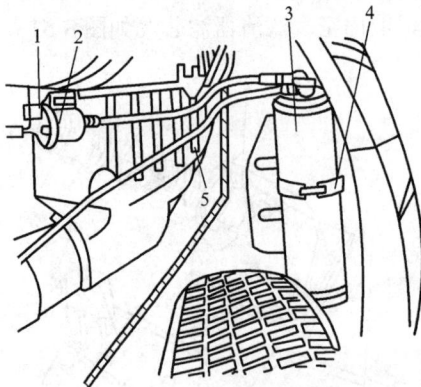

图 3-53 活性炭罐位置

1—真空管；2—活性炭罐电磁阀；3—活性炭罐；4—卡箍；5—油箱蒸气管

（3）节气门体的拆卸。节气门体的分解如图 3-54 所示，其拆卸过程如下：

1）拆下曲轴箱通风管。

2）拆下气缸盖后的小软管。

3）拆下气缸盖后冷却液管凸缘和上冷却液管之间的冷却液软管。

4）拆下上冷却液管与散热器之间的冷却液软管。

5）拔下真空助力器真空管。

6）拔下进气温度传感器的导线插接器，拆下进气温度传感器。

7）从节气门体上拆下节气门控制拉索，如图 3-55 所示，拆下节气门拉索支架。

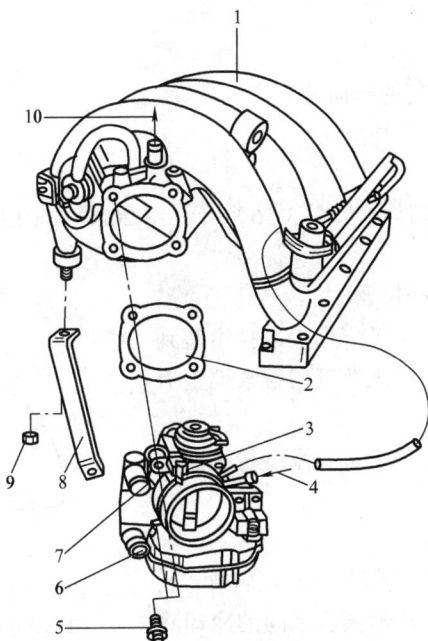

图 3-54 节气门体的分解

1—进气歧管；2—密封垫；3—节气门体；4—通活性炭罐电磁阀真空管接头；5—螺栓；6—水管接头 1；
7—水管接头 2；8—支架；9—螺母；10—通真空助力器真空管接头

8）拔下节气门体的导线插接器。

9）从节气门体上拆下两根冷却液旁通管。

10）拆下节气门体与进气管的连接螺栓，取下节气门体总成及密封衬垫。

（4）进气歧管的拆卸。拆卸过程如下：

1）拔下各缸喷油器上的导线插接器，从燃油分配管上拆下各缸喷油器。

2）拔下各缸的高压分缸线。

3）拆下进气歧管支架的紧固螺栓。

4）拆下进气歧管和气缸盖之间的连接螺栓和螺母，拆下进气歧管及密封衬垫。

5）从进气管上拆下点火线圈总成。

2. 空气供给系统的装复

（1）装复进气歧管：

1）将点火线圈总成装到进气歧管上。

2）装上进气歧管密封衬垫。

3）装上进气歧管，用 20N·m 的力矩拧紧进气歧管连接螺母。

4）插上各缸的高压分缸线。

5）将各缸喷油器装到燃油分配管上，装好卡簧。

6）将燃油分配管总成装到进气歧管上，拧紧进气歧管支架的紧固螺栓。

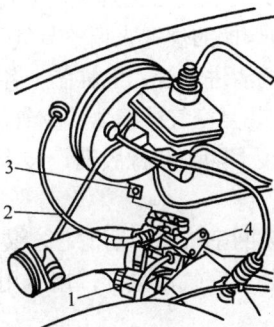

图 3-55 拆节气门控制拉索

1—导线插接器；2—节气门控制拉索；
3—调整卡簧片；4—节气门拉索支架

7）插上喷油器上的导线插接器。

注意事项：

1）进气歧管密封衬垫凸起的一面朝向进气歧管。

2）各缸的高压分缸线不要插错。

（2）装复节气门体：

1）装上密封衬垫及节气门体，如图3-56所示，用20N·m的力矩拧紧节气门体连接螺栓。

2）装上冷却液旁通管。

3）插上节气门体的导线插接器。

4）装上节气门拉索支架，将节气门控制拉索装到节气门体的节气门控制臂上，插上节气门拉索调整卡簧片。

5）装上进气温度传感器，插上进气温度传感器的导线插接器。

6）装回真空助力器真空管。

7）装回冷却液管与散热器之间的冷却液软管，装回气缸盖后冷却液管凸缘和上冷却液管之间的冷却液软管。

8）装上气缸盖后的小软管和曲轴箱通风管。

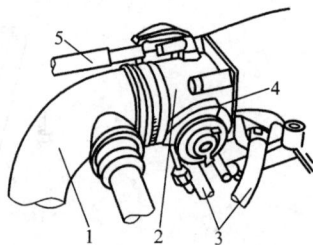

图3-56　装复节气门体

1—进气软管；2—节气门体；3—冷却液管；
4—节气门控制臂；5—活性炭罐电磁阀真空管

注意事项：

1）节气门拉索不能弯折，以免产生运动阻滞或折断。

2）安装节气门拉索时，应使节气门拉索在各个支承座和紧固点之间保持平直，通过变换支架上的卡板的位置来调整节气门拉索，使节气门杠杆能够达到节气门全开的位置。

3）搞清进气管、气缸盖上各软管的连接，不要装错。

（3）装复空气滤清器、空气流量计、进气管：

1）装上隔套和橡胶套，装上隔热板，装回垫块，装上滤清器壳体，拧紧滤清器壳体固定螺栓。

2）装回空气滤清器滤芯，装上空气滤清器上盖。

3）装上空气流量计，用专用外花扳手拧紧空气流量计固定螺栓，插上空气流量计的导线插接器。

4）装上进气软管，拧紧进气软管两端的卡箍。

5）装上进气软管。

注意事项：

1）空气滤清器滤芯若过分脏污或有破损，应更换新滤芯。

2）拧紧空气流量计固定螺栓必须用专用扳手，不能用其他扳手代替，以免损坏固定螺栓。

（4）装复汽油蒸汽回收系统：

1）将活性炭罐电磁阀装回空气滤清器侧面。

2）插上真空管，插上活性炭罐电磁阀的导线插接器。

3）装上活性炭罐，拧紧活性炭罐卡箍。

4）插上与活性炭罐相连的真空管，插上汽油箱蒸汽管。

5）装上左前轮罩的挡泥板。

↖　**燃油供给系统的拆装**

1. 燃油供给系统的拆卸

（1）汽油箱的拆卸。汽油箱及附件分解如图 3-57 所示，其拆卸过程如下：

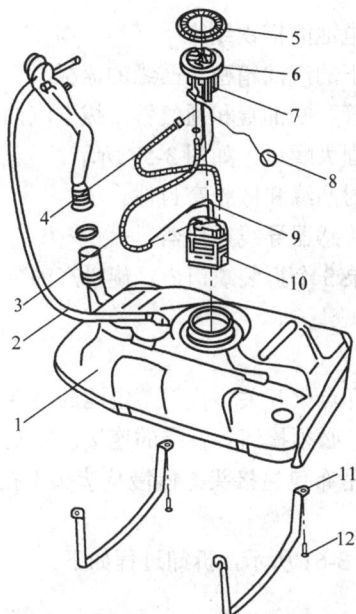

图 3-57　汽油箱及附件分解图

1—汽油箱；2—加油口通气管；3—回油管（来自燃油压力调节器）；4—输油管（接到汽油滤清器）；
5—塑料紧固螺母；6—汽油蒸汽管（接到活性炭罐）；7—密封凸缘；8—浮子（用于油量传感器）；
9—导线；10—汽油泵总成；11—汽油箱夹带；12—夹带螺栓

1）断开点火开关，拔下蓄电池的搭铁线，用专用设备抽出汽油箱内的汽油。

2）拆下位于行李箱内地毯下的汽油箱密封凸缘的盖板。

3）从密封凸缘上拔下输油管、回油管和通气管，拔下汽油泵导线插接器，如图 3-58 所示。

4）用专用工具旋下塑料紧固大螺母，如图 3-59 所示。

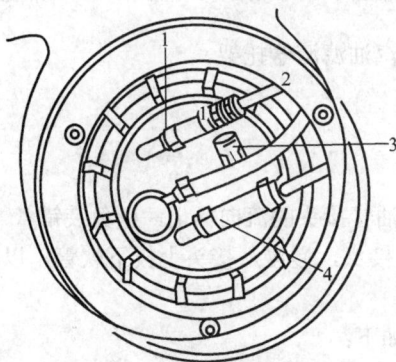

图 3-58　拆下管路及导线

1—回油管；2—通气管；3—导线接头；4—出油管

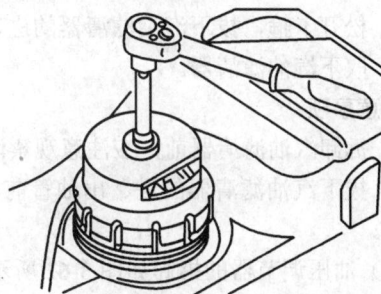

图 3-59　用专用工具旋下塑料紧固大螺母

5）从汽油箱开口处拉出密封凸缘和橡胶密封件。

6）将发动机与变速器的托架放置在汽油箱下。

7）拧下汽油箱夹带固定螺栓，拆下 2 根汽油箱夹带，取出汽油箱及汽油泵总成。

（2）汽油泵的拆卸：

1）断开点火开关，拔下蓄电池的搭铁线。

2）拆下位于行李箱内地毯下的汽油箱密封凸缘的盖板。

3）从密封凸缘上拔下输油管、回油管和通气管，拔下汽油泵导线插接器。

4）用专用工具旋下塑料紧固大螺母，如图 3-59 所示。

5）从汽油箱开口处拉出密封凸缘和橡胶密封件。

6）拔下密封凸缘内的油量传感器导线插接器。

7）将专用工具插入到汽油泵 3 个拆装缺口内，旋松汽油泵，如图 3-60 所示。

8）从汽油箱内取出汽油泵。

注意事项：

1）拆卸汽油泵时，必须断开点火开关，拔下蓄电池的搭铁线，以免引起火灾。

2）拆卸汽油箱上各管路前，必须搞清各管路的连接位置及流向，以免装错。

3）拆汽油泵出油管时，先用布包住接头，慢慢从接头上拔下软管，进行卸压，以防汽油飞溅。

（3）汽油滤清器的拆卸如图 3-61 所示，拆卸过程如下：

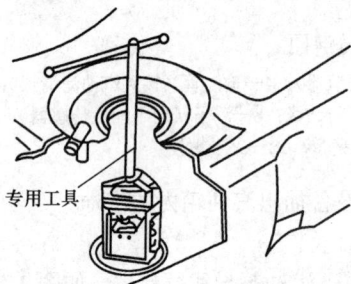

图 3-60 拆卸汽油泵

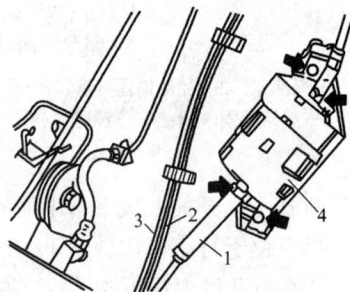

图 3-61 拆卸汽油滤清器

1—出油管（输油管）；2—回油管；3—蒸汽管；4—汽油滤清器

1）松开车辆底部汽油滤清器托架紧固螺栓，取下汽油滤清器托架。

2）松开卡箍，拔下汽油滤清器的进、出油管。

3）取下汽油滤清器。

注意事项：

1）拆卸汽油滤清器前，应注意观察汽油滤清器上油管接头的流向标记，以免装错。

2）拔下汽油滤清器的进、出油管前，先用布包住接头，慢慢从接头上拔下软管，以防汽油飞溅。

（4）油压调节器的拆卸如图 3-62 所示，拆卸过程如下：

1）从油压调节器上拔下真空软管。

2）用尖嘴钳拆下油压调节器卡簧。

3）取下油压调节器，从油压调节器上取下两只 O 形密封圈。

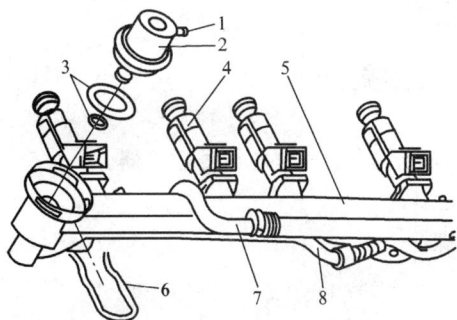

图 3-62　拆卸油压调节器
1—真空管接头；2—油压调节器；3—O 形密封圈；
4—喷油器；5—燃油分配管；6—卡簧；
7—进油管；8—回油管

注意事项：

拆卸油压调节器前，先用布包住进油管接头，松开进油管接头，将燃油分配管卸压，以防汽油飞溅。

（5）喷油器的拆卸如图 3-63 所示，拆卸过程如下：

1）拔下喷油器上的导线插接器。

2）拆下燃油分配管与进气歧管的固定螺栓，拆下燃油分配管。

3）用尖嘴钳拔下喷油器卡簧，从拆下燃油分配管上拔下喷油器。

4）分别从喷油器上、进气歧管上取下 O 形密封圈。

2. 燃油供给系统的装复

（1）喷油器的装复：

1）将喷油器插入到燃油分配管上，左右转动喷油器，使喷油器装配到位，并使喷油器导线插座朝外。

2）用尖嘴钳卡上喷油器卡簧。

3）依次装入各喷油器。

4）在进气歧管相应位置上装上 O 形密封圈。

5）将喷油器连同燃油分配管装到进气歧管上。

6）以 20N·m 的力矩拧紧燃油分配管与进气歧管的固定螺栓。

7）分别插上喷油器的导线插接器。

（2）油压调节器的装复：

1）将两只 O 形密封圈装到油压调节器上。

2）将油压调节器装到燃油分配管上。

3）用尖嘴钳卡上油压调节器卡簧。

4）将真空软管插到油压调节器上。

（3）汽油滤清器的装复：

1）装上汽油滤清器。

2）分别插上汽油滤清器的进、出油管，夹紧油管卡箍。

3）装上汽油滤清器托架，拧紧汽油滤清器托架紧固螺栓。

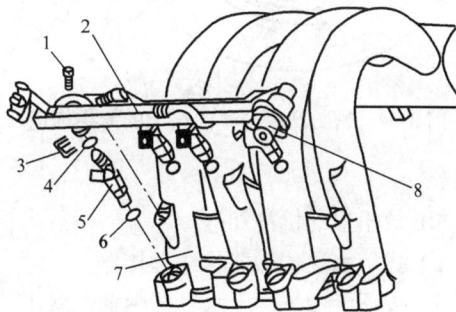

图 3-63　拆卸喷油器
1—固定螺栓；2—燃油分配管；3—卡簧；
4、6—O 形密封圈；5—喷油器；
7—进气歧管；8—油压调节器

注意事项：

汽油滤清器上油管接头的箭头应指向汽油的流向。

（4）汽油泵及汽油箱的装复：

1）将从密封凸缘下引出的输油管、回油管、通气管及汽油泵导线插接器插入到汽油泵上，并保证连接可靠。

2）将汽油泵总成插入到汽油箱内。

Note

3）用专用工具将汽油泵拧紧在汽油箱底部的固定位置上。

4）在汽油箱开口处安装好橡胶密封圈。

5）将密封凸缘连同浮子总成插入到汽油箱，并压装到底。

6）用专用工具拧紧塑料紧固大螺母。

7）分别将输油管、回油管和通气管插到密封凸缘上，插上汽油泵导线插接器。

8）将汽油箱连同汽油泵总成安装到汽油箱托架上。

9）装上2根汽油箱夹带，拧紧汽油箱夹带固定螺栓。

10）安装汽油箱密封凸缘的盖板。

注意事项：

1）安装橡胶密封圈时，用汽油将橡胶密封圈湿润。

2）安装密封凸缘时，必须使密封凸缘上的箭头对准汽油箱上的箭头，如图3-64。

↖ **相关传感器及发动机 ECU 的拆装**

1. 相关传感器及发动机 ECU 的拆卸

（1）水温传感器的拆卸如图3-65所示，拆卸过程如下：

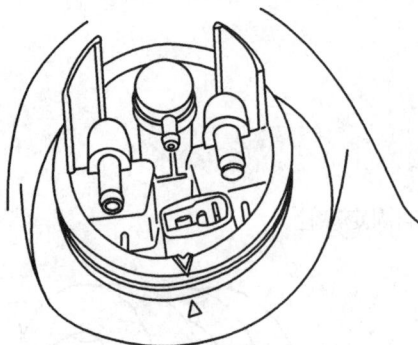

图 3-64　密封凸缘与汽油箱上的箭头标记

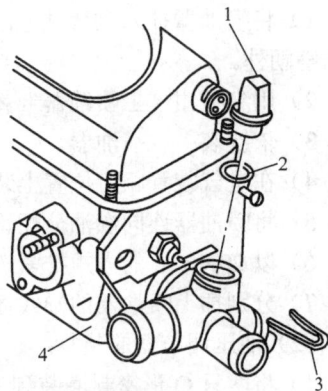

图 3-65　水温传感器的拆卸

1—水温传感器；2—O形密封圈；3—卡簧；4—气缸盖

1）放出发动机冷却液。

2）拔下水温传感器导线插接器。

3）拔下卡簧，拆下水温传感器，取出O形密封圈。

（2）进气温度传感器的拆卸如图3-66所示，拆卸过程如下：

1）拔下进气温度传感器导线插接器。

2）拆下进气温度传感器固定螺栓。

3）拆下进气温度传感器，从进气温度传感器上取下O形密封圈。

（3）发动机转速传感器的拆卸如图3-67所示，拆卸过程如下：

1）拔下发动机转速传感器导线插接器。

2）拧下发动机转速传感器的紧固螺栓。

3）取出发动机转速传感器。

（4）霍尔传感器的拆卸如图3-68所示，拆卸过程如下：

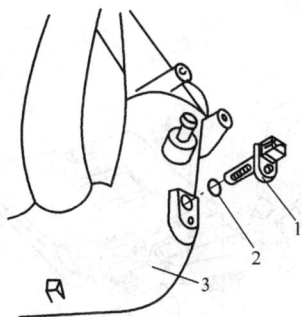

图 3-66　进气温度传感器的拆卸

1—进气温度传感器；2—O 形密封圈；3—进气歧管

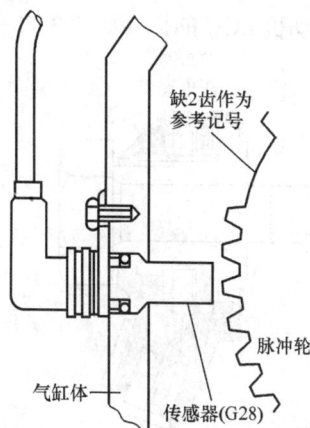

图 3-67　发动机转速传感器的拆卸

1）拆下同步带。

2）拔下霍尔传感器的插接器。

3）拧下霍尔传感器固定螺栓。

4）取出霍尔传感器。

（5）氧传感器的拆卸如图 3-69 所示，拆卸过程如下：

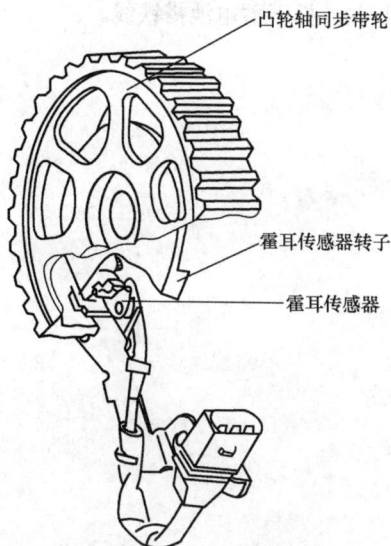

图 3-68　霍尔传感器的拆卸

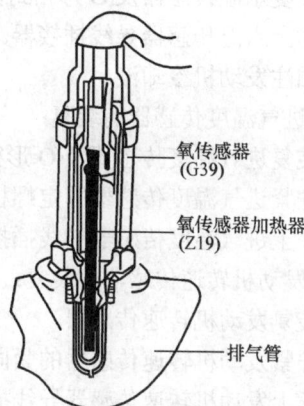

图 3-69　氧传感器的拆卸

1）拔下氧传感器导线插接器。

2）从车辆底部的排气管上拆下氧传感器。

（6）爆燃传感器的拆卸如图 3-70 所示，拆卸过程如下：

1）拆下进气歧管。

2）拔下爆燃传感器导线插接器。

3）分别从缸体上拆下 1 号、2 号爆燃传感器。

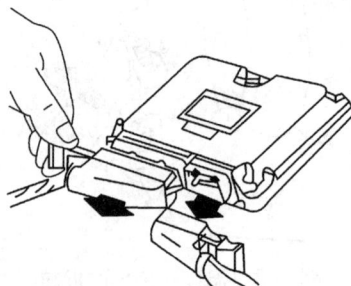

（7）发动机 ECU 的拆卸如图 3-71 所示，拆卸过程如下：

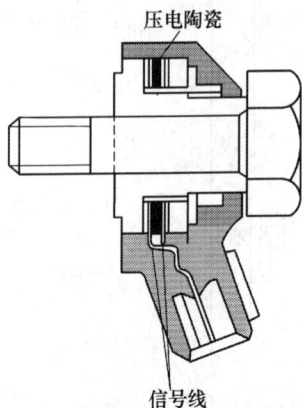

压电陶瓷

信号线

图 3-70　爆燃传感器　　　　图 3-71　发动机 ECU 的拆卸

1）拔出发动机 ECU 上两插接器卡簧手柄，分别拔下两导线插接器（一个 52 端子，一个 28 端子）。

2）撬开发动机 ECU 固定夹。

3）取出发动机 ECU。

注意事项：

在拆卸传感器、发动机 ECU 前，必须断开点火开关，拆下蓄电池搭铁线。

2. 相关传感器及发动机 ECU 的装复

（1）水温传感器的装复：

1）装复水温传感器及 O 形密封圈，卡上卡簧。

2）插上水温传感器导线插接器。

3）加注发动机冷却液。

（2）进气温度传感器的装复：

1）装复进气温度传感器及 O 形密封圈。

2）拧紧进气温度传感器固定螺栓。

3）插上进气温度传感器导线插接器。

（3）发动机转速传感器的装复：

1）装复发动机转速传感器。

2）拧紧发动机转速传感器的紧固螺栓。

3）插上发动机转速传感器导线插接器。

（4）霍尔传感器的装复：

1）装复霍尔传感器。

2）以 10 N·m 的力矩拧紧霍尔传感器固定螺栓。

3）插上霍尔传感器导线插接器。

（5）氧传感器的装复：

1）装复氧传感器。

2）拧紧氧传感器。

3）插上氧传感器导线插接器。

（6）爆燃传感器的装复：

1）分别装上 1、2 号爆燃传感器。

2）以 44N·m 的力矩拧紧 1、2 号爆燃传感器固定螺栓。

3）分别插上 1、2 号爆燃传感器导线插接器。

4）装上进气歧管。

（7）发动机 ECU 的装复：

1）装上发动机 ECU。

2）卡好发动机 ECU 固定夹。

3）分别插上两导线插接器，推入两插接器卡簧手柄。

4）装上发动机 ECU 保护盒的罩盖。

5）装上蓄电池搭铁线。

实验考核

考核要求

（1）拆装空气供给系统、燃油供给系统、相关传感器及发动机 ECU，应在规定的时间内完成。

（2）按正确的步骤和规定的技术要求拆装各部件。

（3）能用故障诊断仪、汽车检测用仪器仪表对电控燃油喷射系统相关部件进行性能检测。

（4）全部装复完成后，应保证发动机起动顺利、工作正常，所有数据流都在规定的技术要求范围内。

（5）正确分析汽油机电控燃油喷射系统的工作原理。

考核时间

（1）空气供给系统的拆装 90min。

（2）燃油供给系统的拆装 45min。

（3）相关传感器及发动机 ECU 的拆装 45min。

考核标准

考核内容和评分标准见表 3-4。

表 3-4　考核内容和评分标准

考核项目	分值	评分标准	评价结果
正确使用拆装工具	5	有 1 种拆装工具使用不当扣 2 分	
空气供给系统的拆装	20	有 1 个部件拆装错误扣 4 分，操作不规范酌情扣分	
燃油供给系统的拆装	20	有 1 个部件拆装错误扣 4 分，操作不规范酌情扣分	
相关传感器及发动机 ECU 的拆装	15	有 1 个部件拆装错误扣 4 分，操作不规范酌情扣分	
相关部件进行性能检测	10	有 1 个部件的检修方法不正确扣 3 分	
起动发动机，读取数据流	10	有 1 个常规数据流数值范围不知道扣 2 分；不知道如何读取数据流，该项按 0 分计	
分析汽油机电控燃油喷射系统的工作过程	10	工作过程分析不正确酌情扣分	
整理工具、清理现场	10	没有整理工具、清理现场扣 5 分	
遵守相关安全操作规范		因违规操作发生人身和设备事故，此项按 0 分计	
分数合计	100		

实验报告

汽油机电控燃油喷射系统的拆装（实验报告模板见附录）。

实验 **6**　柴油机燃料供给系的拆装

实验目的及要求

（1）了解柴油机供给系的基本组成、主要部件的功用及工作过程。

（2）掌握喷油泵的拆装工艺，掌握柱塞式喷油泵柱塞偶件、出油阀偶件的检验方法。

（3）了解调速器的拆装方法。

（4）掌握输油泵的拆装及性能试验。

（5）掌握喷油器的拆装、检测及性能试验。

（6）熟悉输油泵、喷油泵、调速器、喷油器的结构特点，搞清它们各自的工作原理。

实验准备

↖　**实验工具及设备**

（1）YC6105QC 型柴油机 A 型喷油泵总成、输油泵、喷油器各 1 只。

（2）常用拆装工具 1 套，喷油泵总成专用拆装工具 1 套，喷油器试验器 1 台。

（3）相关挂图、图册若干。

↖　**实验课时**

本实验计划 4 课时。

实验注意事项

（1）保持工作台、拆装工具清洁，拆装工具摆放整齐。

（2）分解过程中，搞清输油泵、喷油泵、调速器、喷油器中各零件之间的装配关系，搞清喷油泵、调速器之间的连接关系，以免装配时出现错误。

（3）分解后的零部件按各总成摆放，按原装配关系放置在清洁的工作台上。

（4）"三大精密偶件"拆下后，一般不拆开，应配对、按顺序单独放置在盛有清洁柴油的器皿中。

（5）分解后的所有零部件必须用清洁的柴油清洗后才能进行装配。

实验内容与方法

↖　**YC6105QC 型柴油机 A 型喷油泵的拆装**

1. 喷油泵总成的拆装

（1）将喷油泵总成从车上拆下：

1）拆下输油泵上进油管，拆下输油泵与柴油滤清器之间的油管，拆下柴油滤清器与喷油泵进油接头之间的低压油管，拆下各分泵与喷油器之间的高压油管，拆下回油管。

2）转动曲轴，找到第 1 缸的供油正时位置。

3）从油门拉杆上拆下回位弹簧，取下连接销。

4）从停油拉杆上拆下控制拉索。

5）拆下泵体与联轴器间的连接螺栓。

6）拆下泵体与托架的连接螺栓，从发动机上抬下喷油泵总成。

注意事项：

1）拆下各低压油管、回油管后，及时将各油管接头及紫铜密封垫圈装回。

2）拆 6 根高压油管时，不能硬拉硬拽，以免拉弯甚至拉断高压油管。

3）拆下各油管接头后，应用防污盖或干净的布包住各油管接头，防止灰尘或杂物进入油路。

4）当第 1 缸处于供油正时位置时，此时第 1 缸活塞接近压缩上止点位置，第 1 缸分泵出油管接头处有油冒出，喷油泵联轴器上正时记号与泵体前轴承盖上的正时记号对齐。

（2）喷油泵总成分解前的准备工作：

1）用柴油、煤油或汽油将泵体外部清洗干净。

2）将喷油泵总成固定在专用拆装架上，旋下泵体底部放油螺塞，放出润滑油，抽出油标尺。

3）拧下输油泵与泵体间的连接螺母，取下垫圈，拆下输油泵总成，取下密封衬垫，旋下连接螺栓。

注意事项：

1）不得用碱水清洗泵体外部。

2）拆解喷油泵总成时，尽量使用专用工具。

3）对有装配位置要求的零件，在拆卸前应做好标记，以防装配时装错。

4）喷油泵总成包括输油泵、喷油泵、调速器、供油提前角调节装置等总成部件，相对较独立，在解体时，一般先拆下各总成部件，然后结合检修，进一步分解。

（3）分解调速器。YC6105QC 型柴油机 A 型喷油泵 RFD 调速器的分解如图 3-72 所示，其拆卸过程如下：

1）拆下调速器后壳总成：

a）拆下后盖固定螺钉，取下后盖及密封垫。

b）用套筒扳手旋下拉力杠杆下端怠速调速弹簧组件和转矩校正装置组件。

c）拆下调速器后壳固定螺栓，用尖嘴钳拆下起动弹簧，用力使调速器后壳后移一定的距离并倾斜适当的角度。用螺丝刀向下拨开连接杆上的弹性锁夹，使齿杆连接杆与供油齿杆脱离，取下调速器后壳总成及密封垫。

2）分解调速器后壳总成：

a）拆下怠速限位螺钉和全负荷限位螺钉。

b）拆下齿杆行程限位螺钉及锁紧螺母。

c）拆下怠速稳定组件。

d）拆下拉力杠杆支承销两端的螺塞，取下调速弹簧，抽出支承销，使浮动杠杆上的滑块和拨叉脱开。

e）从后壳下方取出导动杠杆、浮动杠杆、滑套组件。

f）从后壳上方取出拉力杠杆。

g）拆下负荷控制手柄、负荷控制手柄限位块，取出曲柄销轴和拨叉。

h）拆下速度控制手柄，取出半圆键，取下两端的轴套组件。

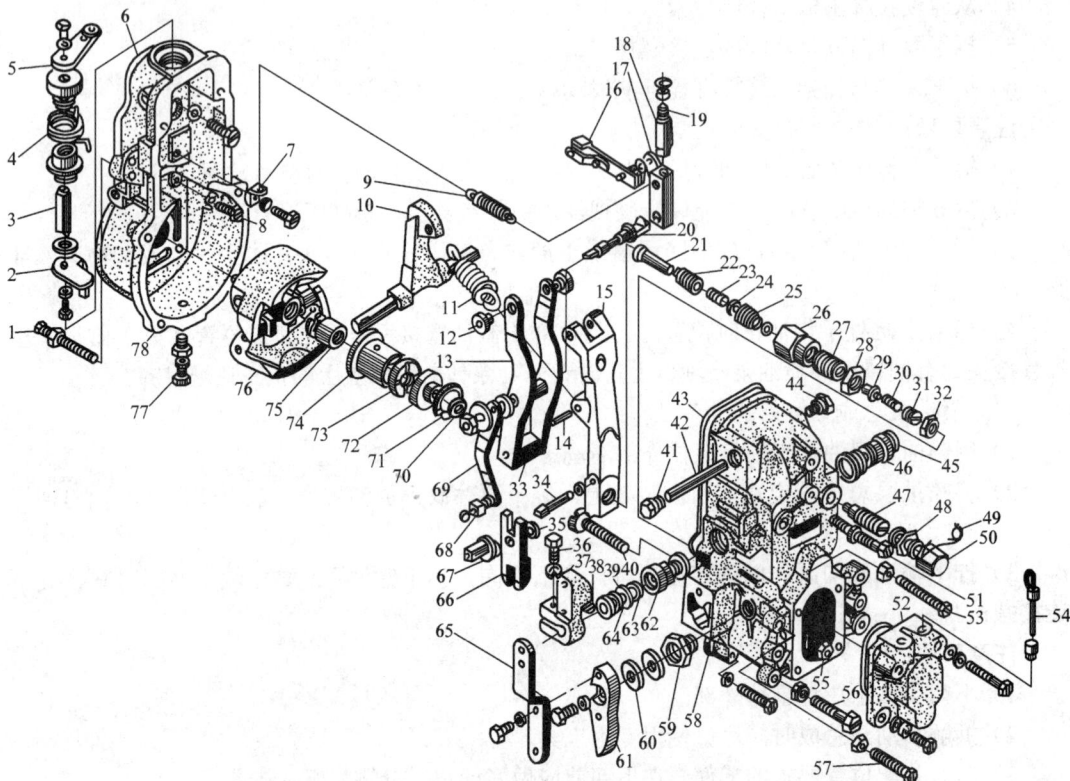

图 3-72　YC6105QC 型柴油机 A 型喷油泵 RFD 调速器分解图

1—速度控制手柄限位螺钉；2—停油拨杆；3—停油转轴；4—回位扭簧；5—停油手柄；6—密封垫圈；
7—起动弹簧挂钩；8—前壳固定螺栓；9—起动弹簧；10—速度调定杠杆；11—调速弹簧；
12—拉力杠杆支承销衬套；13—导动杠杆；14—销轴；15—拉力杠杆；16—齿杆连接杆；17—传动杆体；
18—弹簧套筒；19—缓冲弹簧；20—导动杠杆销轴；21—怠速顶杆；22—怠速弹簧；23—怠速内弹簧；
24—调整垫片；25—怠速弹簧座；26—校正装置连接套；27—校正弹簧座；28—锁紧螺母；29—顶杆；
30—校正弹簧；31—调整螺塞；32—锁紧螺帽；33—丁字块；34—拉力杠杆销轴；35—挡圈；
36—紧固螺栓；37—速度控制手柄；38—键；39—调整垫片；40—齿杆行程限位螺钉；41—螺塞；
42—支承销；43—密封垫圈；44—螺塞；45—堵盖；46—速度控制手柄轴套；47—怠速稳速弹簧；
48—稳定器锁紧螺母；49—铅封；50—稳定器螺帽；51—后壳固定螺钉；52—后盖；
53—速度控制手柄限位螺钉；54—油标尺；55—齿杆行程限位螺钉锁紧螺帽；56—全负荷限位螺钉；
57—怠速限位螺钉；58—调速器后壳；59—曲柄销轴螺套；60—油封；61—负荷控制手柄限位块；
62—速度控制手柄轴套；63—O 形密封圈；64—隔圈；65—负荷控制手柄；66—拨叉；67—曲柄销轴；
68—滑块；69—浮动杠杆；70—调整垫圈；71—挡圈；72—连接盘；73—单列推力球轴承；74—滑套；
75—凸轮轴螺帽；76—飞块；77—放油螺塞；78—调速器前壳

i）取出速度调定杠杆。

3）分解滑套组件：

a）取出滑套内的挡圈，取出连接盘、调整垫圈。

b）冲出滑套内的单列推力球轴承。

4）分解调速器前壳体：

a）在喷油泵前端用专用扳手固定供油提前角自动调节器，在喷油泵后端用专用套筒拆下凸轮轴螺帽，用顶拔器取出调速器飞块组合件总成。

b）从前壳上部拆下停油控制装置组件。

c）拆下速度控制手柄限位螺钉。

d）拆下前壳固定螺钉，拆下调速器前壳体。

注意事项：

1）调速器结构装置复杂，小零件很多，拆卸前应仔细阅读使用说明书或相关资料，搞清各装置的功用及安装、连接关系。

2）对调速器进行解体时，应将拆下的各装置或组件分类摆放、清洗，以免混淆。

3）滑套组件一般不分解，当需要调整调速器安装距时，才允许分解。分解时应注意保存好调整垫片，不得丢失。安装时，调整垫片不能随意增减，应保证调速器的安装距。

（4）分解喷油泵。YC6105QC 型柴油机 A 型喷油泵的分解如图 3-73 所示，其拆卸过程如下：

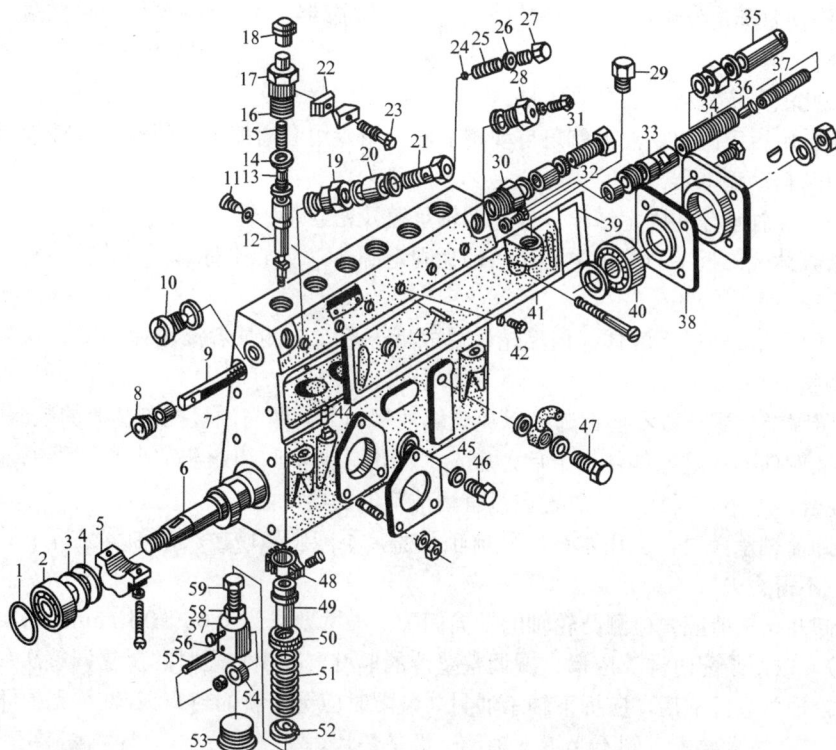

图 3-73　YC6105QC 型柴油机 A 型喷油泵分解图

1—油封；2—圆锥滚子轴承；3—调整垫圈；4—垫片；5—支承轴瓦；6—凸轮轴；7—泵体；8—齿杆螺钉；9—供油齿杆；10—油道螺塞；11—齿杆限位螺钉；12—柱塞偶件；13—出油阀偶件；14—密封垫；15—出油阀弹簧；16—出油阀限位器；17—压紧座；18—防污盖；19—接头座；20—防污圈；21—溢油阀体；22—夹板；23—紧固螺钉；24—溢油阀钢球；25—溢油阀弹簧；26—调整垫片；27—弹簧座；28—放气螺钉；29—呼吸器部件；30—进油接头；31—进油接头螺钉；32—限位器螺钉；33—油量限制器接长套；34—油量限制器；35—限制器帽；36—怠速稳定器顶杆；37—弹簧；38—轴承座；39—密封垫；40—圆锥滚子轴承；41—检视窗口；42—挡油螺钉；43—圆锥缺口销；44—油标尺组件；45—输油泵密封垫；46—放油螺塞；47—进、回油螺钉；48—供油圈；49—油量控制套筒；50—柱塞弹簧上座；51—柱塞弹簧；52—柱塞弹簧下座；53—螺塞；54—滚轮；55—滚轮销；56—导向滑块；57—滚轮挺柱体；58—锁紧螺母；59—滚轮高度调节螺钉

1）将喷油泵总成固定在专用拆装架上。

2）拆下检视窗盖板固定螺钉，取出检视窗盖板及密封垫。

3）转动凸轮轴，使第 1 缸滚轮体处于下止点，用螺丝刀撬起柱塞弹簧，使其与柱塞弹簧下座脱离，用尖嘴钳取出柱塞弹簧下座。

4）将泵体侧放，检视窗一侧向上，使第 1 缸滚轮体处于上止点，将滚轮体托板（或销钉）插入调整螺钉与锁紧螺母之间，使滚轮体与凸轮轴脱离。从油底塞孔中装入滚轮顶持器，顶起滚轮部件，拔出滚轮体托板（或销钉），取出滚轮挺柱体总成。

5）依次取出各分泵柱塞弹簧下座、柱塞弹簧、柱塞弹簧上座、油量调节装置（包括油量控制套筒、油量调节齿圈和夹紧螺钉）。

6）从泵体背面拧下齿杆限位螺钉，抽出供油齿杆。

7）拆下出油阀压紧座夹板，旋下出油阀压紧座，取出出油阀限位器、出油阀弹簧。

8）用出油阀座拉器取出出油阀偶件及密封垫。

9）旋松柱塞套定位螺钉（挡油螺钉），用"一"字螺丝刀从检视窗处顶起柱塞，从泵体上部取出柱塞偶件。

10）按此法，依次拆下各分泵组件。

11）用专用扳手固定供油提前角自动调节器，用专用套筒拆下调节器固定螺母，用拉器拉出供油提前角自动调节器。

12）拧下前轴承盖的固定螺栓，拆下前轴承盖及密封垫。

13）从泵体底部拆下凸轮轴中间支承轴瓦固定螺栓，从泵体前端取出凸轮轴和支承轴瓦。

注意事项：

1）滚轮体总成一般不解体，但滚轮体总成拆下后，应测量各滚轮体高度，以确定是否需要更换或调整。

2）油量调节装置一般不要拆卸，以免破坏油量调节齿圈与油量控制套筒的装配关系。

3）出油阀偶件、柱塞偶件拆下后，应及时清洗。清洗时，应非常小心，避免磕碰。清洗后应成对配合，绝不能互换，应放置在盛有清洁柴油的器皿内。

4）拆卸前轴承盖时，应用木锤轻敲前轴承盖，不能硬敲硬拉。前轴承盖拆下后，应保存好密封垫，不得丢失。

5）拆卸凸轮轴前应先检测凸轮轴的轴向间隙，技术要求为 0.05～0.10mm。将实测值与标准值相比较，以便装配时计算应增、减调整垫片的厚度，减少装配时的反复调整次数。

6）凸轮轴总成拆下后，应拆下轴承油封（装配时应更换新油封）。若轴承无损坏或凸轮轴的轴向间隙符合技术要求，则不必拆下轴承、调整垫片。

7）喷油泵总成拆卸后的零部件应按拆卸顺序分类摆放，用柴油清洗后，用压缩空气吹干，摆放到清洁的工作台上。

2. 喷油泵零部件的检验

（1）柱塞偶件的检修：

1）外观检验：

a）柱塞、柱塞套不得有明显变形。

b）柱塞外表面、柱塞套内表面不得有明显的磨损痕迹、划痕、锈蚀或剥落。

c）柱塞、柱塞套不得有裂纹。

d）柱塞下端凸耳与旋转套筒配合间隙不得超过 0.15mm（技术要求为 0.02～0.10mm）。

2）密封性试验。有两种试验方法：

方法一（在喷油器试验器上进行）：拆下喷油泵各分泵高压油管接头，取出各分泵的出油阀体，保留出油阀座，装上出油阀紧座。将喷油器试验器的高压油管接到第 1 缸出油阀接头上，排除油路中的空气。移动供油齿杆，使柱塞处于最大供油位置。转动喷油泵凸轮轴，使被测柱塞停在有效行程的中间位置，保证柱塞完全封闭柱塞套上的进、回油孔。压动喷油器试验器的压油手柄，将泵油压力升至 20MPa 时停止泵油，测量压力从 20MPa 下降至 10MPa 的时间应不少于 10s（一般为 14～25s，不同的喷油泵具体的技术要求可根据公式计算得到）。按此方法测量其余各分泵柱塞偶件的密封性。同一喷油泵中各分泵柱塞偶件的密封性误差应在 5% 的范围内。

方法二（简易法）：将柱塞推入，使柱塞处于最大供油位置，用一只手的三个手指分别堵住柱塞套顶部和柱塞套侧面的进、回油孔，另一只手将柱塞向外拉。此时，封闭柱塞套各油孔的手指应感到有明显的吸力。放松柱塞，柱塞应能迅速缩回原位。

3）滑动性试验。将柱塞偶件在清洁的柴油中清洗并浸润。将柱塞套倒置，倾斜 45° 左右，拉出柱塞约有效行程的 1/3 左右。放手后，柱塞应在自重作用下自由、缓慢、匀速地下滑至柱塞套筒底部。转动柱塞，在其他位置重复上述试验，都应能满足上述技术要求。

若下滑速度过快，说明柱塞偶件磨损过甚，必须更换；若下滑过程中有阻滞，可将柱塞偶件重新清洗，在柱塞表面涂抹抛光剂，与柱塞套互研后再进行滑动性试验。

（2）出油阀偶件的检修：

1）外观检验：

a）出油阀偶件的配合工作表面、出油阀座端面不得有明显的磨损痕迹、划痕、锈蚀或剥落。

b）出油阀的减压环带必须光洁明亮、连续完整。

c）出油阀、出油阀座不得有裂纹。

d）出油阀垫片不得有损坏。

2）密封性试验。有两种试验方法：

方法一（在喷油器试验器上进行）：将供油齿杆拉到停油位置，以消除柱塞偶件对出油阀偶件密封性的影响，将喷油器试验器的高压油管接到第 1 缸出油阀接头上。压动喷油器试验器的压油手柄，将泵油压力升至 25MPa 时停止泵油，测量压力从 25MPa 下降至 10MPa 的时间应不少于 60s。按此方法测量其余各分泵出油阀偶件总成的密封性。

方法二（简易法）：将出油阀体拉出约 5mm，使减压环带上口与出油阀座平齐。用手指堵住出油阀座的下孔，用力压出油阀，应感到下压阻力很大，松开时出油阀应能自动弹出。

或先用手堵住出油阀座下孔，用手拉出油阀，应感到拉出阻力很大，松开时出油阀应能自动吸回。

3）滑动性试验。将出油阀偶件在清洁的柴油中清洗并浸润，用手拿住出油阀座，垂直放置，将出油阀抽出阀座约 1/3 左右。放手后，出油阀应在自重作用下自由、缓慢、匀速地下滑至出油阀座。按此方法检查其余各分泵出油阀偶件总成的滑动性，都应能满足上述技术要求。

注意事项：

1）检验喷油泵各零部件前，必须用清洁的柴油将各零部件清洗干净，不允许用其他油料清洗。

2）若有一项不符合要求，都应更换新的柱塞偶件。

3. 喷油泵总成的装复

喷油泵中零件的加工精度较高，因此，在喷油泵装配前，应将所有零件清洗干净，尤其要严格保证柱塞偶件、出油阀偶件的清洁，同时还要注意工作环境、所用工具、操作者双手的清洁。装配时必须使用专用工具，喷油泵总成的装配过程没有固定的装配顺序，但必须严格按照工艺技术要求进行。

（1）调速器的装复：

1）装复调速器前壳体：

a）装上调速器前壳体，对称、交叉拧紧固定螺钉。

b）装入停油控制装置组件。

c）装上调速器飞块组合件总成，用专用套筒拧紧凸轮轴紧固螺帽。

d）装上速度控制手柄限位螺钉。

2）装复调速器后壳总成：

a）将速度调定杠杆装入调速器后壳。

b）装上两端的速度控制手柄轴套组件，在速度调定杠杆的一端装入半圆键，装上速度控制手柄。

c）装上曲柄销轴和拨叉，装入控制手柄限位块、负荷控制手柄。

d）从后壳上方装入拉力杠杆，从后壳下方装入导动杠杆、浮动杠杆，装复滑套组件，装入滑套组件。

e）将调速弹簧的一端钩在速度调定杠杆上，另一端钩在拉力杠杆上，将拉力杠杆支承销两端的螺塞装复。

f）调节速度控制手柄限位螺钉，初步设定速度控制手柄的位置。

g）装复怠速稳定组件。

h）装上齿杆行程限位螺钉。

i）装上怠速限位螺钉和全负荷限位螺钉。

3）装上调速器后壳总成：

a）装上密封垫，将调速器后壳总成推靠近调速器前壳，装上起动弹簧。

b）将齿杆连接杆前端的连接销钉插入供油齿杆后端的连接孔内，装好弹性锁夹。

c）拧紧调速器后壳固定螺栓。

d）装上怠速调速弹簧组件和转矩校正装置组件。

e）装上后盖及密封垫，拧紧后盖固定螺钉。

（2）喷油泵的装复：

1）将喷油泵总成固定在专用拆装架上。

2）将中间支承轴瓦装在凸轮轴中间轴颈上，将凸轮轴和轴瓦一起装入泵体，拧紧轴瓦固定螺栓。

3）将密封垫先装到前轴承盖上，装上前轴承盖，对角、交叉、分次拧紧前轴承盖固定螺栓。

4）将供油齿杆装入泵体，使供油齿杆上的定位槽对准泵体侧面上的齿杆限位螺钉孔，拧紧限位螺钉。

5）将滚轮挺柱体总成从检视窗中装入泵体座孔中，导向销必须嵌入座孔的导向槽中。

6）转动凸轮轴，使滚轮体处于下止点位置，依次从检视窗中装入柱塞弹簧、柱塞弹簧上座、油量调节装置。

7）从泵体上方装入柱塞偶件，使柱塞凸耳插入油量控制套筒，拧紧柱塞套定位螺钉。

8）用专用工具压缩柱塞弹簧，用尖嘴钳将柱塞弹簧下座装入柱塞下端缺口。

9）装入出油阀偶件及密封垫、出油阀弹簧、出油阀限位器，按规定力矩拧紧出油阀压紧座，检查供油齿杆的运动状况，装上出油阀压紧座夹板。

10）按此法，依次装复各分泵的滚轮挺柱体总成、油量调节装置、柱塞偶件、出油阀偶件。

11）装上供油提前角自动调节器。

12）装上检视窗盖板及密封垫，对角、交叉拧紧盖板固定螺钉。

13）装上调速器前壳总成及密封垫，拧紧调速器前壳固定螺栓。

14）装复输油泵总成。

注意事项：

1）注意凸轮轴的安装方向，无安装标记时可根据输油泵驱动凸轮位置确定安装方向。若凸轮轴前后方向装反，将造成喷油泵供油顺序与配气相位不匹配，发动机不能工作。

2）凸轮轴的中间支承应与凸轮轴一起装入泵体，否则凸轮轴装入后无法装上中间支承。

3）凸轮轴装复后，应转动自如无卡滞，轴向位置正确，轴向间隙符合技术要求（0.05～0.15mm），以保证调速器正确的安装位置，使调速器正常工作。

4）前轴承盖的密封垫在装复时不能随意增减。

5）供油齿杆装复后，应检查供油齿杆的运动阻力，当泵体倾斜 45° 时，供油齿杆应能靠自重滑动。

6）滚轮挺柱体总成装入前，应通过滚轮高度调整螺钉调整滚轮体总成的高度，达到说明书规定高度或拆下后记下的高度，调好后，锁紧锁紧螺母。

7）滚轮挺柱体总成装入后，转动喷油泵凸轮轴时，滚轮挺柱体应能上下灵活运动。

8）油量调节齿圈通过齿圈凸耳上的夹紧螺钉与油量控制套筒固定在一起，一般不允许拆卸。若拆卸后进行装配时，应对正装配记号或使齿圈的固定凸耳处于套筒两孔之间的居中位置。

9）装复油量调节装置后，左右拉动供油齿杆至左、右极限位置，齿圈上凸耳的左、右摆角应大致相等，供油齿杆的总行程应大于 17.5mm。

10）必须严格保证柱塞偶件、出油阀偶件的清洁。

11）装入柱塞偶件时，应使柱塞套上的定位槽、柱塞凸耳上的标记朝向泵体有检视窗一侧。

12）每装复一分泵总成后，用手拉动供油齿杆，应运动自如。若有卡滞现象，应及时查明原因，重新装复。

4. 喷油泵总成装车

1）摇转曲轴，找到第一缸的压缩上止点，使曲轴皮带轮上的供油提前角记号与机体上的记号对齐。

2）转动喷油泵凸轮轴，使联轴器上的正时记号刻线与前轴承盖上的记号刻线对齐。

3）向前推动喷油泵总成，使喷油泵从动凸缘盘与联轴器结合，拧紧连接螺栓。

4）装上输油泵与柴油滤清器之间的油管，装上柴油滤清器与喷油泵进油接头之间的低压油管，装上喷油泵与喷油器之间的高压油管，装上回油管。

5）装上油门控制拉杆、连接销和回位弹簧。

6）装上停油控制拉索。

▶ **YC6105QC 型柴油机输油泵的拆装**

在 YC6105QC 型柴油机中，与 A 型喷油泵相配的输油泵为活塞式输油泵。

Note

1. 输油泵的拆装

（1）输油泵的分解。YC6105QC 型柴油机活塞式输油泵的分解如图 3-74 所示，其分解过程如下：

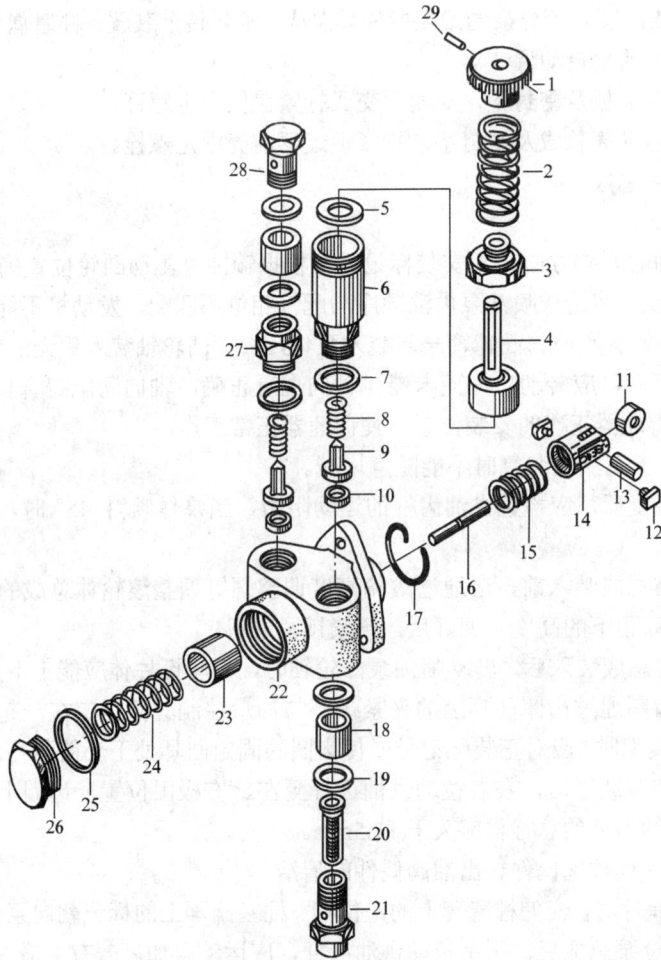

图 3-74　YC6105QC 型柴油机活塞式输油泵分解图

1—手油泵手柄；2—手油泵弹簧；3—手油泵上盖；4—手油泵活塞部件；5—O 形密封圈；6—手油泵体；7—紫铜垫圈；8—进油阀弹簧；9—进油阀；10—进油阀座；11—滚轮；12—滑块；13—滚轮销；14—挺柱；15—滚轮弹簧；16—顶杆；17—卡环；18—防污套；19—紫铜垫圈；20—进油滤网；21—进油管接头螺栓；22—输油泵体；23—活塞；24—活塞弹簧；25—紫铜垫圈；26—螺塞；27—进油管接头；28—出油管螺栓；29—手油泵活塞杆销钉

1）拆下轴向定位卡环，拧下滚轮挺柱体限位螺钉，拔出滚轮挺柱体，取出滚轮弹簧，抽出顶杆。

2）拆下进油管接头螺栓，取下两个紫铜垫圈，从接头螺栓中取出进油滤网。

3）拆下手油泵总成，取出紫铜垫圈，再依次取出进油阀弹簧、进油阀、进油阀座。

4）拆下出油管接头螺栓，取下两个紫铜垫圈，拆下出油管接头，取出紫铜垫圈，再依次取出出油阀弹簧、出油阀、出油阀座。

5）旋下大螺塞，取下紫铜垫圈，取出活塞弹簧，用尖嘴钳夹出活塞。

6）分解手油泵总成：

a）旋下手油泵上盖，抽出手油泵活塞组件。

b）拔出手油泵活塞杆销，取下手油泵手柄、手油泵弹簧。

c）从手油泵体中取出 O 形密封圈。

注意事项：

1）输油泵在拆卸前应推压滚轮，检查滚轮、活塞运动的灵活性、行程大小以及活塞弹簧的弹性强弱，初步判断输油泵的工作性能。

2）输油泵分解时没有固定的分解顺序，根据方便进行即可。

3）手油泵总成拆下后，用经验法检查手油泵的性能，若运动灵活无卡滞，密封良好，则不需进一步分解。

（2）输油泵的装配：

1）装入活塞、活塞弹簧，在大螺塞上套上紫铜垫圈，拧紧大螺塞。

2）装入顶杆、滚轮弹簧，压入滚轮挺柱体，拧紧滚轮挺柱体限位螺钉，装入卡环。

3）依次装入出油阀座、出油阀、出油阀弹簧，在出油管接头上套上紫铜垫圈，拧紧出油管接头，在出油管接头螺栓上装上两个紫铜垫圈，拧紧出油管接头螺栓。

4）依次装入进油阀座、进油阀、进油阀弹簧，装上紫铜垫圈，装入手油泵总成并拧紧。

5）将进油滤网装入进油管接头螺栓，在进油管接头螺栓上装上两个紫铜垫圈，拧紧进油管接头螺栓。

注意事项：

1）更换所有的紫铜垫圈。

2）装入活塞、顶杆、滚轮体时，应将表面及相应的泵体内壁涂抹干净的机油。

3）进、出油管接头螺栓上都应装两个紫铜垫圈。

2. 输油泵的性能试验

（1）运动性能检查。检查滚轮、推杆、活塞、手油泵运动是否灵活，有无卡滞、发涩现象。

（2）密封性检验。旋紧手油泵手柄，用闷头螺塞堵死出油口，将输油泵浸没在清洁的柴油中，从进油口通入 0.2～0.3MPa 的压缩空气。若只在推杆与泵体的配合处有微小的气泡冒出，说明输油泵密封性能良好；若在多处有大量的气泡冒出，说明密封性能过差。

（3）泵油能力试验。有两种试验方法：

方法一（在喷油泵试验台上进行）：将喷油泵总成装在喷油泵试验台上，将盛有柴油的容器放置在低于输油泵进油口不少于 1m 的地方，将输油泵的进油管插入容器中。当凸轮轴转速为 150r/min 时，输油泵应能保证连续供油；当凸轮轴转速为 750r/min 时，输油泵输油量不少于 2500mL/min。

方法二（简易法）：将盛有柴油的容器放置在低于输油泵进油口不少于 1m 的地方，将输油泵的进油管插入容器中。用手油泵以 60 次/min 左右的频率泵油，在 30 个活塞行程中出油为合适，泵油高度不低于 0.5m，泵油急促有力。

⚐ YC6105QC 型柴油机喷油器的拆装

1. 喷油器的拆装

（1）从车上拆下喷油器总成：

1）拆下各高压油管。

2）拧下回油管接头螺栓，拆下回油管，及时将回油管接头螺栓及两个铜垫圈装回。

3）拆下紧固连接片（压板）固定螺母，取出紧固连接片（压板）。

4）取出各缸喷油器总成。

5）用柴油或煤油清洗喷油器总成外部，在喷油器试验器上进行喷油器性能试验。

注意事项：

1）必须分 2～3 次拧松紧固连接片（压板）固定螺母，以免损坏螺柱上的螺纹。

2）取出喷油器总成时，先用木锤振松喷油器，再拔出喷油器总成。若取不出，可用专用拉器拉出。

3）喷油器总成取出后，应及时用干净的布将气缸盖上的喷油器安装座孔塞上，以防灰尘或杂物进入。

4）喷油器总成清洗后，进行喷油性能试验，检查喷油开启压力、喷油质量和密封情况。若性能良好，则不必拆解喷油器。

（2）喷油器的分解。YC6105QC 型柴油机孔式喷油器的分解如图 3-75 所示，其拆装过程如下：

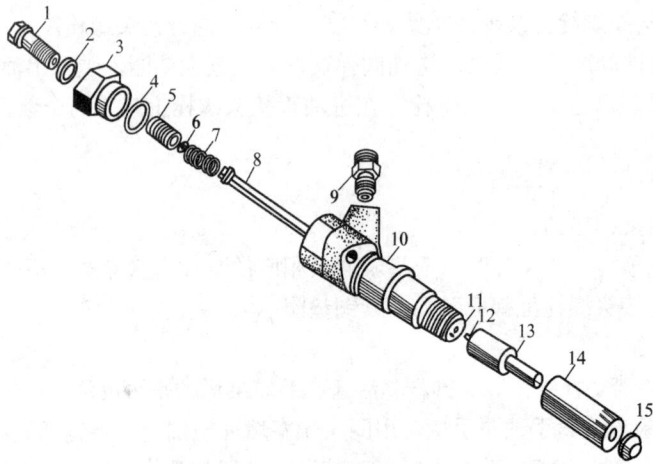

图 3-75　YC6105QC 型柴油机孔式喷油器分解图

1—回油管接头螺栓；2—垫圈；3—调压螺钉紧固螺帽；4—垫圈；5—调压螺钉；6—调压弹簧垫片；7—调压弹簧；8—顶杆；9—进油管接头；10—喷油器体；11—定位销钉；12—针阀；13—针阀体；14—喷嘴螺帽；15—锥形垫圈

1）将喷油器固定在台虎钳上，使喷嘴朝下。

2）拆下回油管接头螺栓及两个铜垫圈。

3）用呆扳手拆下调压螺钉紧固护帽及垫圈。

4）用"一"字螺丝刀旋下调压螺钉，依次取出调压弹簧垫片、调压弹簧、顶杆。

5）拆下进油管接头及密封垫。

6）将喷油器掉头固定在台虎钳上。

7）用呆扳手拆下喷嘴螺帽，取出针阀偶件。

8）将分解后的喷油器零件用柴油或煤油清洗。

注意事项：

1）用铜丝刷清理零件表面的积炭和脏物。

2）针阀偶件要用柴油单独清洗，清洗时将针阀偶件放在柴油中来回拉动针阀清洗。

3）喷油器体与针阀体中油道用细的通针疏通。

4）清洗过的零件，用压缩空气吹去孔道中残留的杂质，最后用汽油清洗后吹干备用。

（3）喷油器总成的装复：

1）将喷油器固定在台虎钳上，使喷嘴朝上。

2）装上针阀偶件，按规定扭矩拧紧喷嘴螺帽。

3）将喷油器掉头固定在台虎钳上。

4）将密封垫装到进油管接头上，拧紧进油管接头。

5）依次装入顶杆、调压弹簧、调压弹簧垫片，拧入调压螺钉，装上垫圈及调压螺钉紧固护帽。

6）将两个铜垫圈装到回油管接头螺栓上，拧上回油管接头螺栓。

注意事项：

1）装针阀偶件时，必须使针阀体上的定位销与喷油器体上的定位孔对齐。

2）安装顶杆时，注意安装方向，将细长端朝下，切不可装反。

3）调压螺钉紧固护帽先暂时装上，待喷油器调试后再拧紧。

（4）将喷油器总成装车：

1）将喷油器装到气缸盖上。

2）装上高压油管。

3）装上喷油器紧固连接片（压板），分2～3次拧紧固定螺母，最后拧紧至规定扭矩22～28N·m。

4）装上回油管。

注意事项：

1）安装到气缸盖上的喷油器应检查喷油器伸出气缸盖底面的高度（YC6105QC 喷油器为3.5～3.7mm）。若安装高度不符合技术要求时，可拆下锥形垫圈，在喷油器紧固螺套与锥形垫圈之间加、减垫片调整或更换锥形垫圈。

2）先将喷油器装到气缸盖上，待高压油管装好后，再装喷油器紧固连接片（压板）。若先装好喷油器紧固连接片（压板），则无法安装高压油管。

3）装喷油器紧固连接片（压板）时，应将连接片（压板）的圆弧状凸起面朝向喷油器凸肩，以保证压紧力与喷油器轴线在同一平面内，有利于密封。

2. 喷油器的检查与调试

（1）针阀偶件的检修：

1）外观检验：

a）配合表面、阀体端面应色泽均匀、无损伤、无锈蚀。

b）锥面密封环带应明亮、清晰、完整，表面无麻点、划痕，密封环带宽度不大于0.5mm。

2）密封性试验：

a）针阀偶件密封锥面密封性试验。将喷油器装在喷油器试验器上，加压至规定的喷油开启压力左右时，喷油器不允许有滴油、渗漏现象，允许有轻微湿润现象。

b）圆柱导向部分配合密封性试验。将喷油器装在喷油器试验器上，把喷油压力调到规定压力以上，观察油压表读数由规定压力下降到一定压力时所经历的时间，具体技术要求查阅说明书。

3）滑动性试验。将针阀偶件在清洁的柴油中清洗并浸润，使阀体倾斜 60° 左右，从阀体中抽出针阀约配合长度的 1/3 左右。针阀应在自重作用下自由、缓慢、匀速地下滑至针阀座。

（2）喷油器喷油开启压力的检查与调试。如图 3-76 所示，将喷油器装在喷油器试验器上，以 60～70 次/min 的速度连续压动喷油器泵油手柄，观察油压表读数，检查喷油器喷油开启压力。

1）技术要求：

a）轴针式喷油器喷油开启压力一般为 11～14MPa 左右，轴孔式喷油器喷油开启压力一般为 16～25MPa 左右。YC6105QC 喷油器喷油开启压力为（23±0.5）MPa。

b）在同一台发动机中，各喷油器喷油开启压力差应不超过 0.25～0.5MPa。

2）调整方法：

a）通过调压螺钉来调整。YC6105QC 喷油器喷油开启压力是通过调压螺钉来调整的。拧入调压螺钉，喷油开启压力增高；反之，喷油开启压力下降。调试正确后，将锁紧螺母锁紧。

b）通过增减调整垫片的厚度来调整。加厚调整垫片，喷油开启压力增高；反之，喷油开启压力下降。

图 3-76　用喷油器试验器对喷油器进行检查与调试
1—压力表；2—油罐；3—开关；4—放气螺钉；5—高压油泵；
6—压油手柄；7—高压油管；8—喷油器；9—锁紧螺母；
10—调节螺钉

（3）喷油质量的检查。将喷油器装在喷油器试验器上，调整好喷油开启压力，以 60～70 次/min 的速度连续压动喷油器泵油手柄，检查喷油质量。

技术要求：

1）喷油开启压力符合技术要求。

2）喷雾形状、雾化锥角符合要求。对轴针式喷油器要求喷雾为圆锥形，不得偏斜，油雾细小均匀；对轴孔式喷油器要求各喷孔应形成一个雾化良好的小锥状油束，雾束整齐无分支，各油束间隔角应符合规定。

3）油雾细小均匀，雾化良好。

4）出油迅速，断油干脆，响声清楚。轴针式喷油器在喷油时，发出清脆的"唧唧"声；轴孔式喷油器在喷油时，发出沉闷的"砰砰"声。

5）每压下泵油手柄一次，应有 5～8 响的喷油声。

喷油器的喷油质量也可采用就车检查法，具体方法是：拆下喷油器，接在高压油管上，接通起动电路，让发动机曲轴旋转，观察喷油器喷油情况。若喷油器雾化良好，无后滴或渗漏现象，喷油压力足够，说明喷油器性能良好；若不出油、雾化不良、有后滴或渗漏现象，说明喷油器有故障，应解体检查喷油器，必要时更换针阀偶件。

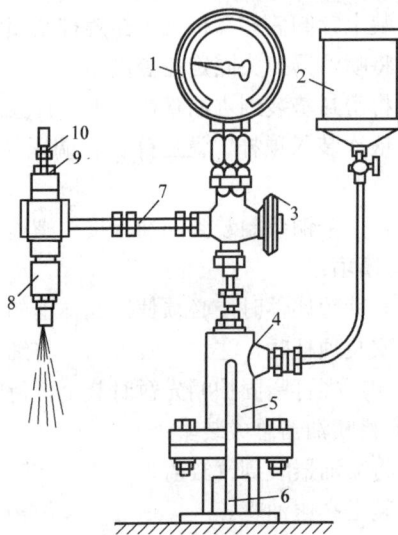

实验考核

◥ 考核要求

（1）拆装喷油泵、喷油器、输油泵，应在规定的时间内完成。

（2）按正确的步骤和规定的技术要求拆装喷油泵、喷油器、输油泵。

（3）正确进行"三大精密偶件"的检修。

（4）进行输油泵性能试验，保证各项性能符合规定的技术要求。

（5）正确进行喷油器的检查与调试，保证各项性能符合规定的技术要求。

（6）正确分析输油泵、喷油泵、喷油器的工作过程。

◥ 考核时间

（1）喷油泵的拆装与喷油泵总成装车 65min。

（2）输油泵的拆装与性能试验 45min。

（3）喷油器的拆装、检查与调试 45min。

（4）柱塞偶件、出油阀偶件、针阀偶件的检修 25min。

◥ 考核标准

考核内容和评分标准见表 3-5。

表 3-5   考核内容和评分标准

考核项目	分值	评分标准	评价结果
正确使用拆装工具	10	有一种拆装工具使用不当扣 2 分	
喷油泵的拆装	15	拆装方法错误一处扣 5 分，操作不规范酌情扣分	
输油泵的拆装与性能试验	15	拆装方法错误扣 5 分，不会进行性能试验扣 5 分，操作不规范酌情扣分	
喷油器的拆装、检查与调试	20	拆装方法错误一处扣 5 分，不会进行检查、调试扣 10 分，操作不规范酌情扣分	
"三大精密偶件"的检修	15	每一种精密偶件的检修方法不正确扣 5 分	
分析输油泵、喷油泵、喷油器的工作过程	15	每一个总成的工作过程分析不正确扣 5 分	
整理工具、清理现场	10	没有整理工具、清理现场扣 5 分	
遵守相关安全操作规范		因违规操作发生人身和设备事故，此项按 0 分计	
分数合计	100		

实验报告

柴油机供给系的拆装与调试（实验报告模板见附录）。

实验 7 润滑系的拆装

实验目的及要求

（1）掌握各种机油泵、机油滤清器的拆装方法和注意事项。

（2）了解发动机润滑系的基本组成，搞清润滑系的润滑油路。

（3）熟悉各种机油泵、机油滤清器的结构特点。

实验准备

实验工具及设备

（1）Santana2000AJR 发动机总成 1 台，CA6102 型汽油机齿轮式机油泵 1 只，YC6105QC 型柴油机转子式机油泵 1 只，EQ6100-1 型汽油机机油粗滤器、离心式机油细滤器各 1 只。

（2）常用拆装工具 1 套、机油滤清器拆装卡钳 1 把。

（3）相关挂图、图册若干。

实验课时

本实验计划 2 课时。

实验注意事项

（1）拆卸过程中，注意观察机油泵、机油滤清器、各种阀的安装位置及相互间的关系，了解各自所起的作用。

（2）搞清润滑油路，在发动机大修时疏通各润滑油路。

（3）按厂家使用说明书的要求选择机油，机油加注量应符合要求。

（4）小心拆解和装配离心式机油细滤器，以免破坏转子的动平衡。

实验内容与方法

Santana2000AJR 发动机油底壳的拆装

1. 油底壳的拆卸

（1）举升起汽车。

（2）放出发动机机油。

（3）拆下离合器防尘罩板。

（4）拆下副梁螺栓和发动机橡胶支承，缓慢放下副梁。

（5）旋下油底壳上的所有连接螺栓，拆下油底壳。

注意事项：

（1）在汽车停驶后不久，趁热放出机油。

（2）从两边向中间交叉进行，拧下油底壳连接螺栓。

（3）若油底壳与发动机机体下平面粘结较紧，可用橡皮锤轻轻敲击油底壳四周，待活动后再将油底壳取下。

2. 油底壳的安装

（1）在油底壳接合面上涂抹密封胶。

（2）对正放平油底壳衬垫，在衬垫上涂抹密封胶。

（3）托起油底壳，拧紧油底壳连接螺栓。

（4）安装好副梁，拧紧发动机橡胶支承。

（5）装上离合器防尘罩板。

（6）放下汽车，加注机油。

注意事项：

（1）安装油底壳前，必须用汽油将油底壳内部清洗干净。

（2）油底壳一经拆卸，必须更换油底壳衬垫。

（3）从中间向两边交叉进行，拧紧油底壳连接螺栓。一般分两次拧紧，第一次拧到位即可，第二次拧紧至规定力矩。

（4）主要部件的连接螺栓必须按规定力矩拧紧。

（5）按使用说明书的要求选择机油，并加注至规定量。

⬧ CA6102 型汽油机齿轮式机油泵的拆装

1. 机油泵的分解

CA6102 型汽油机齿轮式机油泵的分解如图 3-77 所示，其拆卸过程如下：

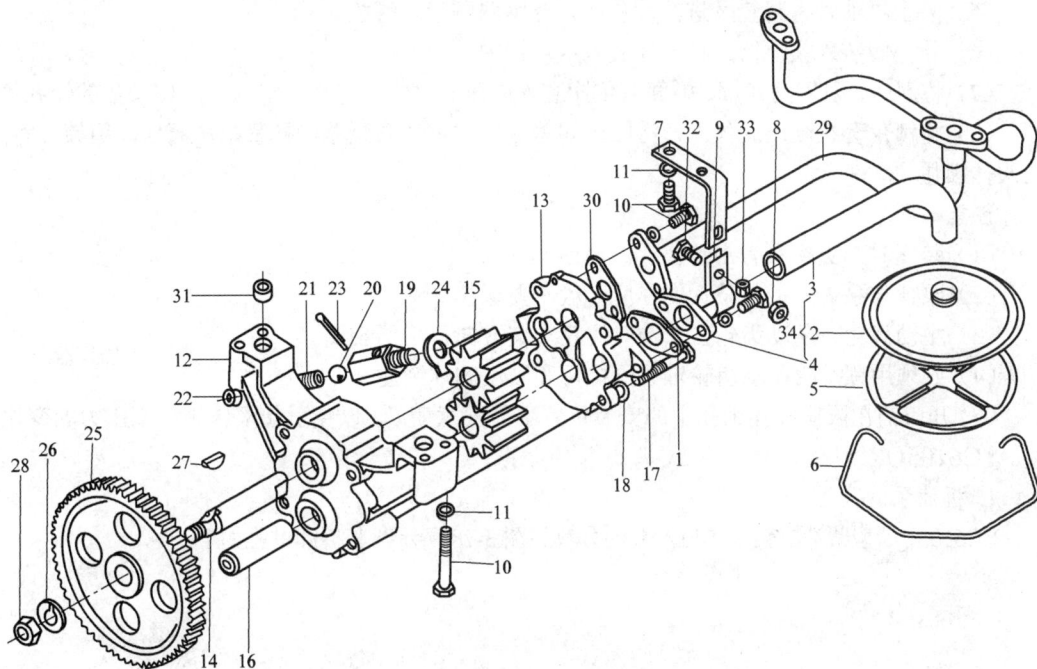

图 3-77　CA6102 型汽油机齿轮式机油泵分解图

1—进油管法兰垫片；2—集滤器壳体；3—进油管；4—进油管法兰；5—滤网总成；6—卡簧；7—集滤器连接板；8—连接螺母；9—夹子；10—螺栓；11—弹簧垫圈；12—泵体；13—泵盖；14—主动轴；15—主动齿轮；16—从动轴；17—螺栓；18—垫圈；19—限压阀体；20—钢球；21—限压阀弹簧；22—弹簧座；23—开口销；24—锁片；25—机油泵传动齿轮；26—锁片；27—半圆键；28—螺母；29—机油泵出油管总成；30—出油管法兰垫片；31—定位环；32—螺栓；33—弹簧垫圈；34—进油管总成

（1）拆下集滤器上的卡环，取下滤网。

（2）将机油泵固定在台虎钳上。

（3）分别拆下进油管、出油管的紧固螺栓，拆下进油管、出油管。

（4）敲平机油泵传动齿轮轴前端的锁片，拆下紧固螺母，用小拉码拉出传动齿轮，取出半圆键。

（5）对角、交叉拆下机油泵盖上四颗紧固螺栓，取下泵盖。

（6）取出从动齿轮、主动齿轮及主动齿轮轴。

（7）敲平限压阀锁片，拆下限压阀总成。

（8）将限压阀固定在台虎钳上，拆下开口销，取出弹簧座、弹簧及钢球。

注意事项：

（1）机油泵从动齿轮轴与泵体是过盈配合，一般不拆下。

（2）机油泵分解后，必须清洗各零件，尤其要将集滤器滤网清洗干净。

2. 装复机油泵

（1）将泵体固定在台虎钳上，装入主动齿轮轴，装上主动齿轮和从动齿轮。

（2）装上调整垫片，装复泵盖，对角、交叉拧紧四个紧固螺栓。

（3）在主动轴的前端键槽中装入半圆键，装复机油泵传动齿轮、锁片及紧固螺母，拧紧紧固螺母，用锁片将紧固螺母锁住。

（4）装上出油管密封垫及出油管总成，拧紧两颗紧固螺栓。

（5）装上进油管密封垫及进油管总成，拧紧两颗紧固螺栓。

（6）将滤网装入集滤器，将卡环装入卡环槽中。

（7）将钢球、限压阀弹簧、弹簧座依次装入限压阀体中，将开口销插入限压阀体的销孔中。

（8）将锁片套在限压阀体上，将限压阀总成装入机油泵泵盖，拧紧限压阀体，用锁片将限压阀体锁住。

注意事项：

（1）装复时，更换所有密封垫片。

（2）泵体与泵盖间调整垫片的厚度一般不要调整。

（3）主动齿轮、从动齿轮在安装时注意安装方向，不要装反。

（4）必须用锁片将主动齿轮轴紧固螺母和限压阀体锁住。

（5）开口销在限压阀体销孔中的安装位置不能随意变动，以免引起限压阀限制压力的变化。

↖ YC6105QC 型柴油机转子式机油泵的拆装

1. 机油泵的分解

YC6105QC 型柴油机转子式机油泵的分解如图 3-78 所示，其拆卸过程如下：

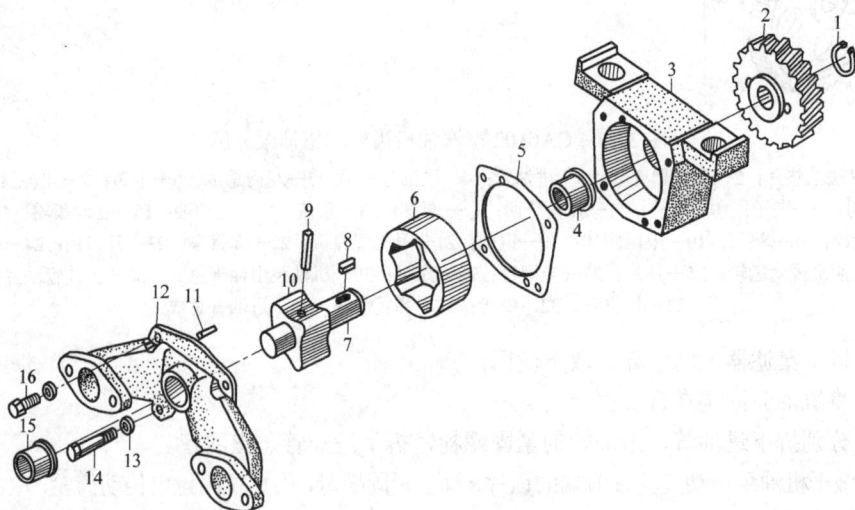

图 3-78　YC6105QC 型柴油机转子式机油泵分解图

1—弹性挡圈；2—机油泵驱动齿轮；3—机油泵体；4—衬套；5—纸垫片；6—外转子；7—机油泵轴；8—键；
9—圆柱销；10—内转子；11—定位销；12—机油泵盖；13—垫圈；14—螺栓；15—衬套；16—螺栓

（1）拆下集滤器。

（2）将泵体固定在台虎钳上。

（3）分别拆下进油管、出油管的紧固螺栓，拆下进油管和出油管。

（4）拆下机油泵轴前端的卡环，用拉码拉出机油泵传动齿轮，取出键。

（5）对角、交叉拆下机油泵盖紧固螺栓，取下机油泵盖和调整垫片。

（6）拉出内转子及机油泵轴总成，从机油泵轴上取下前、后衬套。

（7）取出外转子。

注意事项：

（1）内转子与机油泵轴通过圆柱销连接，一般不拆卸。

（2）泵盖与泵体间的调整垫片应小心取下，若无损坏，一般不必更换。

2. 机油泵的装复

（1）将泵体固定在台虎钳上。

（2）把外转子装入泵体内腔。

（3）将内转子及机油泵轴总成一起装入泵体。

（4）将机油泵轴装配到位，在轴的前、后端分别装上衬套。

（5）在泵体的定位孔中装入定位销，装好调整垫片，将泵盖装到泵体上，对角、交叉拧紧四颗紧固螺栓。

（6）将键装入机油泵轴键槽中，压进机油泵传动齿轮，将卡环安装到位。

（7）装上出油管密封垫及出油管总成，拧紧两颗紧固螺栓。

（8）装上进油管密封垫及进油管总成，拧紧两颗紧固螺栓，装好集滤器。

注意事项：

（1）装复时，更换所有密封垫片。

（2）将内、外转子清洗干净，保证装复后内、外转子转动自如。

▶ **EQ6100-1 型汽油机机油粗滤器的拆装**

1. 机油粗滤器的分解

EQ6100-1 型汽油机机油粗滤器的分解如图 3-79 所示，其拆卸过程如下：

（1）从滤清器进、出油口处放净机油。

（2）将滤清器夹紧在台虎钳上。

（3）旋下旁通阀座，依次取下密封垫圈、旁通阀弹簧和钢球。

（4）旋下拉杆紧固螺母，依次取下紧固螺母密封垫、滤清器底座、外壳密封圈、滤芯密封圈。

（5）从外壳及拉杆总成中依次取出滤芯、拉杆密封圈、压紧弹簧垫圈、滤芯压紧弹簧。

2. 机油粗滤器的装复

（1）将滤清器外壳固定在台虎钳上。

（2）依次装入滤芯压紧弹簧、压紧弹簧垫圈、拉杆密封圈、滤芯。

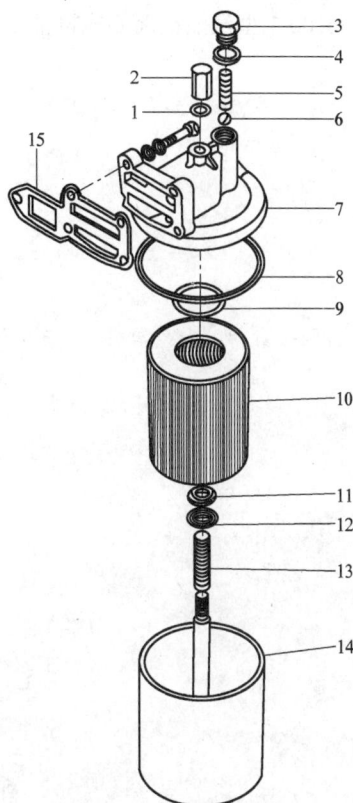

图 3-79　EQ6100-1 型汽油机机油粗滤器分解图

1—螺母；2、4—密封垫圈；3—阀座；5—旁通阀弹簧；6—钢球；7—底座；8—外壳密封圈；9—滤芯密封圈；10—滤芯总成；11—拉杆密封圈；12—压紧弹簧垫圈；13—滤芯压紧弹簧；14—外壳拉杆总成；15—衬垫

（3）将滤芯密封圈放正在滤芯中间，将外壳密封圈装到外壳结合口上，装合滤清器底座，在拉杆上套上拉杆密封圈，拧紧紧固螺母。

（4）依次装入钢球、旁通阀弹簧、密封垫圈，拧紧旁通阀座。

注意事项：

（1）装复前必须将滤清器所有零件清洗干净。

（2）滤芯若过脏或损坏，必须更换新滤芯。

（3）必须更换所有密封件。

（4）密封件在安装时必须放平、放正。

（5）机油粗滤器在装回发动机前，必须将滤清器内加注 2/3 左右的机油量。

↖ **EQ6100-1 型汽油机离心式机油细滤器的拆装**

1. 机油细滤器的分解

EQ6100-1 型汽油机离心式机油细滤器的分解如图 3-80 所示，其拆卸过程如下：

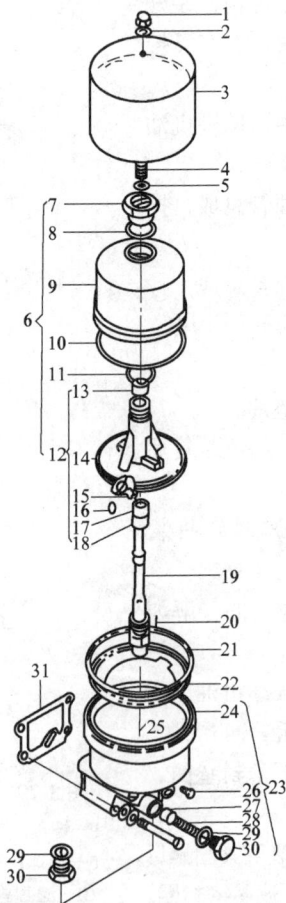

图 3-80　EQ6100-1 型汽油机离心式机油细滤器分解图

1—盖形螺母；2—密封垫圈；3—外罩；4—止推弹簧；5—止推片；6—转子总成；7—紧固螺母；8—垫圈；9—转子罩；10—转子罩密封圈；11—弹性挡圈；12—转子体总成；13—上轴承；14—转子体；15—喷嘴；16—螺塞；17—隔套；18—下轴承；19—转子轴；20—转子轴轴承；21—外罩密封圈；22—挡油盘；23—底座总成；24—底座；25—圆头滚针；26—六角锥形螺塞；27—柱塞（进油阀用）；28—进油阀弹簧；29—阀座垫圈；30—阀座；31—机油细滤器总成衬垫

（1）将滤清器底座固定在台虎钳上。

（2）旋下盖形螺母，依次取下密封垫圈、外罩、止推弹簧、止推片，从底座上取下外罩密封圈，取出挡油盘。

（3）将转子喷嘴转到挡油板的缺口时取下转子总成。

（4）将转子总成固定好，拧下转子罩上的紧固螺母，取下垫圈，取出转子罩、转子罩密封圈、弹性挡圈、上轴承，取出导流罩。

（5）取下隔套、下轴承、转子轴推力轴承。

（6）固定底座，小心拧下转子轴。

（7）拧下进油限压阀螺塞，依次取出阀座垫圈、进油限压阀弹簧、柱塞。

注意事项：对转子总成的动平衡要求很高，各零件加工和装配精度较高，因此拆卸时不可用力过猛，要轻拿轻放。

2. 机油细滤器的装复

（1）向底座进油限压阀孔中依次装入柱塞、进油限压阀弹簧、阀座垫圈，拧紧进油限压阀螺塞。

（2）将底座固定在台虎钳上，旋入转子轴并拧紧。

（3）向转子轴上依次转入转子轴推力轴承、下轴承及隔套。

（4）装复转子总成。将导流罩装到转子体上，装入上轴承、弹性挡圈，装上转子罩密封圈，装合转子罩与转子体，装上垫圈，拧紧转子罩紧固螺母。

（5）装入挡油盘，将转子总成装到转子轴上。

（6）装上止推片、止推弹簧，装好外罩密封圈，装复外罩，装上密封垫圈，拧紧盖形螺母。

注意事项：

（1）用竹片清除转子罩内的油泥，不能用尖锐的金属器械清除，以免破坏转子的动平衡。

（2）若喷嘴孔堵塞，只能用压缩空气吹通，不能用金属丝穿透，以免刮伤喷孔。

（3）更换所有密封件，保证密封良好。

（4）装复转子总成时，应注意正确的安装定位关系：导流罩下部定位凸起应嵌入转子体的凹槽内，并使导流罩出油孔对准转子体出油孔；转子罩与转子体的凸起标记应对准，如图3-81所示，以免破坏转子的动平衡。

（5）转子罩紧固螺母下支承垫圈磨光面应朝向转子，不得装反。

（6）转子罩紧固螺母、盖形螺母都应按规定力矩拧紧，规定力矩为29～49N·m。

（7）离心式机油细滤器装到车上后，在发动机熄火后3～5min内，应能听到转子转动的"嗡嗡"声。若听不到响声，说明转子工作不良，应及时拆检，查找原因。

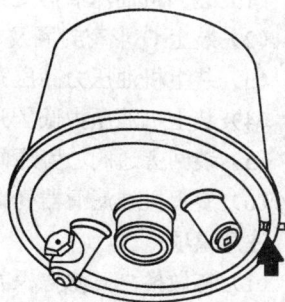

图3-81 转子装配标记

🔙 Santana2000AJR发动机复合式机油滤清器的拆装

1. 复合式机油滤清器的分解

Santana2000AJR发动机复合式机油滤清器的分解如图3-82所示，其拆卸过程如下：

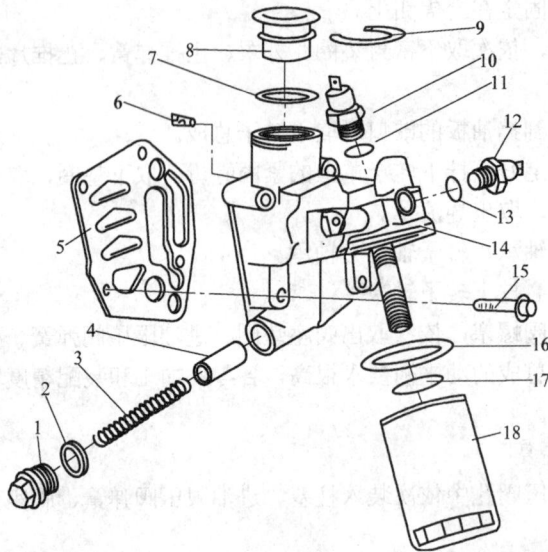

图 3-82 Santana2000AJR 发动机复合式机油滤清器分解图

1—螺塞；2—O 形密封圈；3—旁通阀弹簧；4—柱塞；5—密封衬垫；6—止回阀；7—O 形密封圈；8—盖子；9—夹箍；
10—0.025MPa 机油压力开关；11—O 形密封圈；12—0.18MPa 机油压力开关；13—O 形密封圈；14—机油滤清器机架；
15—机油滤清器机架紧固螺栓；16—衬垫；17—压盘；18—机油滤清器壳体总成

（1）用机油滤清器专用拆装扳手旋下机油滤清器壳体总成。

（2）拆下旁通阀螺塞，依次取出 O 形密封圈、旁通阀弹簧、旁通阀。

（3）分别拆下机油压力高、低压开关及密封垫圈。

（4）用钳子拔出卡簧，取出上盖及 O 形密封圈。

（5）拧下机油滤清器支架紧固螺栓，拆下机油滤清器支架。

2. 复合式机油滤清器的装复

（1）装回机油滤清器支架，拧紧四颗紧固螺栓。

（2）装上 O 形密封圈及上盖，插上卡簧。

（3）装上机油压力高压开关及 O 形密封圈，以 25 N·m 的力矩拧紧。

（4）装上机油压力低压开关及 O 形密封圈，以 15N·m 的力矩拧紧。

（5）装回旁通阀、旁通阀弹簧、O 形密封圈，拧紧螺塞。

（6）旋上机油滤清器壳体总成，用专用拆装扳手以 20N·m 的力矩拧紧。

注意事项：

（1）在做换"三滤"保养时，只能更换机油滤清器壳体总成。

（2）对机油滤清器整体拆卸时，必须更换衬垫。若有漏油现象，所有密封圈都应更换。

（3）机油滤清器在装上发动机前必须加注适量的机油。

实验考核

↖ **考核要求**

（1）拆装油底壳、机油泵、机油滤清器，应在规定的时间内完成。

（2）按正确的步骤和规定的技术要求拆装油底壳、机油泵、机油滤清器。

（3）正确地选择、更换机油。

（4）能正确分析润滑油路，搞清润滑系统中各种阀的安装位置及作用。

☛ 考核时间

（1）发动机油底壳的拆装，20min。

（2）齿轮式机油泵的拆装，15min。

（3）转子式机油泵的拆装，15min。

（4）机油粗滤器的拆装，10min。

（5）离心式机油细滤器的拆装，20min。

（6）复合式机油滤清器的拆装，10min。

☛ 考核标准

考核内容和评分标准见表 3-6。

表 3-6   考核内容和评分标准

考核项目	分值	评分标准	评价结果
正确使用拆装工具	10	有一种拆装工具使用不当扣 2 分	
油底壳的拆装	15	拆装方法错误一处扣 5 分，紧固螺栓拧紧力矩不正确扣 5 分，操作不规范酌情扣分	
机油泵的拆装及检测	15	拆装方法错误扣 5 分，不会检测扣 5 分，操作不规范酌情扣分	
机油滤清器的拆装	20	拆装方法错误一处扣 5 分，操作不规范酌情扣分	
分析润滑油路	10	每一条润滑油路分析错误扣 5 分	
分析各种阀的安装位置及作用	10	每一种阀的安装位置不知道扣 2 分，所起作用不知道扣 2 分	
选择、更换机油	10	不会更换机油扣 5 分，机油选择不当或加注量不合适扣 5 分	
整理工具、清理现场	10	没有整理工具、清理现场扣 5 分	
遵守相关安全操作规范		因违规操作发生人身和设备事故，此项按 0 分计	
分数合计	100		

实验报告

发动机润滑系的拆装（实验报告模板见附录）。

实验 8 冷却系的拆装

实验目的及要求

（1）掌握水泵的拆装方法和注意事项。

（2）掌握节温器的取出、装复方法及性能检测方法。

（3）了解发动机冷却系的组成，搞清冷却液循环路线。

（4）熟悉水泵、节温器的结构特点。

实验准备

↖ 实验工具及设备

（1）EQ6100-1 型汽油机水泵总成 1 只，Santana2000AJR 发动机总成 1 台，水泵、节温器各 1 只。

（2）常用拆装工具、拆装水泵专用拉（压）器、Santana2000 轿车发动机专用拆装工具、电炉、铝锅、温度计等。

（3）相关挂图、图册若干。

↖ 实验课时

本实验计划 4 课时。

实验注意事项

（1）拆卸前，搞清冷却液大、小循环的路线。

（2）冷却液有毒，放出时应小心，以防沾到手和脸上。

（3）按厂家使用说明书的要求加注冷却液，冷却液的量应在膨胀水箱的上、下刻线之间。

（4）Santana2000 AJR 发动机水泵、节温器都是一次性使用件，从发动机上拆下后不要分解。

实验内容与方法

↖ EQ6100-1 型汽油机水泵的拆装

1. 水泵的分解

水泵的分解示意如图 3-83 所示，其拆卸过程如下：

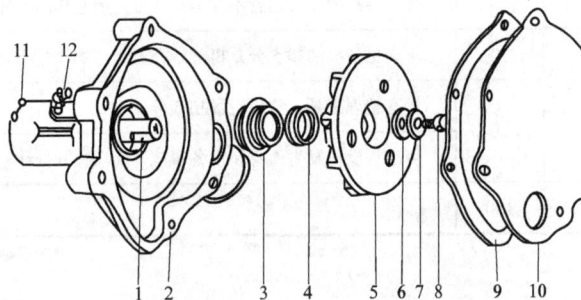

图 3-83　水泵的分解示意图

1—水泵轴；2—水泵壳；3—静环总成；4—动环总成；5—叶轮；6—叶轮密封圈；7—垫圈；
8—螺栓；9—衬垫；10—水泵盖；11—卡环；12—滑脂嘴

（1）拆下水泵外部大、小循环管道。

（2）松开发电机调节臂上的锁紧螺母，扳动发电机，使风扇皮带松弛，取下风扇皮带。

（3）拧下风扇紧固螺栓，拆下风扇和风扇皮带轮。

（4）拧下水泵与机体间的连接螺母，从发动机上取下水泵总成及水泵衬垫。

（5）将水泵固定在台虎钳上，拧下水泵盖紧固螺栓，取下水泵盖及水泵盖密封衬垫。

（6）旋下泵盖端部中间的紧固螺栓，依次取出垫圈、水泵叶轮密封圈、水泵叶轮、水泵水封总成（包括动环总成和静环总成）。

（7）拆下水泵轴前端的槽形螺母，拆下皮带轮轮毂，取下半圆键，取出轴承挡圈，向前端冲出水泵轴总成。

（8）拆下水泵轴轴承、轴承隔套、抛水圈、水泵轴挡圈。

注意事项：

（1）拆卸风扇时应小心，以免使风扇叶片变形。

（2）拆卸水泵轴承时，应使用小拉码，不能直接冲出。

（3）冲出水泵轴时，应垫上铜棒，不能用锤子直接敲击，以免损坏水泵轴上的螺纹。

2. 水泵的装复

（1）装复水泵轴总成。在水泵轴上装上水泵轴挡圈、抛水圈、内轴承、轴承隔套、外轴承。

（2）将水泵轴总成从水泵壳前端压入承孔中，并保证装配到位。

（3）卡好轴承挡圈，装入半圆键，压入皮带轮轮毂，以45～60N·m的力矩拧紧槽形螺母。

（4）小心装上水泵水封总成。

（5）安装水泵叶轮、水泵叶轮密封圈，装上垫圈，拧紧紧固螺栓。

（6）装好水泵盖衬垫，装复水泵盖，拧紧水泵盖紧固螺栓。

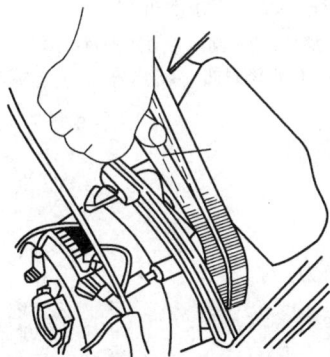

图 3-84　调整风扇皮带松紧度

（7）从黄油嘴处加注润滑脂。

（8）在机体进水口处装上水泵衬垫，将水泵总成装回发动机，对角、交叉拧紧连接螺母。

（9）装上风扇皮带轮，装上风扇，对角、交叉拧紧四颗紧固螺栓。

（10）套上风扇皮带，移动发电机在调解臂上的位置，使风扇达到规定的松紧度，拧紧锁紧螺母，如图3-84所示。

（11）装上水泵外部的大、小循环管道。

注意事项：

（1）水泵装复前，应疏通水泵壳上的检视孔。

（2）装复前应更换所有密封件、挡圈，更换水封总成，轴承若有损坏应更换新轴承。

（3）装水封时，水封应放正，水封内圈不要与水泵轴相碰，以免磨损。

（4）安装水泵叶轮时，应使水泵叶轮孔的端面高出水泵轴后端面0.10～0.50mm，以便于压紧水泵叶轮。

（5）水泵在装车前应进行性能试验。一般采用如下的经验方法：用手转动皮带轮轮毂，应无卡滞现象；用手堵住水泵进水口，将水加入水泵叶轮工作室内，转动皮带轮轮毂，泵壳检视孔应无水漏出。

（6）注意风扇的安装方向，不要将风扇装反。

（7）如风扇皮带老化或破损，应更换一组新三角带。

（8）正确调整风扇皮带松紧度。具体的技术要求是：用大拇指用力压单根皮带的中部位置，若能被压下15～20mm，则皮带的松紧度合适。

↖ Santana2000AJR发动机水泵总成的拆装

1. 水泵总成的拆卸

水泵的拆卸如图3-85所示，其拆卸过程如下：

（1）将暖风开关拨至右端，打开暖风控制阀，旋下膨胀水箱盖，松开夹箍，拔下散热器下水管，放出冷却液。

（2）拆下 V 形带。

（3）拔下散热风扇电机插头，拆下两个风扇电机。

（4）拆下同步带的上防护罩和中防护罩。

（5）转动曲轴，使第一缸活塞处于上止点位置。

（6）拆下同步带。

（7）拧下紧固螺栓，拆下同步带后防护罩。

（8）拧下水泵紧固螺栓，拆下水泵总成，小心将其拉出。

（9）取下 O 形密封圈。

注意事项：

（1）拆卸水泵前，必须放出冷却液。

（2）拆下同步带前，必须使第一缸活塞处于上止点位置，便于装复时对正装配标记。

（3）水泵蜗壳直接铸在气缸体上，拆下的只是水泵叶轮总成。

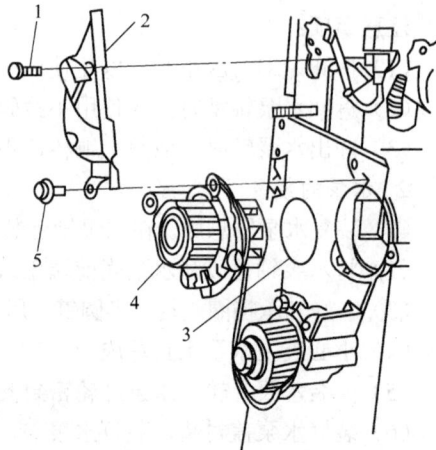

图 3-85　水泵的拆卸
1、5—螺栓；2—同步带后防护罩；
3—O 形密封圈；4—水泵

（4）Santana2000 AJR 发动机水泵一般是一次性使用，不必分解。

2. 水泵总成的装复

（1）装上 O 形密封圈。

（2）装上水泵总成，拧上三颗水泵紧固螺栓，以 15N·m 的力矩拧紧。

（3）安装同步带后防护罩。

（4）安装同步带，调整好配气相位。

（5）装上同步带的上、中防护罩。

（6）装上散热风扇电机。

（7）装上 V 形带，调整好 V 形带松紧度。

（8）加注冷却液。

注意事项：

（1）安装水泵时，必须更换新的 O 形密封圈。O 形密封圈在安装时必须用冷却液浸湿。

（2）正确加注冷却液。具体做法是：加注冷却液过程中，不断用手捏握散热器下水管，直到加注至膨胀水箱最高标记处。旋紧膨胀水箱盖，起动发动机，运转 5min 左右。再检查冷却液液面高度，不足时继续添加至规定量。

◤ Santana2000 AJR 发动机节温器的拆装与检测

现代汽车发动机的节温器基本都用蜡式节温器，为一次性使用、不可拆卸式。节温器的拆装一般指的是节温器的取出和装复。节温器一般安装在发动机缸盖水套的出水口处或安装在水泵中，取出和装复比较方便。Santana2000AJR 发动机节温器安装在气缸体内，水泵进水口的前部，取出和装复相对麻烦。

1. 节温器的取出

节温器的取出如图 3-86 所示，具体过程如下：

（1）放出冷却液。

（2）拆下 V 形带。

（3）拆下发电机。

（4）从连接体上拆下冷却液管。

（5）松开紧固螺栓，拆下节温器盖，取出 O 形密封圈、节温器。

注意事项：蜡式节温器安全使用寿命较短，一般为 50000km 左右，失效后无法修复，应根据使用情况视情更换。节温器取出后，应进行性能检测。具体检测方法是：将节温器放在盛有热水的容器中，然后加热，检查节温器阀门开始开启和完全开启时的温度，以及阀门全开时的升程。若不符合规定，应更换节温器。

Santana2000AJR 发动机节温器的技术要求是：当冷却液温度为（87±2）℃时，节温器阀门开始打开，在（102±3）℃时，阀门升程不小于 7mm，结束打开温度约为 120℃。

图 3-86　节温器的取出

1—螺栓；2—节温器盖；3—O 形密封圈；4—节温器

2. 节温器的装复

（1）装入节温器。

（2）装上 O 形密封圈，装上节温器盖，拧紧紧固螺栓。

（3）装上冷却液管。

（4）安装发电机。

（5）装上 V 形带，调整好 V 形带松紧度。

（6）加注冷却液。

注意事项：

（1）节温器在装复前一般要放在开水中煮一下。

（2）必须更换新的 O 形密封圈。

（3）安装节温器时，必须使节温器的感温部分朝向气缸体内部。

实验考核

↖ 考核要求

（1）拆装水泵或节温器，应在规定的时间内完成。

（2）按正确的步骤和规定的技术要求拆装水泵和节温器。

（3）正确地放出、加注冷却液。

（4）能正确分析冷却液的循环路线。

↖ 考核时间

（1）EQ6100-1 型汽油机水泵的拆装 45min。

（2）Santana2000AJR 发动机水泵总成的拆装 45min。

（3）Santana2000 AJR 发动机节温器的拆装与检测 90min。

↖ 考核标准

考核内容和评分标准见表 3-7。

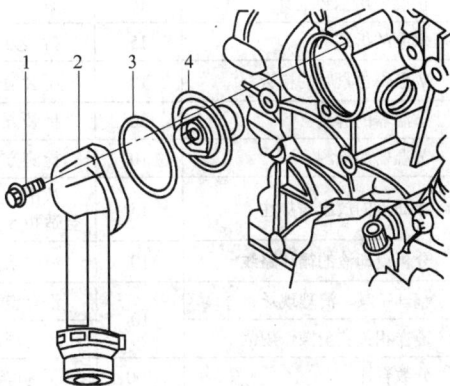

表 3-7		考核内容和评分标准	
考核项目	分值	评分标准	评价结果
正确使用拆装工具	10	有一种拆装工具使用不当扣 2 分	
水泵的拆装	15	拆装方法错误一处扣 5 分，操作不规范酌情扣分	
V 形带松紧度的检查	10	不会检查扣 10 分	
节温器的拆装	20	拆装方法错误扣一处 5 分，操作不规范酌情扣分	
节温器的检测	10	检测方法错误扣 5 分，技术要求错误一处扣 2 分	
冷却液的放出与加注	15	放出、加注方法错误各扣 5 分，冷却液选择不当或加注量不合适扣 5 分	
分析冷却液的循环路线	10	每一条循环路线分析错误扣 5 分	
整理工具、清理现场	10	没有整理工具、清理现场扣 5 分	
遵守相关安全操作规范		因违规操作发生人身和设备事故，此项按 0 分计	
分数合计	100		

实验报告

发动机冷却系的拆装（实验报告模板见附录）。

实验 9　发动机总成的拆装

实验目的及要求

（1）掌握发动机拆解、总装的一般步骤及技术要求。

（2）熟悉发动机的结构特点，搞清主要配合件之间的装配关系。

（3）学会正确使用发动机拆装用各种通用工具和专用工具。

实验准备

↖ 实验工具及设备

（1）EQ6100-1 型汽油机总成 1 台。

（2）发动机拆装翻转架，各种拆装工具，发动机拆装用专用工具。

（3）相关挂图、图册若干。

↖ 实验课时

本实验计划 6 课时。

实验注意事项

（1）熟练掌握各种机、工、量具的正确使用方法。

（2）按正确的顺序进行拆装，拆下的零、部件按机构、系统分类摆放。

（3）装配前必须清洗零件、拆装工具，清洁工作场地。

（4）注意各配合件的配合关系和装配记号。

（5）重要的螺栓必须按规定的力矩拧紧。

（6）关键部位的配合间隙、装配间隙必须符合规定的技术要求。

（7）装配过程中，应随时检查各运动副的运动情况，以便及时排除装配故障。

实验内容与方法

➤ **从车上拆下发动机总成**

（1）将汽车停在平整的水平路面上，用止动块将汽车的前、后轮掩住，以防汽车溜动。

（2）拧下油底壳放油螺塞，趁热放净机油。

（3）拆下发动机与车架、车身等相连接的所有管路、线路。

（4）旋下水箱盖，打开放水开关，放净冷却水。

（5）拆下水箱护风罩与车架、水箱之间的连接螺栓，从水箱前面取出水箱护风罩总成。

（6）从车上拆下水箱及水箱框架总成，如图 3-87 所示。

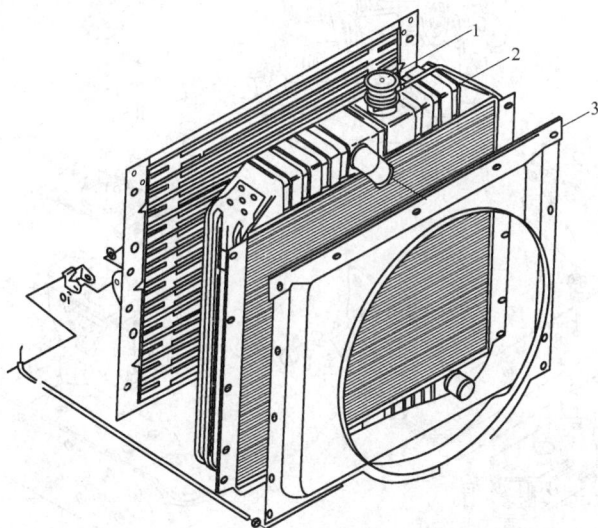

图 3-87　拆卸水箱

1—水箱盖总成；2—水箱总成；3—水箱护风罩总成

（7）拆下传动轴总成，如图 3-88 所示。

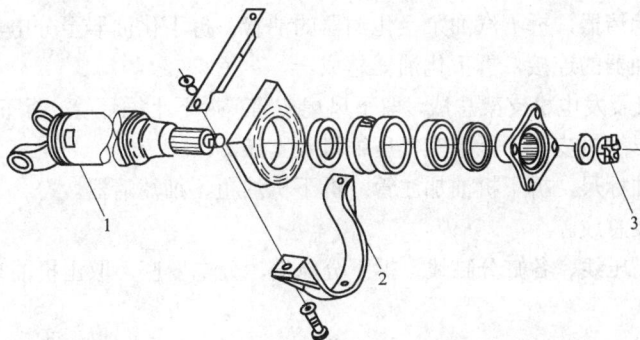

图 3-88　拆卸传动轴

1—中间传动轴；2—中间支承 U 形支承架；3—槽形螺母

99

（8）拆下离合器的传动连接装置。

（9）拆下变速器总成。

（10）拆下发动机前悬置支架与前悬置软垫之间的连接螺栓，拆下发动机后端与后悬置软垫之间的连接螺栓。

（11）用钢丝绳或三角带拴住发动机前缸盖右侧第三个缸盖螺栓上的吊环和装在后缸盖左、右角后侧的吊环，用吊车吊下发动机总成。

▶ 发动机总成的解体

1. 拆下发动机外部附件

（1）拆下发动机前悬置支架总成，如图 3-89 中 1 所示。

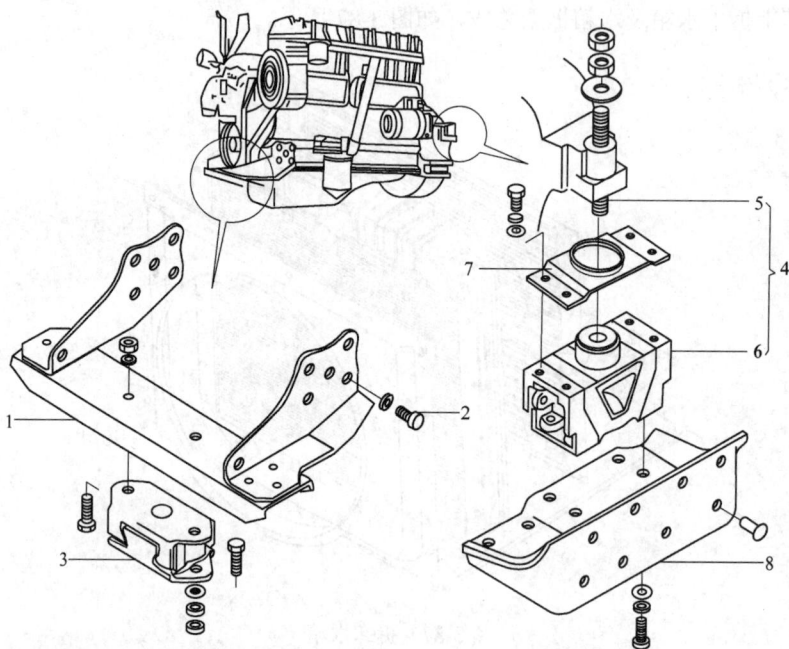

图 3-89　拆卸发动机悬置

1—发动机前悬置支架总成；2—紧固螺栓；3—发动机前悬置软垫总成；4—发动机后悬置软垫总成；
5—双头螺栓；6—发动机后悬置软垫；7—发动机后悬置软垫限位板；8—发动机后悬置支架

（2）拆下空气滤清器，拆下汽油泵至化油器的油管，拆下化油器至分电器的真空管，拆下油门传动机构与化油器的连接，拆下化油器总成。

（3）拆下发电机及发电机支架总成，取下风扇皮带；拆下小循环管，拆下风扇及水泵总成。

（4）取下空气压缩机皮带，拆下空气压缩机及支架。

（5）拔出机油油标尺，拆下机油加注管，拆下机油粗、细滤清器。

（6）拆下汽油泵总成。

（7）拔下中央高压线、各缸分缸线，拆下分电器、分电器座，取出机油泵分电器传动轴总成，拆下各缸火花塞。

（8）拆下起动机。

（9）拆下机油压力传感器、机油压力过低报警器传感器，拆下曲轴箱通风管及曲轴箱通风单向阀，拆下曲轴箱通风空气滤清器总成。

（10）拆下气缸盖出水管总成及衬垫，从气缸盖出水管中取出节温器。

（11）拆下离合器总成。

注意事项：

（1）发动机附件的拆卸没有固定的拆卸顺序，根据方便拆卸即可。

（2）发动机前悬置支架与发动机机体前端机体间连接的 8 个螺栓是高强度螺栓，螺栓头部端面制造时锻有圆环标记，以便于与普通螺栓相区别。

（3）化油器与进气管连接的固定螺母为细牙螺纹，不可与普通螺母混用。

（4）拆下火花塞后，及时用干净的布将火花塞孔塞住，以免灰尘、杂物等进入气缸内。

（5）拆卸离合器时，应交叉、对称分多次拧松离合器盖连接螺栓。

2. 拆下进、排气管总成（略）

3. 拆卸气门传动组部件

（1）拆下前、后气门罩盖及衬垫。

（2）拆下前、后气缸盖上的摇臂轴总成。

（3）抽出所有推杆。

（4）拆下前、后挺杆室盖，从挺杆导管内按次序取出各挺杆。

注意事项：

（1）拆卸每个摇臂轴总成时，应分次拧松摇臂轴支座紧固螺钉。每次拧松时，应先拧松前、后支座紧固螺钉，再拧松中间支座紧固螺钉。

（2）摇臂轴总成拆下后，若没有损坏，一般不必进一步分解。

（3）挺杆与挺杆导孔的配合间隙很小，为保持原摩擦副的配合，应按次序取出各挺杆，按顺序摆放，以便装复时装回原位。

4. 拆下前、后气缸盖，取下前、后气缸垫

注意事项：

（1）必须在冷机状态下拆卸气缸盖。

（2）应从两端向中间，对称、交叉、分 2～3 次拧松气缸盖螺栓。

（3）拧下所有气缸盖螺栓后，用木锤敲击气缸盖四周，使其松动，然后抬下气缸盖。不允许用撬棒或"一"字螺丝刀硬撬气缸盖，以免损坏气缸垫。

（4）气缸盖拆下后，应将气缸盖侧放，不能将气缸盖结合面朝下放置。

5. 拆下油底壳、机油泵总成

（1）将发动机倒置。

（2）拆下油底壳及油底壳密封衬垫。

（3）拆下机油泵连同集滤器总成。

注意事项：

（1）应从两边向中间，对称、交叉、分次拧松油底壳连接螺栓。

（2）若油底壳与发动机机体下平面粘结较紧，可用橡皮锤轻轻敲击油底壳四周，待活动后再将油底壳取下。

6. 拆下曲轴前端附件

（1）敲平起动爪锁紧垫圈，旋下起动爪，取下锁紧垫圈。

（2）拆下曲轴皮带轮总成（包括双槽皮带轮和单槽皮带轮），取出两个半圆键。

（3）拆下曲轴扭转减振器。

注意事项：

（1）拆起动爪时，必须用木块掩住曲轴，以防拆卸时曲轴转动。

（2）必须用拉码拉下曲轴皮带轮。

（3）拆卸曲轴扭转减振器时，需用专用拉器利用皮带轮轮毂上的两个 M10 螺栓孔，把曲轴扭转减振器从曲轴上拆下。

7. 拆下正时齿轮室盖、凸轮轴

（1）拆下正时齿轮室盖及密封衬垫。

（2）用套筒拆下凸轮轴止推凸缘的紧固螺栓，抽出凸轮轴总成。

（3）拆下正时齿轮室盖底板及衬垫。

注意事项：

（1）必须先拆油底壳，再拆正时齿轮室盖。

（2）凸轮轴较长，但不能两个人拆卸，以免两个人动作不协调碰伤手指。

（3）拆凸轮轴时，应转动凸轮轴正时齿轮，将齿轮上的两个圆孔对准凸轮轴止推凸缘的紧固螺栓孔时，即可将凸轮轴从机体内抽出。

（4）若凸轮轴正时齿轮没有损坏，不需更换时，一般不将凸轮轴正时齿轮从凸轮轴上拆下。

8. 拆卸活塞连杆组

（1）将发动机侧置，使挺杆室一侧朝上。

（2）转动曲轴，使待拆缸的活塞处于下止点位置。

（3）拧下连杆螺母，取下连杆盖。

（4）握住手锤锤头，用手锤柄将活塞连杆组件推出气缸。

（5）将连杆盖、连杆螺栓、连杆螺母装复原位。

（6）用同样方法拆卸同一空间位置的另一缸活塞连杆组。

（7）拆卸其他缸的活塞连杆组，将拆下的各缸活塞连杆组按顺序摆放好。

注意事项：

（1）拆卸时使活塞处于下止点位置。

（2）同一空间位置的活塞连杆组同时拆卸。

（3）在活塞顶、连杆体上做上各缸的标记。

（4）拆下后，必须将连杆盖与连杆体复位装合。

9. 拆卸曲轴飞轮组

（1）将发动机倒置。

（2）按先两端后中间的顺序，依次拆下各缸主轴承盖，按各道轴颈的顺序摆放好。

（3）抬下曲轴飞轮组总成。

注意事项：

（1）若飞轮壳不需修理、更换，则不必拆卸。否则，可将飞轮壳从机体上拆下。

（2）拆卸前，在主轴承盖上做上各道主轴颈的标记。

（3）从两端向中间拆卸主轴承盖，分 2～3 次拧松各道主轴承盖螺栓。

（4）抬曲轴飞轮组时，若有轴瓦被带出，应及时将轴瓦装回原位。

（5）第四道主轴颈轴瓦为组合翻边轴瓦，与其他轴瓦有区别。

（6）曲轴正时齿轮若无损坏，则不必拆卸。

（7）一般情况下，飞轮不从曲轴上拆下。若拆下飞轮，必须注意飞轮与曲轴之间的装配定位关系。

10. 根据需要将拆下的各部件总成进一步拆解（略）

◤ **发动机装配前的准备工作**

（1）疏通所有的润滑油道，保证油道畅通。

1）疏通润滑油道前，必须阅读使用说明书，找出所有的润滑油道。

2）先用细铁丝捅洗润滑油道，再用高压油枪打进汽油冲洗油道或用压缩空气疏通。

（2）将发动机解体后的所有零件分类后清洗，清除油污、积炭和水垢，用压缩空气吹干，按顺序摆放。

1）清除油污可采用金属清洗剂、碱溶液或有机溶剂。金属清洗剂无腐蚀性，但成本较高，可用于少量零件的清洗。碱溶液腐蚀性较强，但对发动机零件清洗效果较理想，且成本低，在汽车维修企业得到广泛的应用。有机溶剂作为清洗剂，如汽油、煤油、柴油等，去油污能力强，清洗效果最好，但安全性差，环境污染大，成本高，可用于清洗小零件或清洁度要求高的重要零件。

2）清除积炭可采用机械法或化学法。机械法清除积炭主要用金属丝刷刷除积炭、用刮刀或竹片刮除积炭，虽效果较差，且会在零件的光滑表面上留下刮痕，但操作简单、成本低，在小型维修企业应用非常广泛。化学法清除积炭主要用碱液等无机溶剂或汽油等有机溶剂清洗零件，使积炭层逐渐膨胀、疏松而软化，达到清除的目的。在小型维修企业常用浸泡清洗法；在大型维修企业中常用超声波清洗。

3）清除水垢可采用酸洗法或碱洗法。即通过酸液或碱液的作用使水垢转化成溶于水的物质或疏松组织，并在清洗水流的冲击下被清除掉。无论是采用酸洗或碱洗，清洗后都要用清水冲洗干净。

（3）检测所有零部件，以确定是报废件、需修件还是可用件。

（4）将检修后的所有零部件及必备的发动机材料准备齐全，分类、按顺序摆放。

（5）清洁发动机装配场地，将发动机拆装用的通用工具、专用工具及辅助材料准备齐全。

◤ **发动机装配时的技术要求**

（1）对所有准备装复的零部件或总成进行检测或试验，必要时进行修复或更换，必须保证质量合格。

（2）装配前彻底清洗零件，特别要保证润滑油道畅通，清洗后必须用压缩空气吹干。

（3）准备好所有连接、紧固用的螺栓、螺母。大修时更换所有密封件、锁紧保险件和开口销。

（4）正确使用通用工具和专用工具，保证操作规范。

（5）对有互配要求、安装方向要求的机件，如活塞与气缸、活塞连杆组、曲轴轴承、气门与气门座圈等，必须对号入座，对正记号，保证安装方向。

（6）各相对运动零件的工作表面，如活塞与气缸壁、轴颈与轴承、气门与气门导管等，装配前必须涂抹清洁的机油，以保证配合件在开始运动时良好的润滑。

（7）关键部位的配合间隙、装配间隙，如活塞与气缸的配合间隙、曲轴轴颈与轴承的径向间隙、曲轴的轴向间隙、凸轮轴的轴向间隙、气门间隙等，必须符合说明书规定的技术要求。

（8）重要的连接螺栓、螺母，如主轴承螺栓、连杆螺栓、飞轮螺栓、气缸盖螺栓、摇臂轴支座紧固螺栓等，必须按一定顺序、按规定扭矩拧紧。

（9）及时检查各运动件的运动是否灵活。

（10）严格保证各密封部位的密封性，不得有漏水、漏油、漏气现象。

（11）电路各接头要保持清洁，连接可靠，不得有短路、断路、接触不良、漏电等现象。

（12）发动机装配完毕，经磨合后，应保证起动容易，在各种工况下工作良好。

↖ **发动机总成的装配**

1. 安装曲轴飞轮组

（1）将气缸体倒置。

（2）清洁气缸体、曲轴的各装配结合面及润滑油道，装上凸轮轴后堵盖，装回润滑油道螺塞，用密封胶加以密封。

（3）在 1、2、3、5、6、7 道轴承座上装复上轴瓦，在第 7 道主轴承座的凹槽内装入橡胶后油封，如图 3-90 所示。

（4）在每一道轴瓦的内表面和每一道主轴颈表面涂抹清洁的机油。

（5）小心地抬上曲轴，把第 4 道上组合翻边轴瓦（图 3-91）扣在曲轴第 4 道主轴颈上。转动曲轴，同时沿曲轴旋转方向推转第 4 道上组合翻边轴瓦，使其平顺地装入第 4 道主轴承座上。

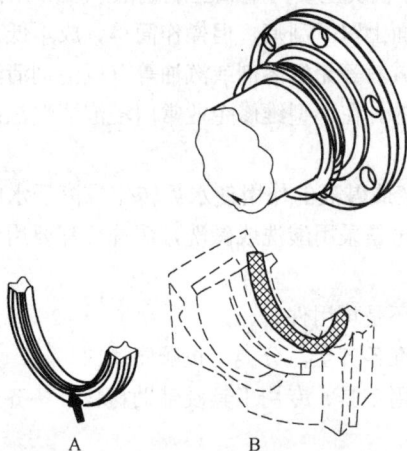

图 3-90　第 7 道主轴承上的油封装配
A—分开式橡胶后油封；B—密封条

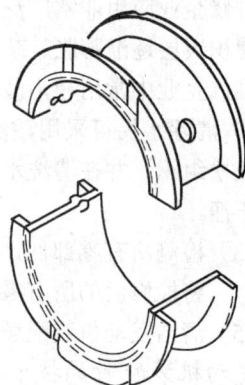

图 3-91　组合式轴承

（6）按顺序装上每一个主轴承盖，在第 7 道主轴承盖的凹槽内装入橡胶后油封，装上主轴承盖螺栓。

（7）将曲轴向前推，靠曲轴的止推面使第 4 道上、下组合翻边轴瓦的后止推轴承面对齐在同一平面上。

（8）以 4-3-5-2-6-1-7 的拧紧次序，分 3 次拧紧主轴承盖螺栓，最后拧紧至规定扭矩 167～186N·m。

（9）检查曲轴轴向间隙（技术要求为 0.14～0.35mm）。检查方法有两种：

　　方法一：将曲轴向前推到底，用厚薄规测量组合翻边轴瓦前止推轴承面与曲轴止推面之间的间隙。

　　方法二：先将曲轴向前推到底，将百分表触头抵在曲轴后端面上，再将曲轴向后推到底，百分表指针的摆动量即为曲轴轴向间隙。

若曲轴轴向间隙过大，应更换第 4 道上组合翻边轴瓦。

（10）装复曲轴扭转减振器。

注意事项：

（1）若主轴瓦没有更换，应将原轴瓦对号入座，装回原位。

（2）上、下轴瓦不可互换，以免堵塞油道。

（3）每一道上轴瓦上有油孔和油槽，装配时，必须保证轴瓦上的油孔要对准轴承座上的油道，以保证润滑油路的畅通。

（4）在第 7 道主轴承座和主轴承盖的凹槽内应装分开式橡胶后油封。装油封时，应先将油封座孔凹槽清洗干净，在凹槽侧面涂一薄层密封胶，使油封侧的开槽面朝前。油封装入后，在油封唇口涂一层机油，再将油封对口面涂一薄层密封胶。

（5）主轴承盖与主轴承座应按装配标记配对安装，不可互换。

（6）注意主轴承盖的安装方向，切不可装反。曲轴主轴承盖的装配标记如图 3-92 所示。主轴承盖的前侧面有铸造凸筋，安装时凸筋应朝前。或者根据轴瓦上的垃圾槽进行安装，使垃圾槽在结合面的同一侧。

（7）主轴承盖螺栓应从中间向两端分 2～3 次拧紧，最后拧紧至规定扭矩。

（8）每紧固一道主轴承盖螺栓，都应将曲轴转几圈，应保证转动灵活无阻滞，转动中无忽重忽轻现象。否则，应及时查明原因，进行排除。

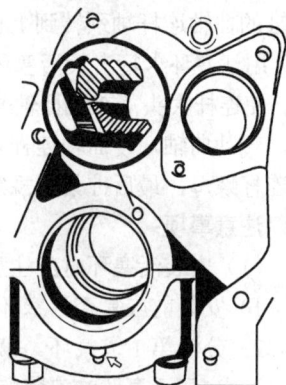

图 3-92　曲轴主轴承盖装配标记

（9）拧紧所有主轴承盖螺栓后，单手稍用力，应能转动曲轴。

2. 安装飞轮壳与飞轮

（1）对正定位销和销孔，装回飞轮壳，以 78.4～98N·m 力矩对称、交叉、均匀地拧紧固定螺栓。

（2）装上飞轮，以 118～137N·m 力矩对称、交叉、均匀地拧紧飞轮连接螺母。

注意事项：

（1）飞轮壳与机体间没有垫片，仅依靠接合面的平面度保证飞轮壳承孔与曲轴主轴颈的同轴度。

（2）为保证飞轮与曲轴的周向定位，六个飞轮连接螺栓中有两个螺栓颈部滚花，起定位作用，装配时，不可与其他螺栓调换。

（3）曲轴飞轮组总成（附离合器）在出厂前经过严格动平衡，装配时，曲轴、飞轮禁止互换。

3. 安装活塞连杆组

（1）将发动机侧置，使挺杆室一侧朝上。

（2）检查活塞连杆组的装配质量。

（3）检查活塞是否偏缸：

1）将未装活塞环的活塞连杆组装入相应的气缸内，装配时保证安装方向正确，按规定扭矩拧紧连杆螺栓。

2）转动曲轴数圈，使活塞连杆组各部位都处于工作状态。检查连杆小头在活塞销座内是否居中，连杆小头每边与活塞销座孔间的间隙应不小于 1mm。

3）再转动曲轴，当活塞处于上止点、气缸中部、下止点三个位置时，用厚薄规检查活塞头部与气缸前、后的配合间隙，两边间隙差应不超过 0.10mm。

若检测结果超过规定的技术要求，说明活塞偏缸，应及时查明原因，予以排除。

（4）安装活塞环。依次装入油环、第 3 道气环、第 2 道气环、第 1 道气环。使第 1 道气环开口与活塞销轴线呈 90°，各环的开口应在圆周上按 120° 均匀错开，油环上、下刮片开口应相互错开 180°。

（5）将活塞连杆组装入气缸，如图 3-93 所示。清洁各气缸、连杆轴颈，将气缸、连杆轴颈涂抹机油，将待装气缸的曲轴连杆轴颈转到上止点位置。将活塞表面涂抹机油，用活塞环卡箍夹紧活塞环，用手锤木柄将活塞推入气缸，使连杆大头落在连杆轴颈上。继续用手锤木柄顶住活

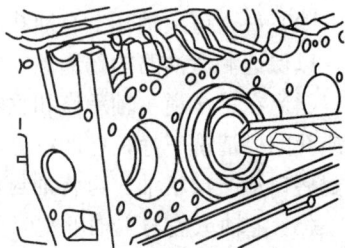

图 3-93　将活塞连杆组装入气缸

塞，转动曲轴，使曲轴连杆轴颈转到下止点位置。装上连杆盖，拧上连杆螺母，分 2～3 次拧紧连杆螺母，最后拧紧至规定力矩 98～118N·m。用同样的方法装入其他缸的活塞连杆组。

注意事项：

（1）安装活塞环时应注意：

1）安装前应复查活塞环的端隙、侧隙、背隙。

2）分清第 1 道气环。第 1 道气环外缘镀铬，以增强气环的耐磨性。

3）注意活塞环的安装方向。活塞环有字的一面朝上，扭曲环梯形内切口应朝上。

4）正确保证第 1 道气环的开口位置。第 1 道气环的开口不能在活塞承受侧压力一侧，不能在活塞销座孔左右 45° 范围内。

（2）各缸活塞连杆组应对号入座，装回原位，不可错乱。

（3）注意活塞连杆组的安装方向，不可装反。活塞顶上的小半圆缺口以及连杆杆身上的凸起记号应朝前。

（4）连杆盖与连杆体应按装配标记配对安装，不可互换。连杆盖上的小凸起记号应朝前，或者使上、下轴瓦上的垃圾槽在结合面同一侧。

（5）必须分 2～3 次拧紧连杆螺栓，最后一次拧紧至规定扭矩。

（6）活塞连杆组装复后，用手锤沿曲轴轴线前后轻轻敲击轴承盖时，连杆应能轻微移动。

（7）全部装入各缸活塞连杆组后，应能用手转动曲轴，但有明显阻力。

4. 安装凸轮轴

（1）装上正时齿轮室盖底板及衬垫，对称拧紧紧固螺栓。

（2）装复凸轮轴总成。把隔套、止推凸缘装配到凸轮轴上，装上半圆键，压入正时齿轮，装上保险片，拧紧紧固螺母，用保险片的翻边锁住。

（3）装入凸轮轴。清洁凸轮轴轴颈表面及凸轮表面，在凸轮轴轴颈表面涂机油，插入凸轮轴，对准正时齿轮标记（见图 3-94）后将凸轮轴推入轴承孔内，拧紧止推凸缘固定螺钉。

（4）检查凸轮轴轴向间隙。用百分表检查凸轮轴轴向间隙，应为 0.08～0.20mm。若不符合技术要求，应更换隔套和止推凸缘。

注意事项：

（1）必须一个人装入凸轮轴。

（2）装入凸轮轴时，必须将曲轴正时齿轮与凸轮轴正时齿轮的装配记号对准。

（3）装入凸轮轴后，转动曲轴时，阻力应没有明显增加。

5. 安装正时齿轮室盖

（1）把曲轴前油封压入正时齿轮盖的油封座内。

（2）将正时齿轮盖密封衬垫的一面涂抹机油，平整地贴装在气缸体上。

（3）装上挡油片，装上正时齿轮室盖（见图3-95），拧紧正时齿轮室盖连接螺栓。

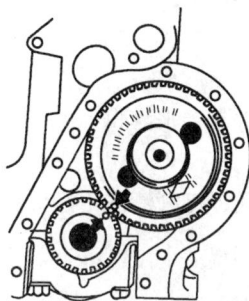

图 3-94 正时齿轮装配标记

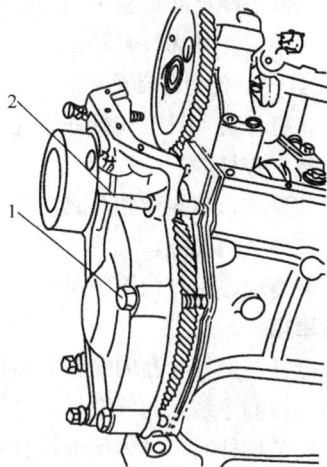

图 3-95 安装正时齿轮室盖

1—正时记号；2—正时齿轮室盖连接螺栓

（4）装上曲轴皮带轮总成，装上起动爪，敲好锁紧垫圈。

注意事项：

（1）压装曲轴前油封前应在油封外缘涂密封胶，在油封内刃口涂一薄层机油。

（2）安装挡油片时，应使挡油片突出的一面朝向正时齿轮。

（3）拧紧正时齿轮室盖连接螺栓时，先拧紧靠近定位销的螺栓，再对称、交叉、均匀地拧紧其他螺栓，按规定力矩拧紧至 14.7～24.5N·m。

6. 安装机油泵总成、油底壳

（1）将发动机倒置。

（2）将机油泵连同集滤器总成装到气缸体上，连接好油管。

（3）放上密封衬垫，装上油底壳，拧紧油底壳连接螺栓。

注意事项：

（1）气缸体底面与正时齿轮室盖底面间的接缝处应涂密封胶，以防漏油。

（2）安装密封衬垫时，应放正密封衬垫，涂上密封胶。

（3）安装油底壳时，油底壳内部必须清洗干净。

（4）必须从中间向两边分两次对称、交叉拧紧油底壳连接螺栓。

7. 安装气缸盖

（1）将气缸盖双头螺栓拧紧在气缸体上。

（2）安装前、后气缸垫。

（3）装上前、后气缸盖，装上气缸盖螺栓及平垫圈，从中间向四周对称、交叉、均匀地分

3 次拧紧气缸盖螺栓，最后拧紧至规定力矩 167～196N·m。

注意事项：

（1）安装气缸垫时，应将气缸垫的定位销孔对准气缸体上的定位销，此时，气缸垫上的螺栓孔、水孔、油孔等应与气缸体上相应的孔道对正。若气缸垫相反，所有的孔将不重合。气缸垫若有损坏，必须更换。

（2）安装气缸盖螺栓时，应先在螺纹部位及台肩底部涂以机油。

（3）气缸盖螺栓必须从中间向四周对称、交叉、分 3 次拧紧，最后拧紧至规定力矩，以防气缸盖密封不好，冲坏气缸垫。

8. 安装气门传动组部件

（1）将挺杆装入气缸体挺杆导孔内，装复前、后挺杆室盖及密封垫，拧紧连接螺栓。

（2）装入推杆。

（3）装复前、后摇臂轴总成，拧紧摇臂轴支座紧固螺钉。

（4）调整气门间隙。

（5）装复前、后气门罩盖及衬垫，装上盖形螺母及密封垫，拧紧盖形螺母。

注意事项：

（1）挺杆与挺杆导孔的配合间隙很小，装复前必须将挺杆导孔、挺杆清洗干净，并将挺杆涂抹机油，按顺序装入到气缸体挺杆导孔内，保证装复原位。

（2）安装推杆时，必须保证推杆可靠地装入到挺杆孔内。

（3）安装摇臂轴总成时，必须保证摇臂轴支座上的润滑油孔与气缸盖上润滑油孔对准，保证摇臂与推杆、气门杆良好的接触配合。

（4）从中间向两边，分两次拧紧摇臂轴支座紧固螺钉，最后拧紧至规定力矩。

9. 安装进、排气管

将进、排气歧管连同密封衬垫用螺栓固定在气缸体上，拧紧进、排气管连接螺栓。

注意事项：

（1）进、排气歧管密封衬垫卷边的一面应朝向气缸体，以防进、排气歧管受热产生变形，损伤密封衬垫。

（2）应从中间向两边交叉、均匀地拧紧进、排气管连接螺栓。

10. 安装附件

（1）安装离合器总成。

（2）安装气缸盖出水管总成，装回节温器。

（3）安装曲轴箱通风装置总成，安装机油压力传感器、机油压力过低报警器传感器。

（4）安装起动机。

（5）安装机油粗、细滤清器，安装机油加注管，插入机油标尺。

（6）安装汽油泵。

（7）安装各缸火花塞，安装机油泵分电器传动轴总成，安装分电器座、分电器，插上各缸分缸线、中央高压线。

（8）安装空气压缩机及支架，装上空气压缩机皮带。

（9）安装风扇及水泵总成，安装小循环管，套上风扇皮带，安装发电机及发电机支架总成，调整风扇皮带松紧度。

（10）安装化油器总成及化油器操纵机构，安装化油器上各连接油管、气管，安装空气滤清器。

（11）安装发动机前悬置支架总成。

实验考核

⚑ **考核要求**

（1）拆装发动机总成，应在规定的时间内完成。

（2）按正确的步骤和规定的技术要求进行拆装。

（3）重要螺栓必须按规定的力矩拧紧。

（4）装配后的发动机能顺利起动，工作状况良好。

⚑ **考核时间**

考核时间为 270min。

⚑ **考核标准**

考核内容和评分标准见表 3-8。

表 3-8   考核内容和评分标准

考核项目	分值	评分标准	评价结果
正确使用拆装工具	10	工具使用不当酌情扣分	
拆卸步骤及拆卸注意点	15	拆卸步骤错误、操作不规范酌情扣分	
装配前的准备工作	5	按准备工作的规范程度酌情扣分	
装配步骤及装配注意点	25	装配步骤错误、安装方向错误、操作不规范酌情扣分	
重要螺栓的拧紧力矩	15	不按规定力矩拧紧，每处扣 5 分	
装配后发动机的工作状况	20	起动困难扣 10 分，工作不良的酌情扣分	
整理工具、清理现场	10	没有整理工具、清理现场扣 5 分	
遵守相关安全操作规范		因违规操作发生人身和设备事故，此项按 0 分计	
分数合计	100		

实验报告

发动机总成的拆装（实验报告模板见附录）。

第4章 汽车底盘的拆装

实验 10 离 合 器 的 拆 装

实验目的及要求

（1）掌握离合器的拆装方法、步骤。

（2）熟练掌握离合器的踏板自由行程的调整要领。

实验准备

↖ 实验工具及设备

（1）桑塔纳车用离合器。

（2）常用工具一套，桑塔纳专用工具一套。

（3）拆装工作台（专用）。

↖ 实验课时

本实验计划 1 课时。

实验注意事项

（1）注意离合器盖与压盘间、平衡片与压盘间、离合器盖与飞轮间的装配记号。

（2）安装时应注意从动盘的方向。

（3）零件在装配前要用非腐蚀性液体清洗干净。

（4）清洗时，摩擦片和分离轴承不能用油清洗。

实验内容与方法

↖ 实验内容与方法

1. 离合器的拆卸

离合器的结构如图 4-1 所示，其拆卸过程如下：

（1）拆下变速器。

（2）将飞轮固定，然后将离合器的固定螺栓对角分多次逐步拧松（注意观察压盘和飞轮的装配标记），取下压盘总成、离合器从动盘（见图 4-2）。

（3）拉出分离轴承。

（4）拆下分离轴承导向套和橡胶防尘套、回位弹簧。

（5）用尖嘴钳取出卡簧及衬套座，取出分离叉轴。

2. 离合器的装配

（1）将从动盘装在发动机飞轮上，用定芯棒定位。从动盘上减振弹簧突出的一面朝外。

（2）首先对正压盘和飞轮的装配标记装上连接片（压板）组件，用扭力扳手间隔分几次拧紧螺栓，力矩为 25N·m。

（3）用专用工具将分离叉轴套压入变速器壳上。

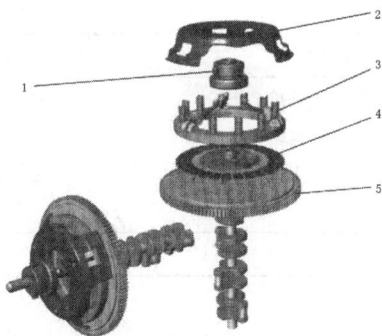

图 4-1 离合器结构示意图
1—分离轴承；2—离合器盖；3—压盘；4—从动盘；5—飞轮

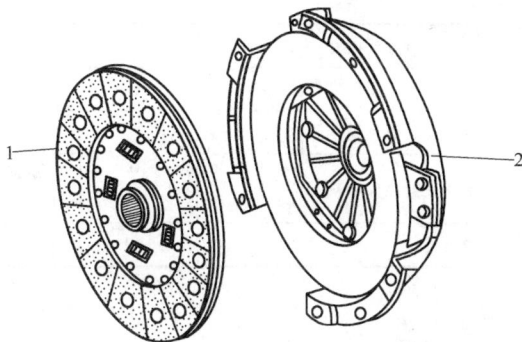

图 4-2 压盘总成和从动盘
1—从动盘；2—压盘总成

（4）将分离叉轴的左端装上回位弹簧，先穿入变速器壳左边的孔中，再将分离叉轴的右端装入右边的衬套孔中，然后装入左边的分离叉轴衬套和分离叉轴衬套座，将衬垫及导向套涂上密封胶装到变速器壳前面，旋紧螺栓，力矩为 15N·m。

（5）在变速器后面旋紧螺栓，力矩为 15N·m，将分离叉轴锁住；检查并确认分离叉轴能灵活转动，但不能左右移动。

（6）用专用工具将分离轴承压入分离轴承座内。

3. 离合器的调整

（1）离合器踏板自由行程的调整，自由行程的标准为 15～25mm，调整方法为用螺母调整，改变拉索长度。

（2）离合器踏板总行程的调整，总行程的标准为（150±5）mm，调整方法为对驱动臂进行调整。

实验考核

➤ **考核要求**

（1）拆装离合器总成，应在规定的时间内完成。

（2）按正确的操作步骤进行拆装。

（3）有关力矩必须按标准拧紧，使之符合技术标准。

➤ **考核时间**

考核时间为 40min。

➤ **考核标准**

考核内容和评分标准见表 4-1。

表 4-1   考核内容和评分标准

考核项目	分值	评分标准	评价结果
正确使用工具	10	工具使用不当扣 10 分	
离合器机械部分的拆卸	20	拆卸顺序错误酌情扣分	
按照拆卸相反顺序装配	20	装配顺序错误酌情扣分	
踏板自由行程的调整	20	调整错误酌情扣分	

续表

考核项目	分值	评分标准	评价结果
按照技术要求紧固螺栓	20	不按要求拧紧力矩，每处扣5分	
整理工具、清理现场	10	没有整理工具、清理现场扣5分	
遵守相关安全操作规范		因违规操作发生人身和设备事故，此项按0分计	
分数合计	100		

实验报告

离合器的拆装（实验报告模板见附录）。

实验 11　手动变速器的拆装

实验目的及要求

（1）掌握变速器的拆装方法、步骤。

（2）熟悉变速器的结构及其装配关系。

（3）熟悉变速器动力传递路线。

实验准备

▶ 实验工具及设备

（1）变速器总成、CA1092型载货汽车变速器。

（2）常用工具，桑塔纳专用工具。

（3）轴承顶拔器、倒挡轴顶拔器压床等。

▶ 实验课时

本实验计划4课时。

实验注意事项

（1）严格遵循拆装顺序，并注意操作安全。

（2）注意各零件、部件的清洗和润滑。

（3）分解变速器时，不能用手锤直接敲击零件，必须采用铜棒或硬木垫进行敲击。

（4）同步器的齿毂在拆装过程中不要硬打，可借助拉器和压床。

（5）各种轴用弹性挡圈的拆装应采用专用夹钳。

（6）在装配五挡主动齿轮时，应先将其加热到80～100℃（两轴式变速器）。

（7）装配后各齿轮的轴向间隙、同步器同步环的间隙应符合技术要求（两轴式变速器）。

（8）输出轴两端锥轴承的预紧度应合适；操纵机构应灵活可靠（两轴式变速器）。

实验内容与方法

↖ 奥迪 100 车用手动变速器变速器总成的拆装

1. 操纵机构的拆卸与装配

（1）外操纵机构的拆卸

图 4-3 所示为外操纵机构分解图，其拆卸顺序如下：

1）在拆变速器前，先把固定螺栓 11、8 拆下，然后把换挡铰链总成及连动杆一起拆下。

2）拆下固定螺栓 5，根据需要拆下换挡后连杆和变速杆总成。

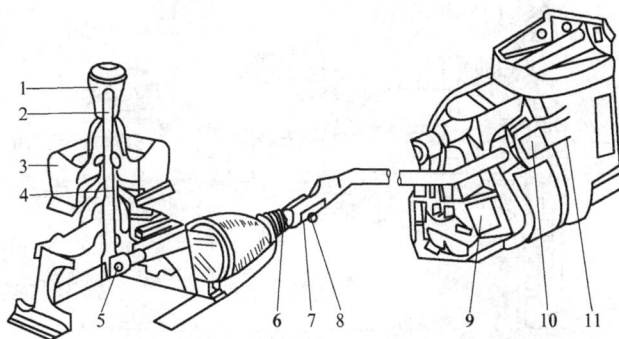

图 4-3 外操纵机构分解图

1—换挡手柄；2—换挡操纵杆；3—防护罩；4—水平弹簧；5—固定螺栓及螺帽；6—换挡后连杆；
7—夹紧垫；8、11—固定螺栓；9—变速器总成；10—换挡铰链总成

（2）内操纵机构的拆卸。图 4-4 所示为内操纵机构分解图，其拆卸顺序如下：

1）拆下换挡横轴左、右固定螺栓，拆下换挡横轴和选挡轴。

2）拆下一、二、五挡和倒挡换挡轴及拨叉总成。拆下三、四挡换挡轴及拨叉总成。

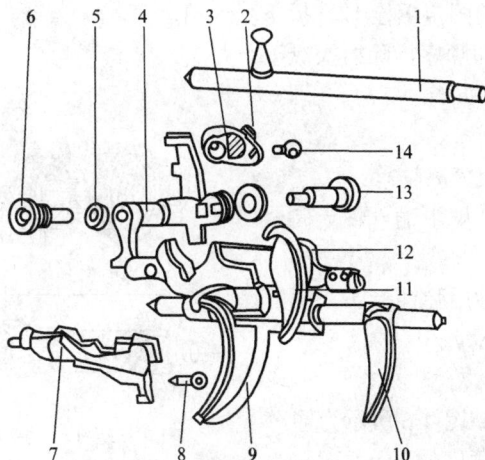

图 4-4 内操纵机构分解图

1—选挡换挡轴；3—倒挡锁止机构总成；2、14—倒挡锁止机构固定螺栓；4—选挡换挡横轴总成；5—垫片；
6、13—换挡横轴左右固定螺栓；7—锁止机构总成；8—固定螺栓；9—一、二挡齿轮换挡拨叉及拨板总成；
10—五挡、倒挡换挡拨叉及轴总成；11—三、四挡齿轮拨叉及叉轴总成；12—叉轴板

113

Note

3）拆下固定螺栓 8,拆下挡位自锁机构。

4）拆下倒挡锁的固定螺栓，拆下倒挡锁。

（3）装配对拆卸后零件进行检查和修复后，按与拆卸相反的顺序分别装配内、外操纵机构。

2. 变速器的拆装

图 4-5 所示为奥迪 100 轿车变速器结构图。

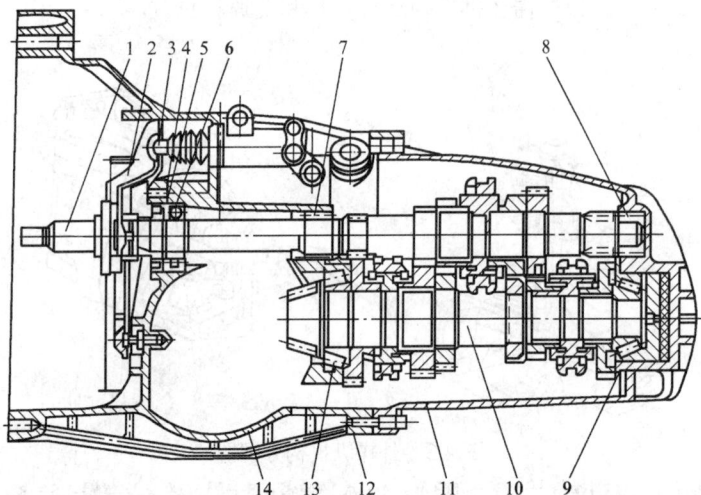

图 4-5　二轴式变速器结构图

1—输入轴总成；2—离合器分离杠杆；3、12—固定螺栓；4—调整垫片；5—轴用弹性挡圈；6—输入轴球轴承；7—输入轴带套滚柱轴承；8—带导油套滚柱轴承；9—输出轴小圆锥轴承；10—输出轴总成；11—后壳体；13—输出轴大圆锥轴承；14—差速器壳

（1）变速器总成的拆卸：

1）拆下变速箱后壳的固定螺栓 12，拆下变速箱后壳。

2）按内操纵机构拆卸顺序拆除内操纵机构的各部件及总成。

3）拆下输出轴总成。

4）拆下分离杠杆 2 及分离轴承。

5）拆下固定螺栓 3，取下输入轴导向套。

6）拆下补偿垫圈及轴用弹性挡圈，用专用拉器拉下输入轴球轴承。

7）拆下输入轴总成。

（2）输入轴总成的拆卸图 4-6 所示为输入轴总成分解图，其拆卸顺序如下：

1）拆下轴用弹性挡圈 2，用压床或拉器拆下五挡主动齿轮。

2）拆下四挡主动齿轮及轴承 4、四挡

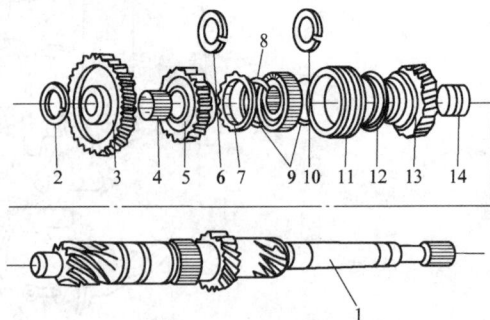

图 4-6　输入轴总成分解图

1—输入轴；2、6、10—轴用弹性挡圈；3—五挡主动齿轮；4、14—滚针轴承；5—四挡主动齿轮；7、12—同步环；8—三、四挡同步器齿轮；9—同步器弹簧；11—啮合套；13—三挡主动齿轮

同步器同步环和同步器弹簧。

3）拆下轴用弹性挡圈 6，拆下同步器啮合套、同步器齿毂、同步器弹簧和同步环。

4）拆下轴用弹性挡圈 10，拆下三挡主动齿轮及轴承 14。

（3）输出轴总成的拆卸图 4-7 所示为输出轴总成分解图，其拆卸顺序如下：

1）用拉器拉下圆锥滚子轴承 30 的内圈。

2）拆下倒挡从动齿轮 28 及滚针轴承 29。

3）拆除轴用弹性挡圈 27，卸下五挡、倒挡同步器总成。

4）拆除轴用弹性挡圈 24，卸下五挡从动齿轮 21 及滚针轴承 20。

5）拆下轴用弹性挡圈 19，用拉器拆下四挡从动齿轮 18。

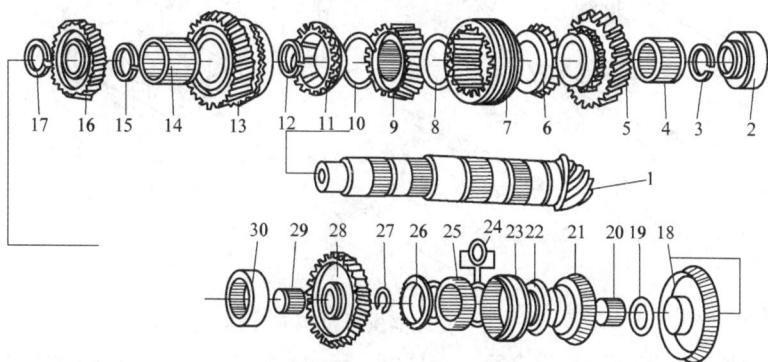

图 4-7 输出轴总成分解图

1—输出轴；2—圈锥滚子轴承；3、12、15、17、19、24、27—轴用弹性挡圈；4、14、20、29 —滚针轴承；
5—一挡从动齿轮；6、11—一、二挡同步器同步环；7—啮合套；8、10—一、二挡同步器弹簧；9 —同步器齿毂；
13—二挡从动齿轮；16 —三挡从动齿轮；18—四挡从动齿轮；21—五挡从动齿轮；22、26 —五挡、倒挡同步器同步环；
23—五挡、倒挡啮合套；25—同步器齿毂；28—倒挡从动齿轮；30—输出轴后圆锥滚子轴承

6）拆下轴用弹性挡圈 17，卸下三挡从动齿轮 16。

7）拆下轴用弹性挡圈 15，卸下二挡从动齿轮 13 和滚针轴承 14。

8）拆下轴用弹性挡圈 12，卸下一、二挡同步器齿毂 9、弹簧 8 和 10、啮合套 7 及同步环 6 和 11。

9）拆下轴用弹性挡圈 3，卸下一挡从动齿轮 5 和滚针轴承 4。

10）用压床将输出轴前轴承拆下。

（4）倒挡惰轮的拆卸：

1）拆下蝶形弹簧和倒挡惰轮压板。

2）拆下倒挡惰轮和后压板、滚针轴承。

3）拆下倒挡惰轮轴固定螺栓。

4）用专用工具拉下倒挡惰轮轴。

（5）装配。倒挡惰轮、输出轴总成、输入轴总成及变速器总成的组装均按与拆卸相反的顺序进行。

CA1092 型汽车变速器的拆装

1.CA1092 型汽车变速器的分解

（1）变速器操纵机构。图 4-8 所示为变速器操纵机构的分解图，其拆卸顺序如下：

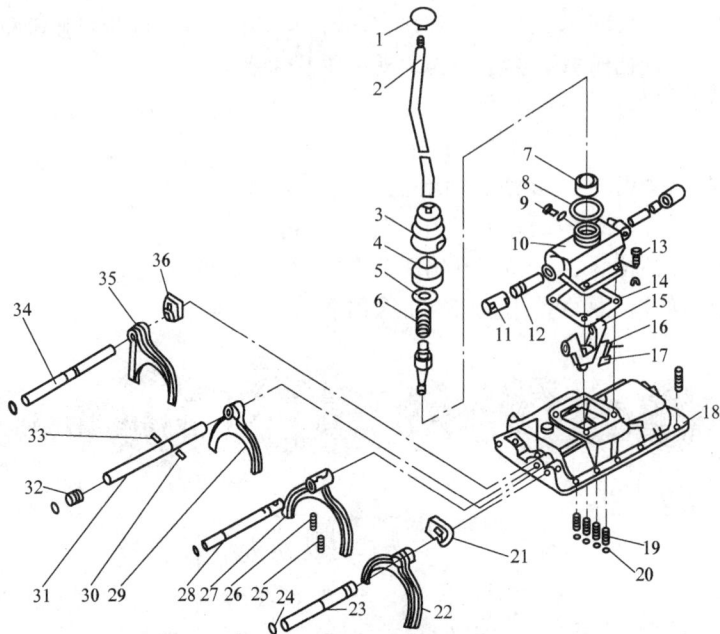

图 4-8　变速器操纵机构的分解

1—变速器操纵杆手柄；2—操纵杆；3—防尘套；4—球形帽；5—弹簧座；6—压紧弹簧；7—球座；8—O 形密封圈；9、13、16—螺栓；10—顶盖；11—端盖；12—换挡轴；14—密封垫；15—叉形拨杆；17—钢丝锁线；18—上盖；19—自锁弹簧；20—自锁钢球；21—五、六挡变速导块；22—五、六挡变速叉；23—五、六挡变速叉轴；24—塞片；25—弹性销；26—波口弹性销；27—三、四挡变速叉；28—三、四挡变速叉轴；29——、二挡变速叉；30—互锁块；31——、二挡变速叉轴；32——、二挡变速导块；33—互锁销；34—倒挡变速叉轴；35—倒挡变速叉；36—倒挡变速导块

1）拆下变速器盖总成，如图 4-9 所示。

2）将变速器盖总成固定在台虎钳上。

3）拆下变速导块和变速叉的固定销。拆卸时，使变速叉和导块朝上，用 5mm 的圆柱销将所有的弹性销推出。

4）将变速叉轴置于空挡位置，并用棉纱塞住装自锁钢球的小孔，以免拆卸时钢球弹出。

5）用铜棒在变速叉轴的端头用力推，使叉轴与塞片一并顶出，取出叉轴和变速器。

6）取出自锁钢球和自锁弹簧。

7）在拆出一、二挡和三、四挡变速叉轴的同时，取下互锁销。

8）在所有的变速叉轴拆下后，取出互锁块。

9）旋下变速器操纵杆手柄，拆下防尘套和变速器操纵杆的固定螺栓，拔下变速器操纵杆。

10）从变速器操纵杆上退下球形帽、弹簧座、弹簧等零件，卸下 O 形密封圈和球座。

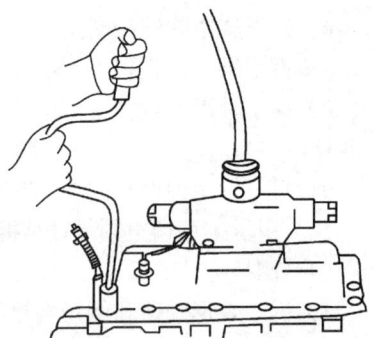

图 4-9　拆下变速器总成

11）用尖嘴钳剪断叉形拨杆上的两个固定螺栓的锁线，拧下固定螺栓，拆下两个端盖，取出两支换挡轴。

12）拆下倒挡开关总成和通气塞。

（2）变速器传动机构。图 4-10 为变速器传动机构的分解图，拆卸顺序如下：

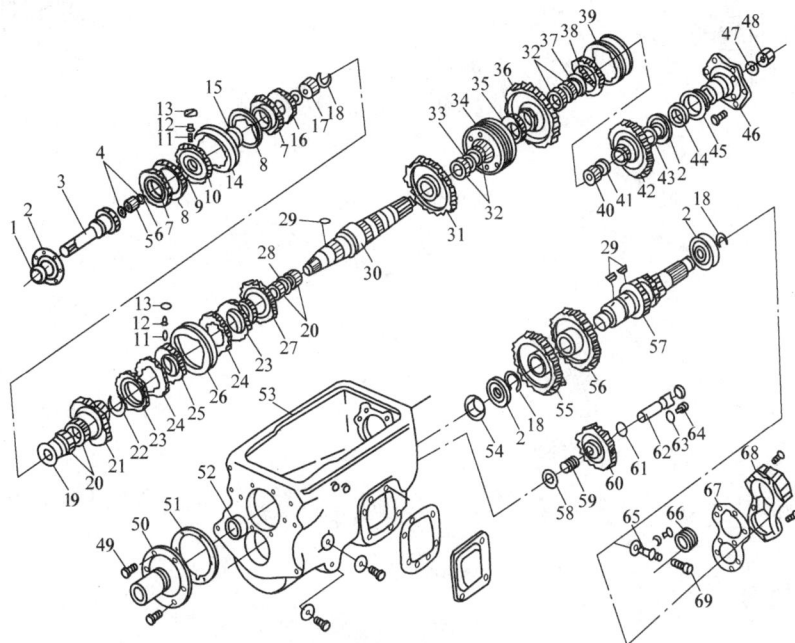

图 4-10 变速器传动机构的分解

1—第一轴后轴承内卡簧；2—滚柱轴承及卡簧；3—第一轴；4—隔环；5—滚子；6—固定滚子卡簧；7—五、六挡同步器锥盘；8—五、六挡同步环；9、15、18、22—卡簧；10—五、六挡同步器毂；11—同步器弹簧；12—定位块；13—推块；14—五、六挡滑动齿套；16—五挡齿轮；17—五挡齿轮滚针轴承；19—四挡齿轮衬套；20、32、40、59—滚针轴承；21—四挡齿轮；23—三、四挡同步器锥盘；24—三、四挡同步环；25—三、四挡同步器毂；26—三、四挡滑动齿套；27—三挡齿轮；28—液针轴承隔套；29—止转销；30—第二轴；31—二挡齿轮；33—隔套；34—二挡同步器总成；35—二挡固定齿座；36—一挡齿轮；37—一挡齿轮衬套；38—倒挡固定齿座；39—倒挡滑动齿套；41—倒挡齿轮衬套；42—倒挡齿轮；43—倒挡齿轮止推垫；44—后盖油封总成；45—挡尘罩总成；46—第二轴凸缘；47—O 形密封圈；48—锁紧螺母；49—第一轴轴承盖螺栓；50—第一轴轴承盖；51、67—密封垫；52—第一轴油封总成；53—外壳；54—中间轴前油封盖；55—减速齿轮；56—中间轴五挡齿轮；57—中间轴；58、61—止推垫圈；60—倒挡轴倒挡齿轮；62—倒挡轴；63—倒挡轴锁片；64—螺栓；65—偏心套；67—速度表主动齿轮；68—后盖；69—速度表从动齿轮

1）拆下后盖固定螺栓，取下后盖及偏心套，如图 4-11 所示。

2）拆下偏心套固定螺栓，抽出速度表从动齿轮偏心套，同时将速度表从动齿轮从偏心套中抽出，再从第二轴上取下速度表主动齿轮，如图 4-12 所示。

3）拆下第一轴轴承盖固定螺栓，取下轴承盖。注意勿损坏轴承盖内的油封。

4）拉出第一轴总成，如图 4-13 所示。

5）用卡簧钳拆下轴承的内外卡簧，如图 4-14 所示，压出轴承。拆下第一轴孔中的卡簧，取出滚子及垫圈，如图 4-15 所示。

6）用铜棒轻敲第二轴前端，使其稍向后移，拆下第二轴后轴承外卡簧，再用顶拔器拉出第二轴后轴承。

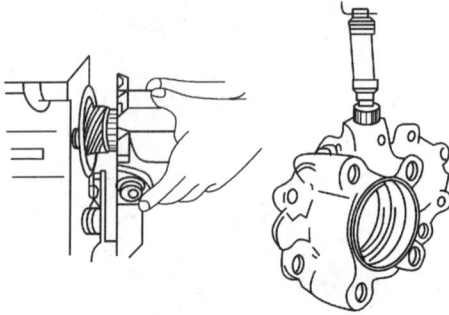
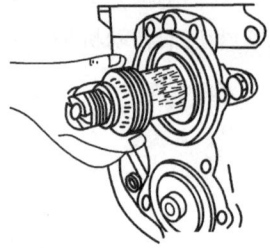

图 4-11　拆下变速器后盖及偏心套　　　　　　图 4-12　拆下速度表主动齿轮

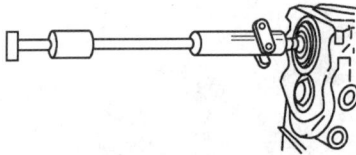
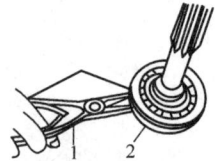

图 4-13　用顶拔器拆下第一轴总成

图 4-14　拆下轴承的内外卡簧
1—卡簧钳；2—卡簧

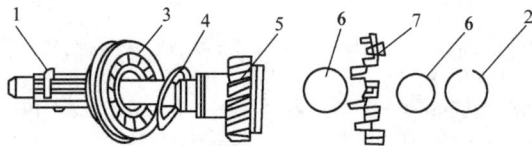

(a)　　　　　　　　　　　　　　　　(b)

图 4-15　分解第一轴
（a）拆下第一轴总成滚子卡赞；（b）分解后的第一轴总成
1、2—卡赞；3—轴承；4—轴承端环；5—第一轴；6—垫圈；7—滚子

7）将第二轴前端撬起，取出五、六挡同步器各零件，如图 4-16 所示，再取出第二轴总成。

8）从第二轴后端拆下倒挡齿轮止推片，如图 4-17 所示。取下倒挡齿轮和滚针轴承，再拆下倒挡滑动齿套，如图 4-18 所示。

9）从第二轴前端拆下五、六挡同步器毂卡簧，如图 4-19 所示。再拆下五、六挡同步器毂及滑动齿套。

10）拆下五挡齿轮和滚针轴承，如图 4-20 所示。

11）拆下四挡齿轮衬套卡簧及衬套，如图 4-21 所示，取下四挡齿轮及滚针轴承，并用尖嘴钳取下衬套的定位销。

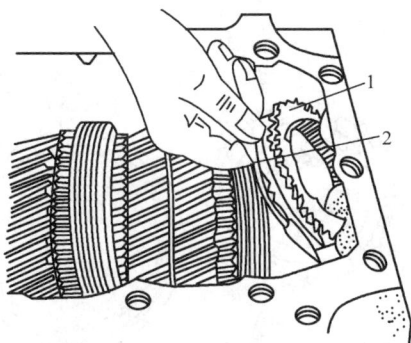

图 4-16 拆下第五、六挡同步器

1—同步器锥盘；2—同步环

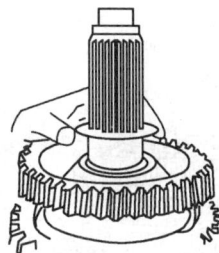

图 4-17 拆下倒挡齿轮止推片

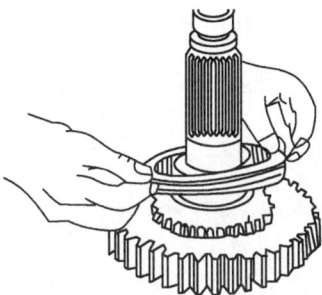

图 4-18 拆下倒滑动齿轮

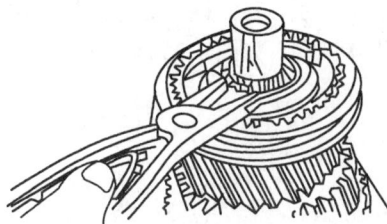

图 4-19 拆下五、六挡同步器毂卡簧

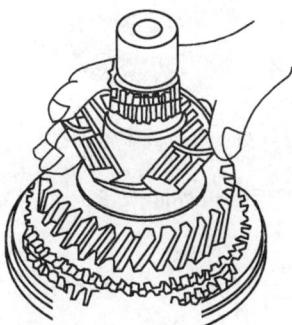

图 4-20 拆下五挡齿轮滚针轴承

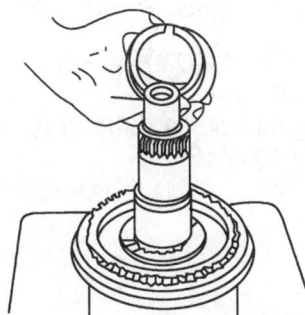

图 4-21 拆下四挡齿轮衬套

12）拆下三、四挡同步器毂及滑动齿套。

13）拆下三挡齿轮、滚针轴承和轴承隔套。

14）将第二轴后端朝上，依次拆下倒挡齿轮衬套、倒挡固定齿座，如图 4-22 所示、一挡齿轮、滚针轴承和一挡齿轮衬套，然后卸下二挡同步器总成。

15）拆下一、二挡固定齿座，再拆下二挡齿轮、滚针轴承及轴承隔套。

16）分解同步器，如图 4-23 所示。压下同步器滑动齿套，将同步器推块和定位块从同步器毂的槽内抽出，如图 4-24 所示。注意勿让同步器弹簧弹出，最后将同步器弹簧从孔中取出。

Note

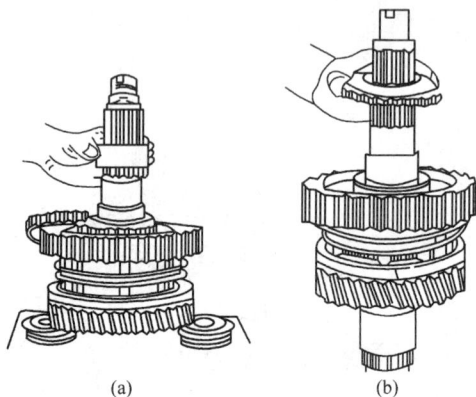

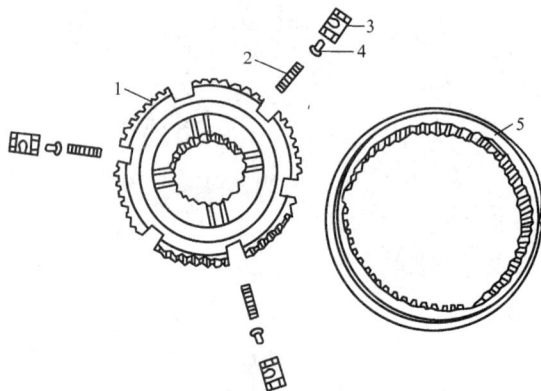

图 4-22　拆下第二轴总成   图 4-23　分解同步器

（a）拆下倒挡齿轮衬套；（b）拆下倒挡固定齿座   1—同步器毂；2—弹簧；3—推块；4—定位块；5—滑动齿套

17）分别在三、四、五挡齿轮上做好装配标记，再取下同步器锥盘卡簧，最后从齿轮上取下同步器锥盘，如图 4-25 所示。

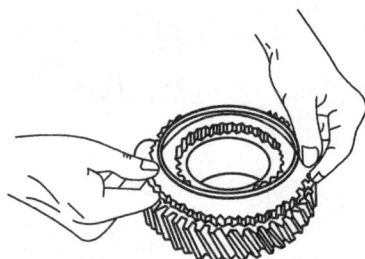

图 4-24　拆下锁环式同步器   图 4-25　拆下同步器锥盘

18）拆下中间轴后轴承内圈卡簧，如图 4-26 所示；再拆下后轴承外圈卡簧，如图 4-27 所示。

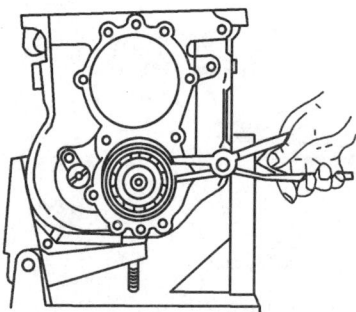

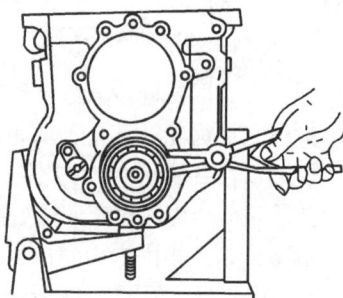

图 4-26　拆下中间轴后轴承内圈卡簧   图 4-27　拆下中间轴后轴承外圈卡簧

19）用铜棒将中间轴向后击出一点距离，再用顶拔器将中间轴后轴承拆下，如图 4-28 所示。

20）从变速器壳内将中间轴总成取出。

21）用顶拔器将中间轴前轴承拆下，再拆下中间轴的卡簧，然后用压床压下中间轴的减速齿轮和五挡齿轮。

22）拆下倒挡轴锁片螺栓，取出锁片，如图 4-29 所示。

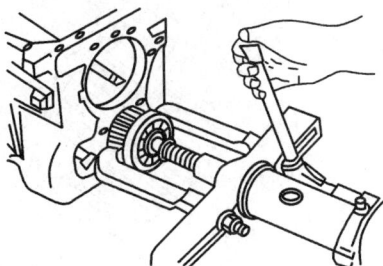 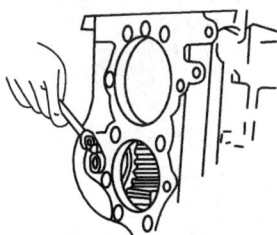

图 4-28　用顶拔器拆卸中间轴后轴承　　　　图 4-29　拆下倒挡轴锁片螺栓

23）用顶拔器从壳体中拔出倒挡轴，取出倒挡轴倒挡齿轮和两片止推垫圈。

2. CA1092 型汽车变速器的装复

（1）变速器传动机构的装复

1）把同步器弹簧装于同步器毂的孔内，如图 4-30（a）所示。

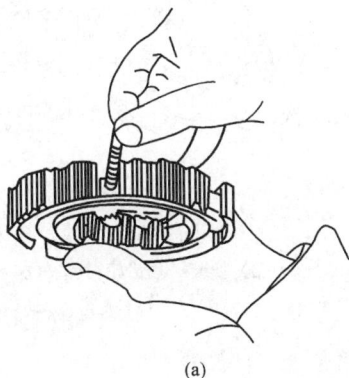 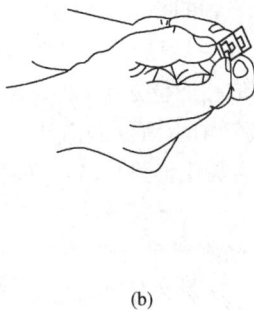

（a）　　　　　　　　　　　　　　　　（b）

图 4-30　装复同步器弹簧和定位块

（a）装同步器弹簧；（b）装定位块于推块孔中

2）将定位块装入推块的孔中，如图 4-30（b）所示，再用螺钉旋具将同步器弹簧压下，从一端把带有定位块的推块插入同步器毂的槽中，如图 4-31 所示，对准同步器毂后，套上滑动齿轮。

3）按标记将同步器锥盘套装在相应的齿轮上，再将固定同步器锥盘的卡簧置于卡簧槽内。

4）将第二轴后端朝上垂直放置，依次装上二挡齿轮的滚针轴承及隔套，再装上二挡齿轮。注意装滚针轴承时应涂以少量的润滑油。

5）装上一、二挡固定齿座。注意齿座端面上有"1ST"标记的一端应朝向后面，如图4-32所示。

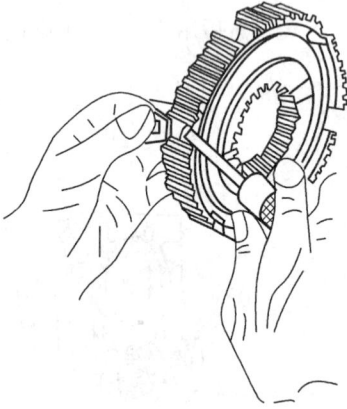

图 4-31　装复推块

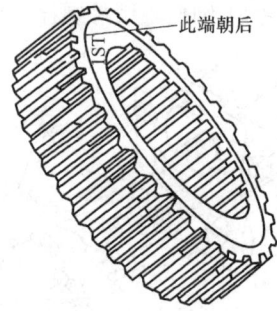

图 4-32　固定齿座的装配标记

此端朝后

6）装上二挡同步器总成，使带有同步环的一端朝向二挡齿轮。

7）将一挡齿轮衬套加热至 80～100℃ 后，立即套装在第二轴相应轴颈上，装上两个滚针轴承，涂以润滑油后装上一挡齿轮，如图 4-33 所示。

8）装倒挡固定齿座时，应使齿座凹面朝下，再将其套装在第二轴的相应花键上。

9）将倒挡齿轮衬套加热至 80～100℃ 后，立即装入第二轴的相应位置上，再装上倒挡滑动齿套，然后将滚针轴承涂以润滑油装上倒挡齿轮。注意装倒挡齿轮止推垫片时，应使垫片有大倒角的一侧朝后。

10）使第二轴前端朝上。

1

2

(a)　　　　　　　　(b)

图 4-33　装复一挡齿轮
（a）换装一挡齿轮衬套；（b）装一挡齿轮
1—衬套；2—一挡齿轮

11）依次装上三挡齿轮的隔套及滚针轴承，再装上三挡齿轮，然后把三挡同步环装于同步器锥盘上，使其与锥面吻合。

12）装上三、四挡同步器总成，再把四挡齿轮衬套定位销装到第二轴的孔中。

13）装上四挡同步环，将两个滚针轴承及四挡齿轮衬套装入四挡齿轮后，一并装入第二轴。同时将四挡齿轮衬套内孔的缺口对准定位销装入，将卡簧装入卡簧槽中，使之与衬套之间的间隙最小。标准间隙为零，否则应调整卡簧的厚度。

14）装上五挡齿轮的滚针轴承，再装入五挡齿轮及同步环。

15）装上五、六挡同步器总成，选择适当厚度的卡簧装入卡簧槽中。

16）用压具将第一轴轴承压入第一轴相应部位。注意轴承内卡簧一定要放在靠齿轮一端，内卡簧圆角大的一侧应靠向齿轮，压入轴承时必须压在轴承的内圈。

17）装上轴承内卡簧，选择卡簧使卡簧与轴承内圈的间隙为零。

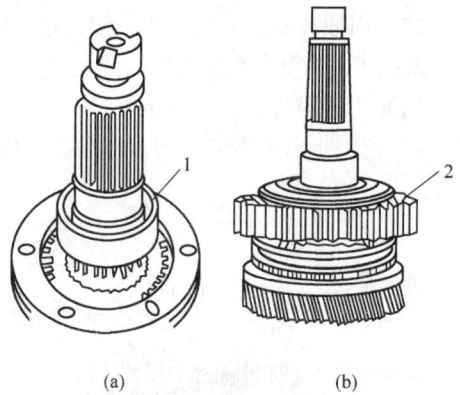

18）装入第二轴滚子轴承前，先将隔环装入第一轴的孔内，再装入 15 个滚子，然后装入另一个隔环，再用一卡簧将滚子撑住，并在滚子上涂以少量的润滑油，以便使滚子转动灵活。

19）选择适当厚度的键，分别装在中间轴的键槽中，再压入五挡齿轮和减速齿轮，并使之到位，然后选择适当厚度的卡簧装在减速齿轮前端的卡簧槽中，使其轴向间隙为零。

20）将中间轴前轴承内圈压到中间轴轴肩上。

21）将速度表从动齿轮油封装入偏心套内，不得装反，如图 4-34 所示，再将 O 形密封圈装在偏心套上。在 O 形密封圈和油封刃口上涂少量润滑油，装入速度表的从动齿轮。

22）将偏心套装入变速器后盖内，使偏心套上三个孔中的中间孔与后盖上的螺孔对准，以 8～11N·m 的力矩将螺栓拧紧。

23）用专用工具将油封压入后盖中，如图 4-35 所示，装配时应在刃口上涂以少量的润滑油，以防损坏油封的刃口。

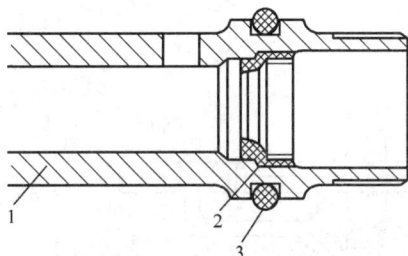

图 4-34　速度表从动齿轮油封的装配方向

1—偏心套；2—油封；3—O 形密封圈

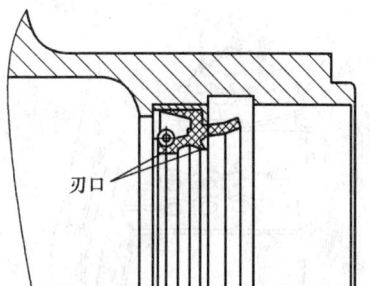

图 4-35　装复油封

24）将滚针轴承装入倒挡齿轮的孔中，两个止推垫片分别放在齿轮的两端，并涂以少量的润滑油。使倒挡齿轮轮毂凸出的一侧朝前，放在变速器外壳中。

25）将 O 形密封圈装入倒挡轴的槽中，用铜棒将倒挡轴从壳体外端打入。注意倒挡轴齿轮、滚针轴承及止推垫片必须与倒挡轴对准后再打至到位。

26）装上倒挡轴锁片，以 19～26N·m 的力矩拧紧锁片固定螺栓。

27）将中间轴总成放入变速器壳体中，装上前轴承外圈。装中间轴后轴承时，先装上轴承外圈的卡簧，再将后轴承套在轴上。注意圆角大的一面应朝前。对准壳体的轴承孔，用铜棒轻轻将轴承打入（图 4-36），再选择适当的卡簧装于轴承内圈的卡簧槽中。标准间隙为零。

28）装中间轴前油封盖时，要垂直压入，不可用锤子敲击。装好后从正反两个方向转动中间轴，应轻重均匀且无异响。

29）将第二轴总成装入变速器壳内，并使后端插入轴承孔中，再将六挡同步器锥盘及同步环套在第二轴总成的前端，然后使第二轴上的齿轮分别与中间轴上的齿轮啮合。

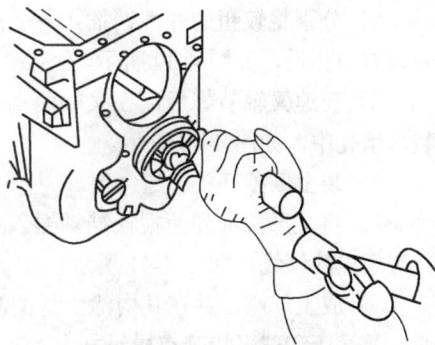

图 4-36　装复中间轴后轴承

30）装上第二轴的后轴承，并在轴承外圈上装上卡簧，然后将轴承压入变速器壳的轴承孔内。装配时要均匀地压下轴承的内圈。

31）将变速器第一轴总成压入变速器壳的轴承孔中，在未压到位前，依次将六挡同步器锥盘及同步环套在第一轴花键上，再将第一轴轴承压至轴承的外卡簧靠在壳体前端面上。

32）装上第一轴轴承盖密封垫（注意不要盖住壳体上的油孔），再将第一轴轴承盖总成上的油封涂上润滑脂，边旋转轴承盖边往里推进，然后以 38～50N·m 的力矩拧紧固定螺栓。

33）将速度表主动齿轮装于第二轴的后端，装上后盖密封圈，再装上后盖，然后以 38～50 N·m 的力矩拧紧后盖螺栓。

（2）变速器操纵机构的装复

1）将倒挡自锁弹簧和自锁钢球装入自锁孔中，如图 4-37 所示。用变速叉轴的导规插入叉轴孔中压下自锁钢球，如图 4-38 所示，再将倒挡变速叉轴插入并用力推进一定距离，然后在变速叉轴上套入倒挡导块总成和倒挡叉，并将变速叉轴置于空挡位置。

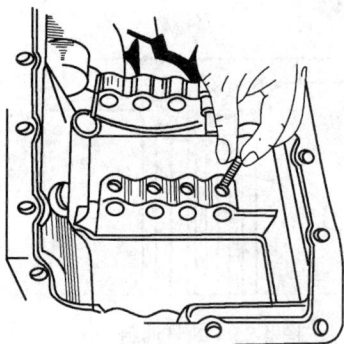

图 4-37　装复自锁弹簧

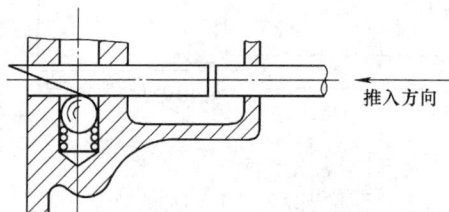

图 4-38　用导规装复变速叉轴

2）将互锁块装入互锁孔中，装入一、二挡自锁弹簧和钢球，并在一、二挡变速叉轴的小孔内装入互锁销，然后插入变速叉轴，套上一、二挡导块及一、二挡变速叉，将变速叉轴置于空挡位置。

3）将互锁块装入互锁孔中，装入三、四挡的自锁弹簧和自锁钢球，并将互锁销插入三、四挡变速叉轴的互锁孔中，再将三、四挡变速叉轴装上，将其置于空挡位置。

4）装进互锁块及五、六挡的自锁弹簧和自锁钢球，用同样的方法分别装上五、六挡变速叉轴、导块和变速叉，将其置于空挡位置。

5）分别将较粗的弹性销插入各变速叉的定位孔中，再插入较细的弹性销，并使两个销的开口方向相反，如图 4-39 所示。

6）变速叉轴装好后，在叉轴两端的承孔中分别涂以少量的密封胶，再用专用工具将塞片装入承孔中，如图 4-40 所示。

7）装上倒挡开关和通气塞。

8）将叉形拨杆和两根换挡轴插入顶盖的承孔中，并拧紧叉形拨杆的两个固定螺栓，然后装好螺栓的锁线，如图 4-41 所示。

9）放上球座，并在其内涂少量的润滑脂，将 O 形密封圈套装在顶盖相应的槽中，再将弹簧、弹簧座和球形帽套在操纵杆上，压下球形帽，拧上固定操纵杆的螺栓，装上防尘罩，旋上换挡轴两端的端盖。

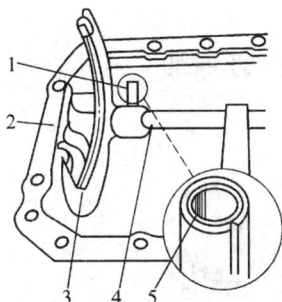

图 4-39　变速叉轴固定锁销的装配

1—锁销的安装位置；2—变速器盖；3—变速叉；4—外弹簧销；5—内弹簧销

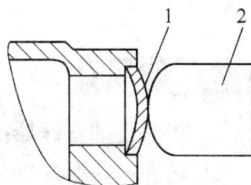

图 4-40　装复塞片

1—塞片；2—专用工具

10）在变速器壳上装上两个定位环。

11）将变速器操纵机构与变速器第二轴上的相应齿轮及同步器均置于空挡位置，并使变速叉与相应挡位同步器的滑动齿套的槽对准，装上变速器盖总成及密封垫，以 38～50N·m 的力矩交叉、均匀地拧紧所有的固定螺栓。

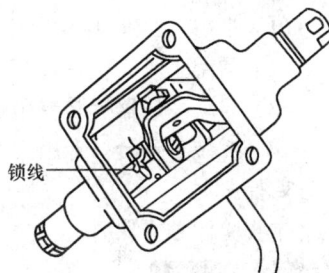

图 4-41　用锁线锁止

实验考核

↖ 考核要求

（1）拆装变速器总成，应在规定的时间内完成。

（2）按正确的操作步骤进行拆装。

（3）有关力矩必须按标准拧紧，使之符合技术要求。

↖ 考核时间

考核时间为 50min。

↖ 考核标准

考核内容和评分标准见表 4-2。

表 4-2　　　　　　　　　　　考核内容和评分标准

考核项目	分值	评分标准	评价结果
正确使用工具	10	使用不当扣 10 分	
变速器的拆卸和组装	20	拆装方法不正确扣 10 分	
		不符合技术要求扣 10 分	
输入轴的拆卸和组装	20	拆装方法不正确扣 10 分	
		不符合技术要求扣 10 分	
输出轴的拆卸和组装	40	拆装方法不正确扣 10 分	
		不符合技术要求扣 10 分	
		同步器不符合要求扣 20 分	
整理工具、清理现场	10	没有整理工具、清理现场扣 5 分	
遵守相关安全操作规范		因违规操作发生人身和设备事故，此项按 0 分计	
分数合计	100		

实验报告

CA1092 型汽车变速器的拆装（实验报告模板见附录）。

125

实验 12   自动变速器的拆装

实验目的及要求

（1）掌握自动变速器拆装的基本步骤和基本方法。

（2）熟悉自动变速器的组成，主要零部件的构造、工作原理。

（3）掌握一些常用和专用工具的使用方法。

实验准备

↖ 实验工具及设备

（1）丰田 A340E 自动变速器。

（2）常用工具、量具及空气压缩机、清洗液等。

（3）自动变速器拆装专用工量具（SST）。

（4）拆装工作台（专用）。

↖ 实验课时

本实验计划 4 课时。

实验注意事项

（1）装有安全气囊的车辆，为防止气囊意外打开，在断开蓄电池负极电缆后至少需等待 30s。

（2）拆卸之前，应对自动变速器外部进行彻底清洗，拆卸应在干净的工作区内进行。

（3）要清洗所有拆散的零件及其油道和气孔。当用压缩空气吹干净零件时，要防止传动液或煤油喷到脸上，以免受到意外伤害。

（4）阀体内装有许多精密的零件，在对它们进行拆卸和检修时，需要特别小心，防止弹簧、节流球阀和小零件丢失或散落。

（5）制动器和离合器的新片必须在自动变速器油中至少浸 15min，然后才能进行装配。

（6）密封衬垫、密封圈和密封环一经拆卸都应更换。

（7）在装配之前，给所有零件涂一层自动变速器油(ATF)，密封环和密封圈上可涂凡士林，切记不要使用任何一种黄油。卡环的端隙不能对着零件的切口，并且必须安装妥贴。

实验内容与方法

↖ 实验内容与方法

拆卸自动变速器必须按正确步骤进行，以避免损坏自动变速器。在拆卸之前，应关闭汽车的点火开关，拆下蓄电池负极电缆，放掉自动变速器油，然后按下列步骤进行（以 A340E 自动变速器为例）：

1. 拆卸自动变速器

（1）拆下加油管，断开节气门拉索、氧传感器，拆下两个排气尾管、前部及中间排气管、隔热板、中央地板横梁支承。

（2）从换挡杆上断开变速控制拉杆，松开螺栓并拆下传动轴，断开两个车速传感器的线束接头、超速挡直接离合器转速传感器线束接头、电磁阀线束接头，以及空挡起动开关线束接头，松开所有线束固定螺栓。

（3）断开起动电机线束接头，断开并拆下油冷却器管，拆下液力变矩器检查面板，拆下液力变矩器至飞轮的连接螺栓。用合适的变速器千斤顶支承起变速器。

（4）用两个高的千斤顶台架支承起发动机前部和后部。拆下变速器后部支架，松开螺栓并向前移出起动电动机。拆下变速器至发动机的固定螺栓，向后移动变速器并将其降下。

2. 安装自动变速器

安装步骤与拆卸步骤相反。在安装前，测量液力变矩器的装配深度（规范值是 17.1mm）。如果距离小于规范值，应重新定位液力变矩器直到完全定位为止。

3. 自动变速器总成的分解

自动变速器总成分解如图 4-42 所示，其拆卸顺序如下：

（1）如图 4-42（a）所示，拆下线束、节气门拉索、变速器控制轴拉杆、空挡起动开关、冷却器管接头、车速表传动从动齿轮、车速传感器。

（2）从自动变速器前方拆下液力变矩器，松开紧固螺栓，拆下液力变矩器壳。

（3）拆下外伸壳体，从外伸壳体上拆下供油管和衬垫。从输出轴上拆下车速表主动齿轮卡环、主动齿轮和定位钢球。拆下传感器转子和键。

（4）拆油底壳。为防止阀体被弄脏，不要把变速器翻过来。在变速器壳和油底壳之间插入油底壳密封割刀，割开密封材料，拆下油底壳。

（5）拆下自动变速器油滤清器、油管和电磁阀导线。

（6）从凸轮上断开节气门拉索，拆下阀体，拆下单向阀体和弹簧，拆下储能器活塞弹簧。在变速器壳的相应通道中加上气压以便能拆下储能器活塞。

（7）拆节气门拉索。拆下剩余螺栓并拉出节气门拉索，取下拉索上的 O 形环。

（8）竖立起变速器，拆除螺栓，用专用拉器从变速器壳体上拉出油泵。

（9）如图 4-42（c）所示，随 O/D 直接离合器从壳体上拆下超速挡行星齿轮装置，取下超速挡行星齿圈。

（10）拆下卡环，拆下 O/D 制动离合器组件压盘、摩擦盘、钢片。

（11）拆下第二滑行制动器盖卡环，向油孔中压入压缩空气，拆下第二滑行制动盖、活塞和弹簧，从超速挡支承总成上拆下止推轴承和座圈，拆下超速挡支承卡环，松开壳体上的固定螺栓。用专用卡环钳取下卡环，用专用工具拆下超速挡支承总成，拆下轴承和座圈。从壳体随前进挡离合器取下直接挡离合器。从离合器总成上取下轴承和座圈。

（12）从第二滑行制动带销上取下 E 形圈并取下销，拆下 2 挡滑行制动带。从前行星齿圈上取下座圈，取下前行星齿圈。从内齿圈上取下推力轴承和座圈。从前行星齿轮上取下座圈。把变速器端面朝下并把输出轴支承在木块上，用专用卡环钳取下位于前行星齿轮上部的卡环，取下前行星齿轮。

（13）拆下带有 1 号单向离合器的行星太阳轮。取下法兰卡环，取下法兰、从动盘和主动盘。

（14）拆停车锁止杆和锁止棘轮。拆下停车锁止棘轮支架。从手动阀门操作杆上断开停车锁止杆，拆下弹簧、停车锁止棘轮和轴，拆下轴上的 E 形环。

（15）拆下第二制动器活塞套、后行星齿轮装置卡环。拆下后行星齿轮、2 挡制动鼓、1 挡和倒挡制动器组件及输出轴总成。从壳体上取下推力轴承和座圈，拆下 2 挡制动鼓总成。

（16）拆下 1 挡和倒挡制动缓冲板、法兰、从动盘和主动盘。从壳体上取下弹簧片、制动鼓垫片。

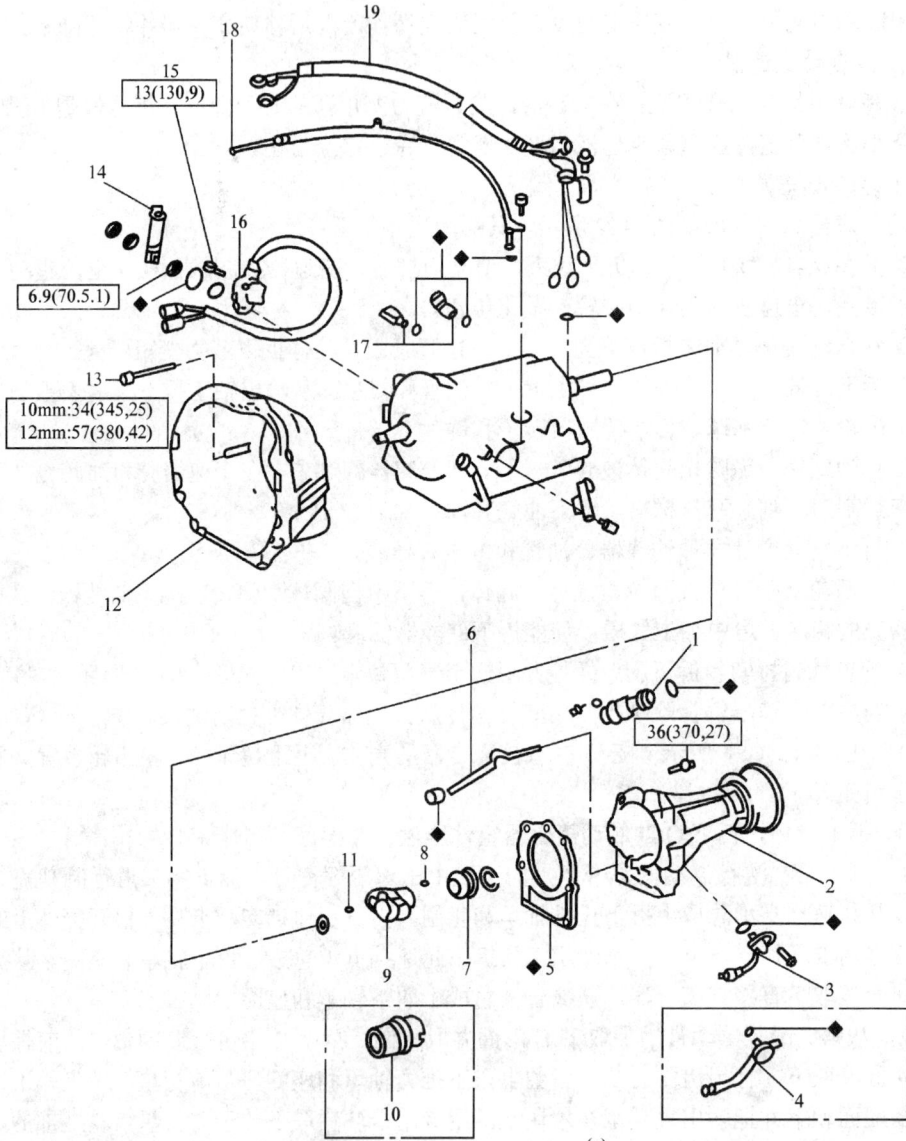

(a)

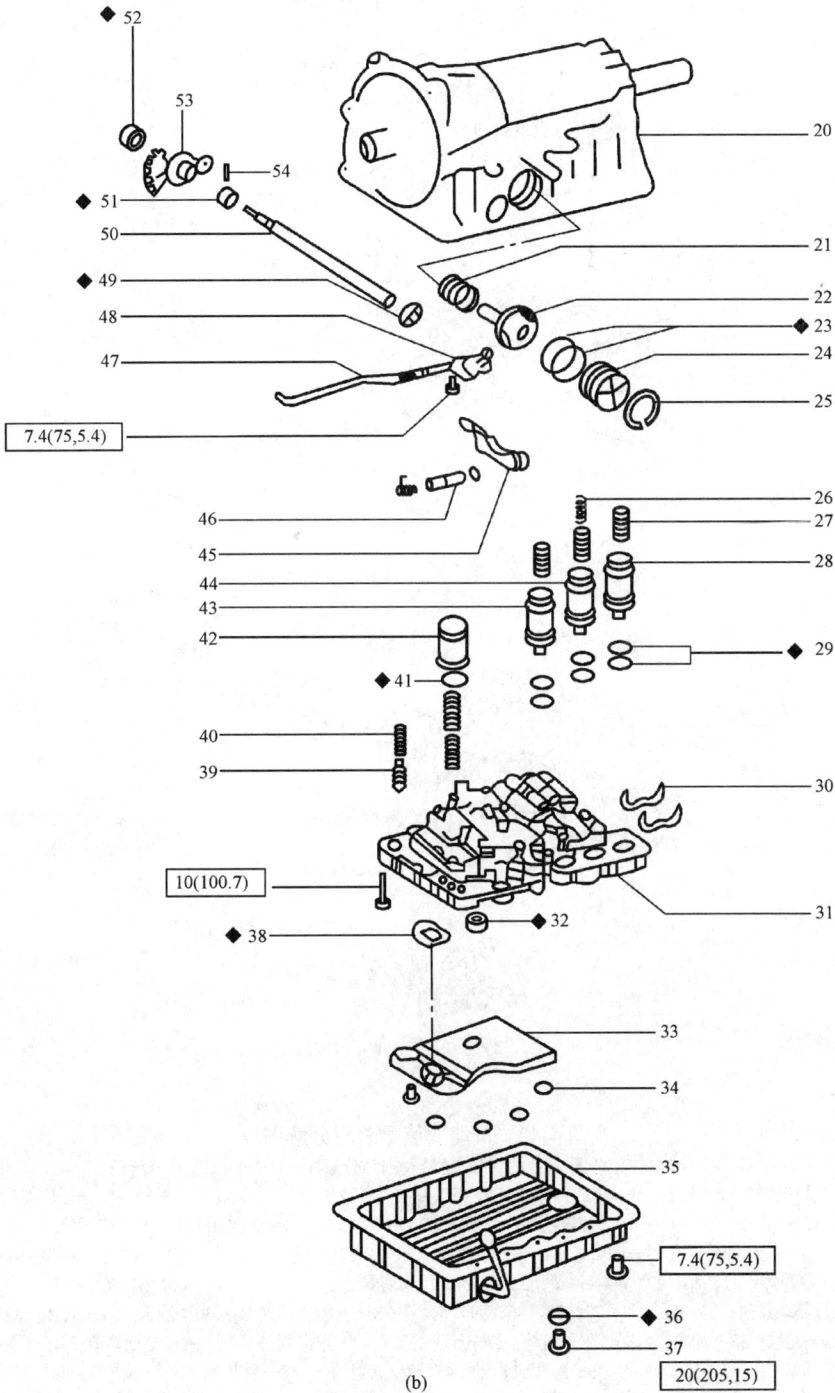

Note

52

53

54

51

50

49

48

47

7.4(75,5.4)

46

45

44

43

42

41

40

39

38

10(100.7)

32

33

34

35

7.4(75,5.4)

36

37

20(205,15)

20

21

22

23

24

25

26

27

28

29

30

31

(b)

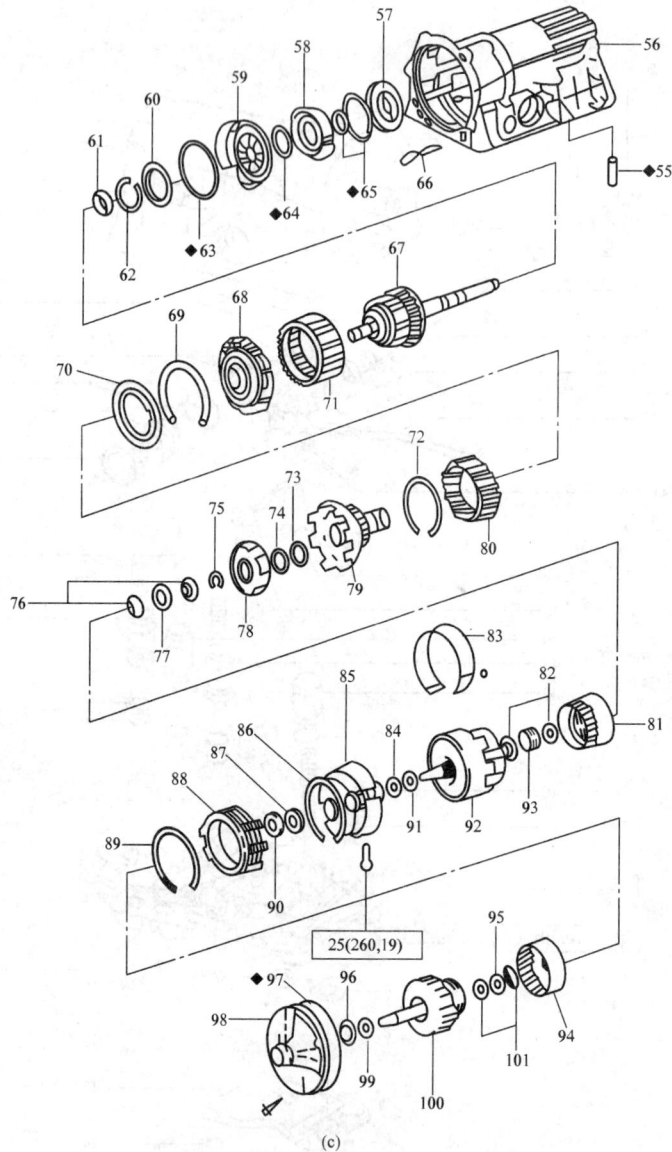

图 4-42　自动变速器总成分解图

（a）外部零件分解图；（b）2挡制动器及阀体分解图；（c）内部零件分解图

1—车速表传动从动齿轮；2—后壳；3—车速传感器（无ABS）；4—车速传感器（带ABS）；5—衬垫；6—后壳衬套供油管；
7—车速表传动蜗杆；8—钢球；9—传感器转子(无ABS)；10—传感器转子（带ABS）；11—键；12—变速器变矩器壳；
13—螺栓；14—控制轴转臂；15—调整螺钉；16—空挡起动开关；17—管接头；18—节气门拉索；19—电磁阀线束；
20、56—变速器箱体；21、26、27、40—弹簧；22—2挡滑行制动器活塞；23、29、41、63、64、65、97—O形密封圈；
24—2挡滑行制动器盖；25、62、69、72、75、86、89—卡环；28—蓄能器活塞B₂；30—油管；31—阀体；32—垫圈；
33—滤油器；34—磁铁；35—油底壳；36、38—衬垫；37—放油螺塞；39—单向阀体；42—蓄能器活塞C₀；43—蓄能器活塞B₀；
44—蓄能器活塞C₂；45—驻车锁爪；46—驻车锁爪轴；47—驻车锁止杆；48—驻车制动锁爪支架；49、52—油封；
50—手控阀摇臂轴；51—衬套；53—手控阀摇臂；54—销；55—制动鼓衬垫；57—1号1挡、倒挡制动活塞；58—反作用套；
59—2号1挡、倒挡制动活塞；60—活塞回位弹簧；61、73、77、87、91、93、95、99—轴承；66—片簧；67—后行星排、
2号单向离合器和输出轴；68—2挡制动鼓；70—活塞套；71—1挡、倒挡制动器组件；74、76、82、84、90、96、101—座圈；
78—前行星齿轮；79—太阳轮和1号单向离合器；80—2挡制动器组件；81—前行星排齿轮；83—2挡滑行制动带；
85—O/D托架；88—O/D制动器组件；92—直接挡和前进挡离合器；94—O/D行星排齿圈；98—油泵；
100—O/D行星排行星齿轮、直接离合器和单向离合器

（17）从壳体上拆卸 1 挡和倒挡制动器活塞，把压紧元件放在弹簧座圈上，压缩回位弹簧。用卡环钳取下卡环，拆下活塞回位弹簧。通入压缩空气，拆下 1 挡和倒挡制动器 2 号活塞。

（18）在止推套筒后面插入套筒拆卸工具，从壳体上取下止推套筒。在 1 号制动器活塞后插入活塞拆卸工具，从壳体上拉出手动阀操作杆并拆下操作杆，拆下油封。

4. 部件的解体和装复

（1）油泵的拆装：

1）油泵的分解：

a）把油泵体放在液力变矩器上，拆下两个封油环，从泵总成后部拆下螺栓，然后从泵体上拆下导轮轴，从变矩器上拆下油泵体。

b）在主动和从动齿轮上作上标记，作为装复的参考，并从泵体中将其拆下来，用旋具从壳体上撬下密封环。

2）油泵的装复：

a）装好油泵体上的 O 形密封圈，将油泵体放在变矩器上。在所有的部件上涂上 ATF，安装从动齿轮和主动齿轮，将导轮轴装到油泵上，拧紧螺栓力矩到规定值（10N·m）。

b）在两个封油环上涂上 ATF，将封油环交叉，然后将它们安装到导轮轴上。在装好封油环后，检查它们转动是否平滑。注意不要使环端伸出太多。

（2）O/D 行星排、O/D 直接离合器和 O/D 单向离合器的分解图 4-43 和 O/D 行星排、O/D 直接离合器和 O/D 单向离合器的分解图，其分解装复顺序如下：

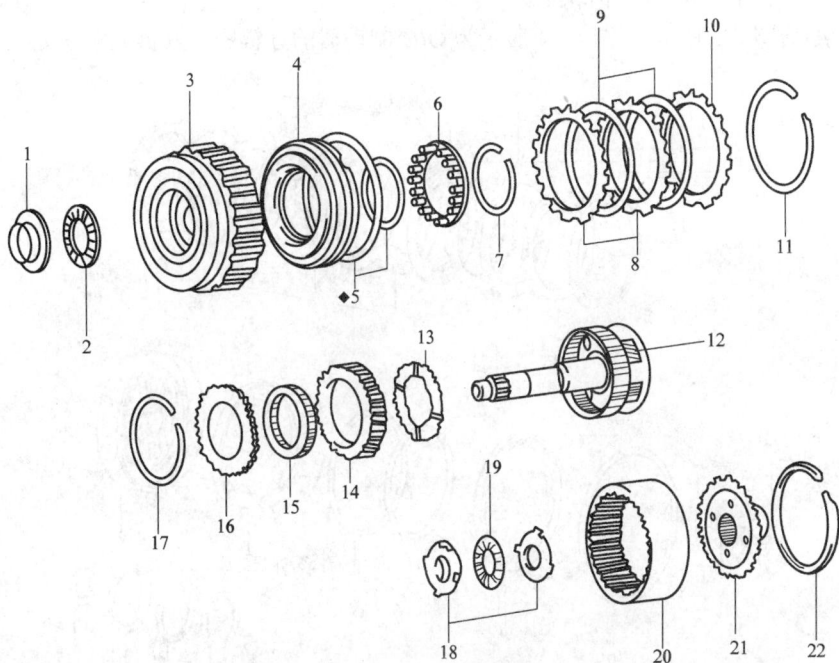

图 4-43 O/D 行星排、O/D 直接离合器和 O/D 单向离合器的分解图

1、18—座圈；2、19—轴承；3—O/D 直接离合器鼓；4—O/D 直接离合器活塞；5—O 形密封圈；6—活塞回位弹簧；7、11、17、22—卡环；8—钢片；9—摩擦盘；10—压盘；12—O/D 行星排行星齿轮；13—止推垫片；14—单向离合器外圈；15—O/D 单向离合器；16—挡板；20—O/D 行星排齿圈；21—齿圈凸缘

◆——不可重复使用的零件

131

1）O/D 行星排、O/D 直接离合器和 O/D 单向离合器的分解：

a）在解体前必须检查单向离合器的工作情况，握住 O/D 直接离合器鼓，转动输入轴，输入轴必须能顺时针自由旋转而逆时针锁止。

b）从 O/D 行星齿轮排上取下 O/D 直接离合器总成，从 O/D 直接离合器上取下压盘、摩擦盘、钢片。注意部件的数目和位置。

c）用适当的压缩器压缩活塞回位弹簧并取下卡环，拆下活塞回位弹簧，将油泵放在液力变矩器上，把 O/D 直接离合器放在油泵上，固定 O/D 直接离合器活塞，把空气压入油泵，拆下活塞，取下活塞上的两个 O 形密封圈。

d）从 O/D 行星排齿圈上拆下卡环和齿圈凸缘，从行星齿轮上取下卡环、挡板、单向离合器总成和止推垫片，从外座圈上取下单向离合器。

2）O/D 行星排、O/D 直接离合器和 O/D 单向离合器的装复：

a）将 O/D 行星齿轮定位在输入轴的上部，将止推垫片的凹面朝上装入行星齿轮中，将单向离合器有凸缘的一边朝上装入座圈中。把带有座圈的单向离合器装入 O/D 行星齿轮。安装挡板和卡环。

b）安装齿圈凸缘和卡环，把推力轴承和座圈装入行星齿圈。座圈凸起必须啮合进齿圈的凹槽。在 O 形密封圈上涂上 ATF，并把它安装在离合器活塞上。小心地将离合器活塞按入离合器鼓内。安装活塞回位弹簧。用适当的压缩器压缩回位弹簧并安装卡环，不要使卡环的端隙对着弹簧座圈切口。

c）将离合器鼓开口区域朝上，安装钢片、摩擦盘和压盘，压盘平端朝下安装，装入卡环。

d）让座圈朝着离合器鼓把推力轴承和座圈装入离合器鼓。对准离合器片的凸起，将 O/D 直接离合器总成装到 O/D 行星齿轮上。

（3）O/D 制动器的拆装。图 4-44 所示为 O/D 制动器的分解图，其拆装顺序如下：

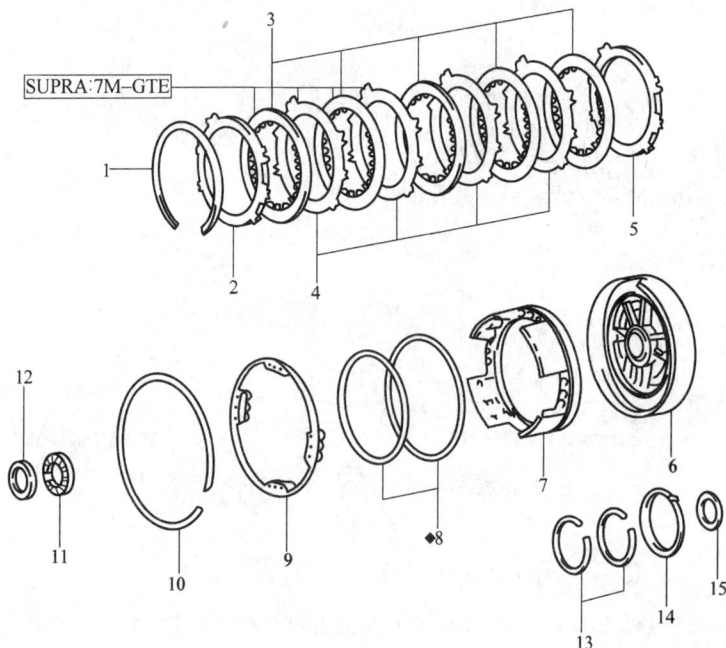

图 4-44 O/D 制动器分解图

1、10—卡环；2、5—压盘；3—摩擦盘；4—钢片；6—O/D 托架；7—O/D 制动器活塞；8—O 形密封圈；
9—活塞回位弹簧；11—轴承；12、15—座圈；13—封油环；14—离合器鼓止推垫圈
◆——不可重复使用的零件

1）O/D 制动器的分解。从 O/D 托架上拆下离合器鼓止推垫圈。用适当的压缩器压缩活塞回位弹簧并取下卡环，把 O/D 托架放在直接挡离合器总成上，在水平位置固定制动器活塞，向管道内压入压缩空气拆下制动活塞，取下两个 O 形密封圈。

2）O/D 制动器的装复。在两个封油环上涂上 ATF，把环端交叉装到 O/D 托架上。在两个新的 O 形密封圈上涂上 ATF，装到制动活塞上，然后按拆卸的相反过程装复。

（4）直接挡离合器的拆装。图 4-45 所示为直接挡离合器分解图，其拆装可参照该图进行。

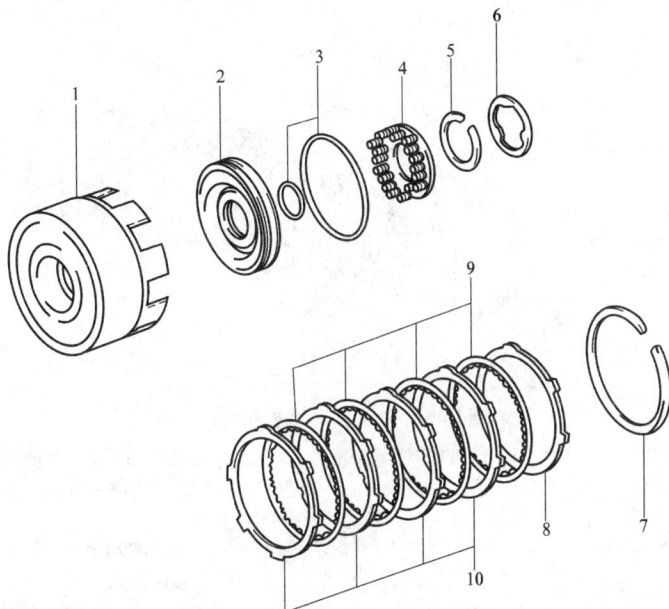

图 4-45 直接挡离合器分解图

1—直接挡离合器鼓；2—直接挡离合器活塞；3—O 形密封圈；4—活塞回位弹簧；5、7—卡环；
6—离合器鼓止推片；8—压盘；9—摩擦盘；10—钢片

（5）前进挡离合器的拆装。图 4-46 所示为前进挡离合器的分解图，其拆装顺序如下：

1）前进挡离合器的分解：

a）从直接挡离合器上分离前进挡离合器总成。将 O/D 托架放在木块上，并将前进挡离合器装进 O/D 托架，从离合器鼓上取下卡环，取下压盘、摩擦盘、钢片和缓冲片。

b）用适当的压缩器压缩活塞回位弹簧并取下卡环，将离合器鼓放在 O/D 托架上并向活塞通气孔加上气压，拆下离合器活塞。从离合器活塞和离合器轮毂上取下 O 形密封圈。

2）前进挡离合器的装复：

a）将 ATF 涂上在三个封油环上，重装过程与解体的过程相反，并确保活塞回位弹簧卡环完全到位，环的端部不要与活塞回位弹簧的缝隙区对准。

b）将圆底端朝着离合器鼓安装缓冲片，安装摩擦盘和钢片，将压盘的圆边朝钢片安装。安装卡环，确保不要使卡环的端隙对着离合器鼓的切口。

（6）前行星排的拆装。图 4-47 所示为前行星排分解图，其拆装过程可对照该图进行。

（7）行星太阳轮和 1 号单向离合器拆装。图 4-48 所示为行星太阳轮和 1 号单向离合器分解图，其拆装过程可对照该图进行。

Note

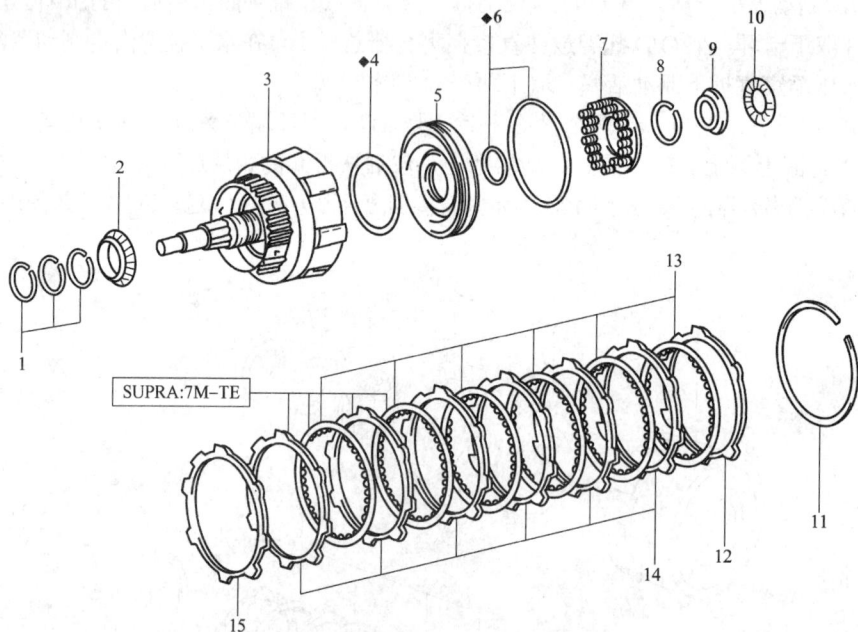

图 4-46　前进挡离合器分解图

1—封油环；2、10—轴承；3—前进挡离合器鼓；4、6—O 形密封圈；5—前进挡离合器活塞；
7—活塞回位弹簧；8、11—卡环；9—座圈；12—压盘；13—摩擦盘；14—钢片；15—缓冲片
◆——不可重复使用的零件

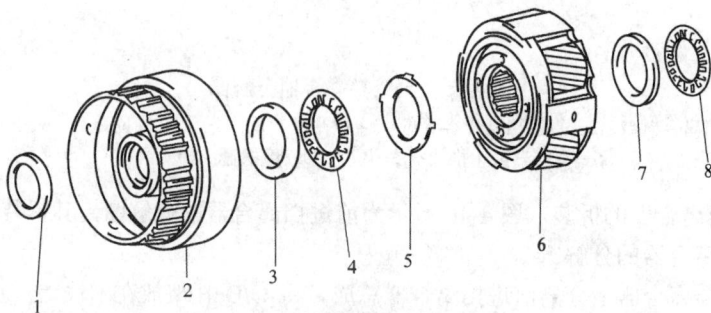

图 4-47　前行星排分解图

1、3、5、7—座圈；2—前行星排齿圈；4、8—轴承；6—前行星排行星齿轮

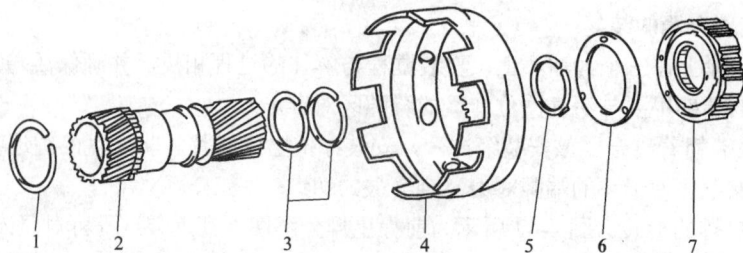

图 4-48　行星太阳轮和 1 号单向离合器分解图

1、5—卡环；2—行星排太阳轮；3—封油环；4—太阳轮输入鼓；6—止推片；7—1 号单向离合器和 2 挡制动毂

（8）第2挡滑行制动器（制动带）的拆装。图4-49所示为第2挡，滑行制动器（制动带）分解图，其拆装过程可对照该图进行。

（9）2挡制动器的拆装。图4-50所示为2挡制动器分解图，其拆装顺序可参照该图进行。

（10）1挡和倒挡制动器的拆装。图4-51所示为1挡和倒挡制动器分解图，其拆装过程可对照该图进行。

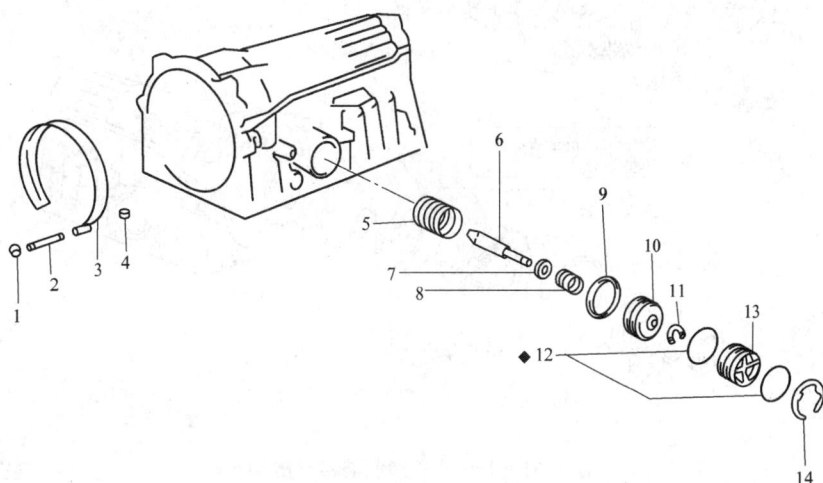

图4-49 第2挡滑行制动器（制动带）分解图

1、4、11—E形卡环；2—销；3—2挡滑行制动带；5、8—弹簧；6—活塞杆；7—弹簧座；9—封油环；
10—活塞；12—O形密封圈；13—盖；14—卡环

◆——不可重复使用的零件

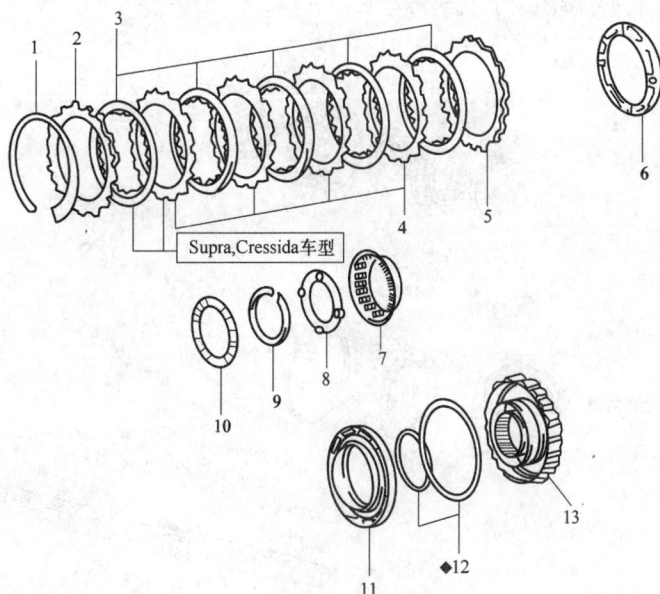

图4-50 2挡制动器分解图

1、9—卡环；2、5—压盘；3—摩擦盘；4—钢片；6—活塞衬套；7—活塞回位弹簧；8—弹簧座圈；
10—止推片；11—2挡制动器活塞；12—O形密封圈；13—2挡制动鼓

◆——不可重复使用的零件

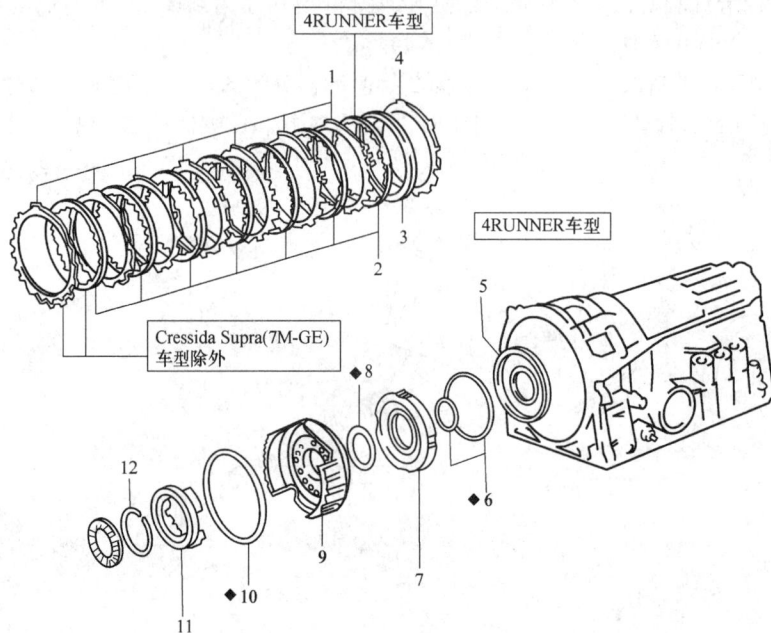

图 4-51　1 挡和倒挡制动器分解图

1—钢片；2—摩擦盘；3—缓冲片；4—压盘；5—1 号制动活塞；6、8、10—O 形密封圈；
7—反作用套；9—2 号制动活塞；11—活塞回位弹簧；12—卡环
◆——不可重复使用的零件

（11）后行星排行星轮、2 号单向离合器和输出轴拆装。图 4-52 所示为后行星排行星轮、2 号单向离合器和输出轴分解图，其拆装顺序如下：

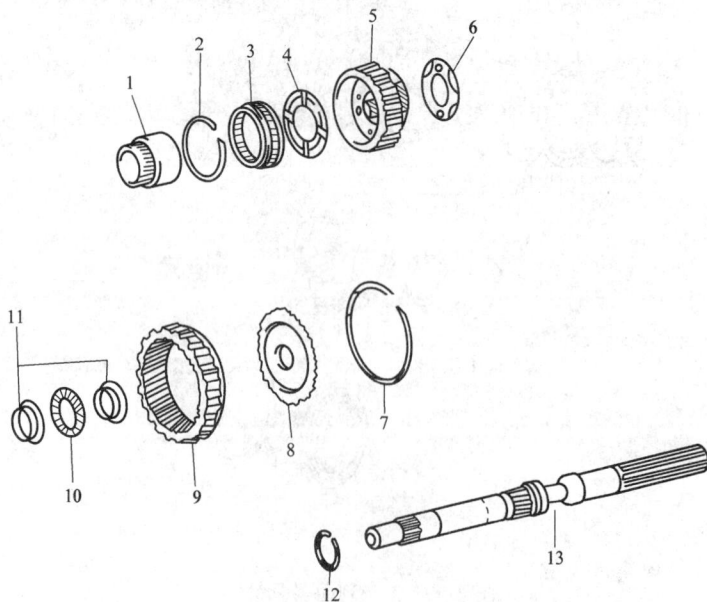

图 4-52　后行星排行星轮、2 号单向离合器和输出轴分解图

1—单向离合器内圈；2、7—卡环；3—2 号单向离合器；4—2 号止推片；5—后行星排行星齿轮；6—1 号止推片；
8—齿圈凸缘；9—后行星排齿圈；10—轴承；11—座圈；12—封油环；13—输出轴

1）后行星排行星轮、2 号单向离合器和输出轴分解。从后行星齿轮上拆下输出轴，从输出轴上拆下封油环，从后行星齿圈上取下后行星排行星齿轮。固定行星齿轮并检查 2 号单向离合器的运行情况。从后行星排行星齿轮上拆下 2 号单向离合器的内圈，拆下卡环、2 号单向离合器，记下行星齿轮上的单向离合器的方向。从行星齿轮上取下 1 号和 2 号止推片。从齿圈上取下轴承和座圈。从齿圈上取下卡环和齿圈凸缘。

2）后行星齿轮、2 号单向离合器和输出轴装配。

a）装配与解体的过程相反。将所有的止推轴承和座圈上都涂上凡士林，当把止推轴承和座圈装进齿圈时，座圈扁平面必须对着齿圈。

b）确保 1 号和 2 号止推片尾端与行星齿轮的断口区对准，将 2 号单向离合器的开口端向上来安装。

c）当内座圈装入后行星齿轮时逆时针旋转单向离合器。

d）在后行星齿圈上安装后行星齿轮，安装封油环。把输出轴装入后行星齿轮总成。

（12）阀门体的拆装。图 4-53 所示为阀体结构图，其分解装复顺序如下：

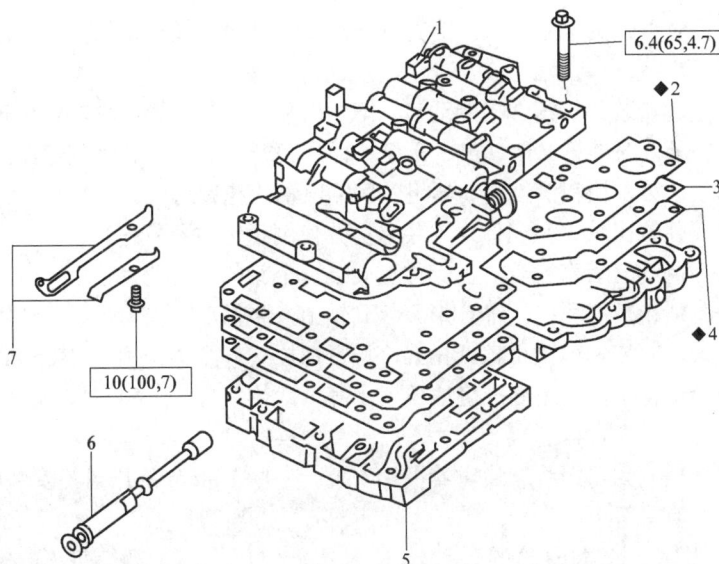

图 4-53　阀体

1—上阀体；2—1 号衬垫；3—阀体隔板；4—2 号衬垫；5—下阀体；6—手动阀；7—限位弹簧
◆——不可重复使用的零件

1）阀门体分解：

a）拆弹簧扣、手动阀。

b）翻转总成后拆下螺栓。

c）将上阀体和阀体平板作为整体抬起。把阀体平板和上阀体握在一起，勿使球阀和阀座落出来。

2）阀体装复：

a）将新的第一衬垫置于上阀体上，其螺栓孔与阀体的螺栓孔对齐。

b）将阀体平板置于第一衬垫上，其螺栓孔与第一衬垫的螺栓孔对齐。

137

c）将新的第二衬垫置于平板上，其螺栓孔与平板的螺栓孔对齐。

d）将上阀体和平板、衬垫置于下阀体上面，对齐每一个螺栓孔。

e）将螺栓装到上阀体上（拧紧力矩为 6.4N·m）。

f）装手动阀、弹簧锁扣。确定手动阀能平滑移动。

5. 自动变速器总成的装配

（1）安装手动阀拉杆轴和油封。用 SST 装入两个油封，把 MP 润滑脂涂在油封边沿上。在手动阀上装上新衬套，穿过手动阀拉杆，把拉杆轴装到变速器壳上。把销敲入轴内。使衬套孔和手动拉杆上的销孔对齐，再用销子把衬套定位在拉杆上，使手动阀拉杆轴能平滑转动。

（2）安装第 1 挡和倒挡制动器活塞的元件。把 ATF 涂在三个新的 O 形封油环上，把两个 O 形封油环装在 1 号活塞上，把一个 O 形封油环装在反作用套上，把 1 号活塞装在反作用套上。在新的 O 形封油环上涂上 ATF，然后把它装在 2 号活塞上。把 1 号活塞和反作用套一起装到 2 号活塞上，使 2 号活塞上的齿与槽对齐。注意不要碰伤 O 形封油环。把 1 号和 2 号制动器活塞压进壳体中。把活塞的回位弹簧定位到 2 号活塞上，用弹簧压缩器压缩回位弹簧，装入卡环，确保卡环端隙不要对着弹簧座圈卡爪。给壳体通入压缩空气，以确定第 1 挡和倒挡制动器活塞是否移动平滑。

（3）把后行星齿轮装置与第 2 挡制动鼓、第 1 挡和倒挡制动器组件与输出轴装在一起，在壳体上安装止推轴承，对准第二制动鼓、压盘、钢片和摩擦盘的齿。将变速器壳体、后行星齿轮、第 2 挡制动鼓、第 1 挡和倒挡制动器组件和输出轴的花键对齐。

（4）用木块托住输出轴。在壳体上安装卡环并使倒角边对着变速器前面。

（5）安装 2 挡制动器活塞衬套，在壳体上安装一个新的止动垫片。

（6）安装停车锁止棘爪和杆。将 E 形环装到轴上，装棘爪、轴和弹簧，把停车锁止杆和手动阀拉杆连接起来，安装停车锁止棘爪托架，拧紧螺栓（拧紧力矩为 7.4N·m）。把手动阀拉杆切入 P 位置。确认行星齿轮齿圈准确地被锁止棘爪锁住。

（7）安装 1 号单向离合器总成。

（8）安装第 2 挡制动器。将圆边对着钢片安装一个厚 1.8mm 的压盘，安装摩擦盘和钢片。将圆边对着钢片安装端部法兰。

（9）安装太阳轮。将太阳轮顺时针转进 1 号单向离合器，确保正确安装所有的止推垫圈。

（10）安装前行星齿轮。把轴承和座圈装到前行星齿轮上，再将前行星齿轮装到太阳轮上，安装卡环。从输出轴下取出木块，安装前行星齿轮的座圈，并让座圈标记和行星齿轮孔对准。

（11）安装第 2 挡滑行制动带。将 2 挡滑行制动带插入罩壳，把销子穿过制动带，把 E 形环安装到销子上。将止推轴承和座圈涂抹凡士林并装到前进挡离合器上。座圈的升起部分必须朝向前方。

（12）将前行星齿轮齿圈装到前进和直接挡离合器上。

（13）将装配好的直接挡离合器、前进挡离合器和前行星齿轮齿圈装到壳体里。

（14）安装第 2 挡滑行制动器盖、活塞总成和弹簧、卡环。

（15）安装超速托架总成。在超速托架上安装座圈，将螺栓和超速托架的油孔朝着阀体边，与壳体的螺栓孔对准并安装托架，确保托架正确对准。安装托架卡环使其倒角边对着变速器方向。装入并拧紧螺栓（拧紧力矩为 25N·m），检查输出轴是否能平顺转动。

（16）将超速齿轮装置、超速直接挡离合器和单向离合器合装起来。

（17）安装超速制动器的压盘、摩擦盘和钢片。将圆边对着钢片安装一个 4.00mm 厚的压盘，安装正确数量的钢片和摩擦盘。将扁平边对着钢片安装端部法兰。安装卡环。

（18）把油泵装入罩壳内。把油泵放入输入轴，将泵体和变速器罩壳的螺栓孔对齐。握住输入轴，轻轻按压油泵体，使封油环滑入超速直接挡离合器鼓，装上螺栓（拧紧力矩为 22N·m），确保输入轴能自由旋转。

（19）加气压到指定油道来检查单个活塞工作声响，如图 4-54 所示。当用气压检查 O/D 直接离合器时，应关闭蓄压器活塞孔。

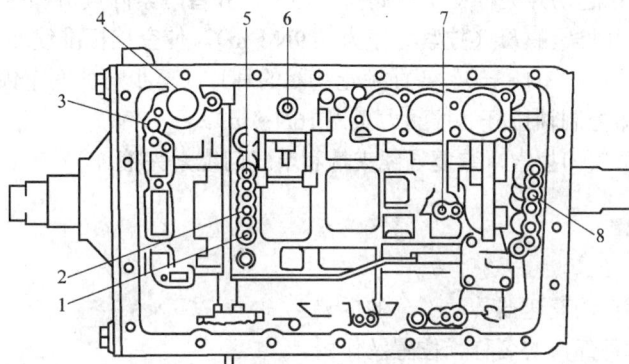

图 4-54 加气压检查单个活塞工作情况

1—前进挡离合器；2—直接挡离合器；3—O/D 直接挡离合器；4—C₀ 蓄压器活塞孔；
5—超速制动器；6—2 挡滑行制动器；7—2 挡制动器；8—1 挡和倒挡制动器

（20）安装蓄压器弹簧、活塞和销。给储能器活塞安装新的 O 形圈和弹簧。

（21）安装球阀体和弹簧。

（22）安装阀体。将手动阀的槽和拉杆的销子对齐，把节气门拉索连接到凸缘上。确定蓄压器活塞中的弹簧已正确安装。安装螺栓（拧紧力矩为 10N·m）。

（23）装电磁线圈导线。在新 O 形环上涂 ATF，把它装到绝缘垫圈上，把电磁线圈导线插入壳体，并安装固定夹板，把接头连接到第一、第二和锁止电磁线圈上。

（24）装油管。用塑料锤子把两根管子装入阀体，小心不要弯曲或损坏管子。

（25）装滤油网和衬垫。把两个新的垫片装到滤网上，安装拧紧螺栓（拧紧力矩为 10N·m），夹住电磁线圈导线。

（26）装变速器油底壳。将磁铁装入油底壳凹陷内，清除任何旧的密封材料，将新的密封材料涂到油底壳上，安装并拧紧 19 个螺栓（拧紧力矩为 7.4N·m）。

（27）装传感器转子和键。用卡环钳装好卡环，把键装在输出轴上，使键和转子上的凹槽对齐，装好转子。

（28）装转速表驱动齿轮和球。把锁止球装到输出轴上，使球与驱动齿轮的凹槽对齐，安装好驱动齿轮。用卡环钳装好卡环。

（29）装伸出罩壳和衬垫。把罩壳连同新的衬垫一起装到壳体上，拧紧螺栓（拧紧力矩为

36N·m)。

（30）装变速器罩壳。安装并拧紧螺栓（直径为 10mm 的拧紧力矩为 34N·m，直径为 12mm 的拧紧力矩为 57N·m）。

（31）装速度传感器。在新的 O 形环上涂上 ATF，再把它装到传感器上，安装速度传感器，并拧紧螺栓（拧紧力矩为 16N·m），接连接头。

（32）装转速表从动齿轮。把 ATF 涂到新 O 形环上，再把它安装到转速表从动齿轮上，安装从动齿轮，装上螺栓并拧紧（拧紧力矩为 16N·m）。

（33）装变速器侧边的连接头。在新的 O 形环上涂 ATF，再把它装到每个连接头上，再把连接头安装到壳体上拧紧（拧紧力矩为 29N·m）。

（34）安装空挡起动开关。用控制轴拉杆，把手动阀拉杆轴转到最后，然后再往回转两挡，处于空挡位置，把空挡起动开关插在手动阀拉杆轴上，并暂时紧固调节螺栓。安装绝缘垫圈和新的止动垫圈，装入并拧紧螺母（拧紧力矩为 6.9N·m），使空挡标准线和开关槽对齐，再紧固调节螺栓（拧紧力矩为 13N·m），弯曲锁止垫圈的耳片（至少弯曲两个锁止垫圈的耳片）。

（35）安装变速器控制轴拉杆（拧紧力矩为 16N·m）。

（36）安装调整节气门拉索，装复导线夹箍和节气门缆索夹箍。

实验考核

↖ 考核要求

（1）能正确进行自动变速器传动部分的拆装。

（2）能正确指出各部件的名称、位置及作用。

↖ 考核时间

考核时间为 100min。

↖ 考核标准

考核内容和评分标准见表 4-3。

表 4-3　　　　　　　　　　　考核内容和评分标准

考核项目	分值	评分标准	评价结果
正确使用工具	10	工具使用不当扣 10 分	
拆卸顺序符合要求	40	拆卸顺序错误一次扣 5 分，扣完为止	
装配顺序符合要求	40	装配顺序错误一次扣 5 分，扣完为止	
整理工具、清理现场	10	没有整理工具、清理现场扣 5 分	
遵守相关安全操作规范		因违规操作发生人身和设备事故，此项按 0 分计	
分数合计	100		

实验报告

丰田 A340E 自动变速器传动机构的拆装（实验报告模板见附录）。

Note

实验 **13** 万向传动装置的拆装

实验目的及要求

（1）掌握传动轴、支承和等速、非等速式万向节的作用和结构。

（2）掌握传动轴与万向节拆装的基本方法。

实验准备

☚ 实验工具及设备

（1）桑塔纳轿车传动轴。

（2）桑塔纳轿车传动轴等速万向节（RF 万向节、VL 万向节）。

（3）常用工具一套，桑塔纳专用工具一套。

☚ 实验课时

本实验计划 2 课时。

实验注意事项

（1）严格遵循拆装程序，并注意操作安全。

（2）拆卸传动轴以前，应先检查传动轴与伸缩节之间有无装配记号，若没有应做一记号。

（3）球毂和万向节必须配对，决不能混合配对。

实验内容与方法

☚ 实验内容与方法

1. 外等速万向节的拆卸

（1）外等速万向节如图 4-55 所示。

（2）拆开前，用电子划线器或滑石标出球毂与球保持架和壳体的相对位置。

（3）转动球毂和球保持架。

（4）将球逐个拆掉。每个万向节的 6 个球，属于同一个公差级别。

（5）转动球保持架，直至两个长方形孔与壳体成一线，如图 4-56 所示。

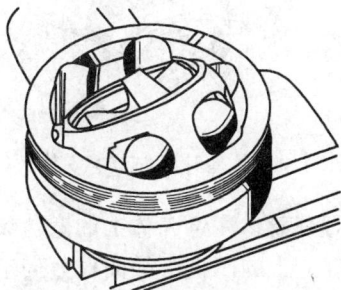

图 4-55　外等速万向节

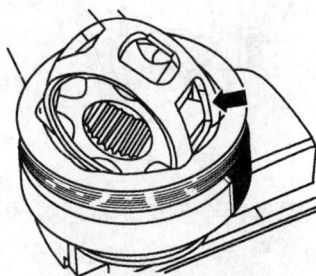

图 4-56　转动球保持架

141

（6）拆下带有毂的保持架。

（7）把球毂的扇形片转到球保持架的长方形孔，如图 4-57 所示。

（8）把球毂从保持架上倾斜拿出。检查轴、毂、保持架及球是否有麻坑及发卡现象。如果万向节内的游隙过大，换挡时能感到撞击作用，出现这种情况时必须更换万向节。

2. 外等速万向节的安装

（1）向万向节内压入润滑脂，注入量约为总量（45g）的一半。

（2）把带有毂的球保持架装入万向节，交替从侧面压入球，必须保证毂对保持架及对壳体的原始位置。

（3）将新的开口弹性挡圈插入毂内。

（4）向万向节内压入剩余的润滑脂。

3. 内等速万向节的拆卸

（1）转动毂和保持架，如图 4-58 所示。检查万向节、毂、保持架及球是否有凹坑及发卡现象。如果万向节内的游隙过大，换挡时能感到撞击作用，出现这种情况，必须更换万向节。

（2）按图 4-58 中箭头所示方向压万向节。

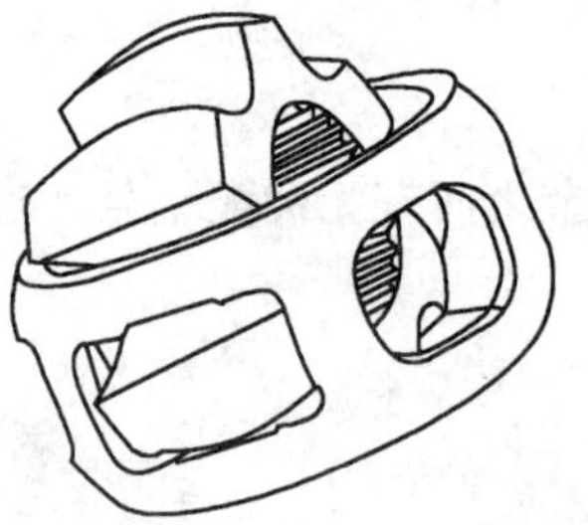

图 4-57　将球毂的扇形片转到球保持架的长方形孔

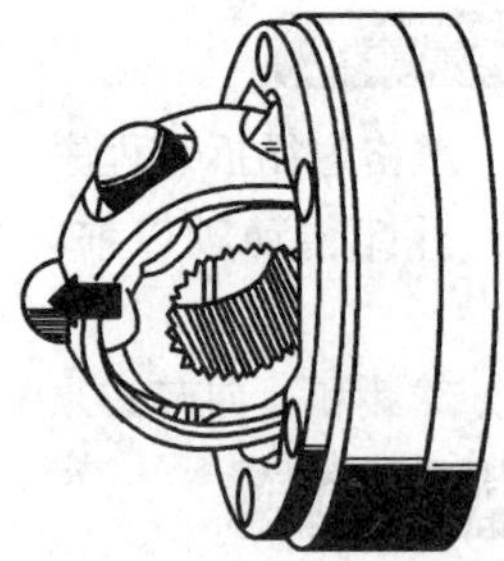

图 4-58　转动毂和保持架

（3）把球压出球保持架。按图 4-59 箭头所示，通过球的运行轨道从保持架中压出球毂。

4. 内等速万向节的安装

内等速万向节的安装如图 4-60 所示，其安装顺序如下：

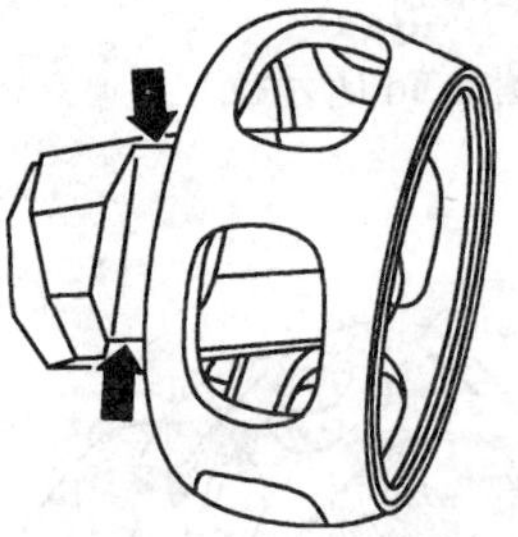

图 4-59　压出球毂

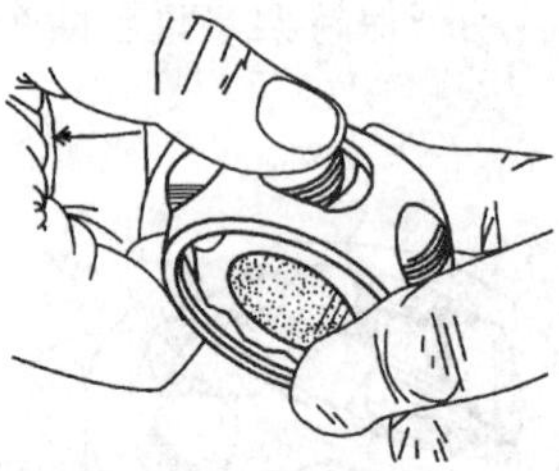

图 4-60　内等速万向节的安装

（1）通过两个倒棱，将球毂插入球保持架，安装位置任意。注意壳体上的宽边 a 与毂上的窄边 b 必须对齐，如图 4-61 所示。球毂内径（花键）上的凹槽必须面对万向节大直径端。

（2）把球压入球保持架。改变毂的方向，就能把毂从球保持架下拿出来，如图 4-62 中箭头所示。因此球与壳体的轨道将有一定的距离。

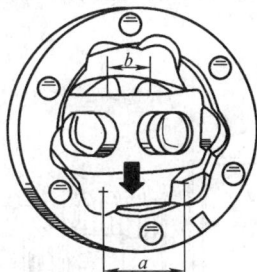

图 4-61　壳体上的宽边 *a* 与毂上的窄边 *b* 对齐

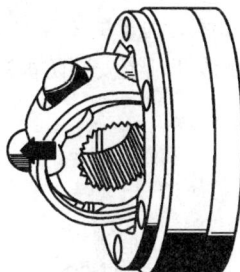

图 4-62　球与壳体的轨道有一定距离

（3）把毂、保持架、球垂直嵌入万向节。用力压球保持架，如图 4-63 中箭头所示，就能把毂和球完全装进球毂。检查万向节的工作状况，如果用手沿轴向范围能将球毂装进或移出，则证明万向节装配正确。

5. 传动轴的分解

传动轴的分解如图 4-64 所示，其分解顺序如下：

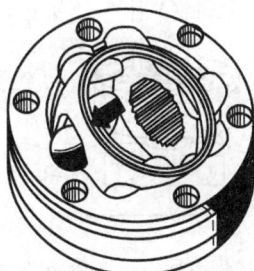

图 4-63　用力压球保持架

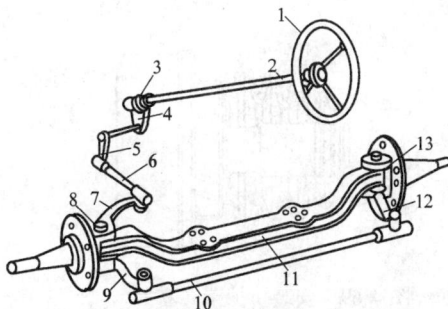

图 4-64　传动轴

1—转向盘；2—转向轴；3、4—转向器传动副；5—转向摇臂；
6—直拉杆；7—转向节臂；8—主销；9—操纵臂；
10—横拉杆；11—前轴；12—操纵臂；13—右转向节

（1）用钢锯将万向节防尘罩上的夹箍锯开，如图 4-65 中箭头所示，拆下防尘罩。

（2）用一把轻金属锤子用力从传动轴上敲下外万向节（RF 节），如图 4-66 所示。

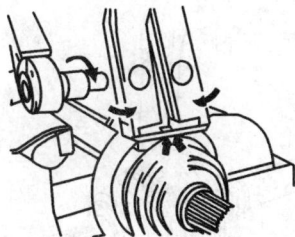

图 4-65　锯开夹箍

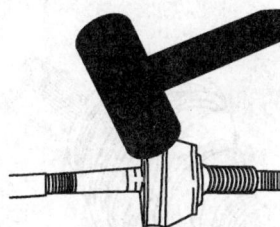

图 4-66　敲下外万向节（RF 节）

（3）拆下弹簧锁圈。

（4）压出内万向节（VL 节），如图 4-67 所示。

（5）拆散之前用电蚀笔或油石在钢球球笼和外星轮上标出内星轮的位置。

6. 内、外万向节的安装

（1）在传动轴上安装防护罩，如图 4-68 和图 4-69 所示。

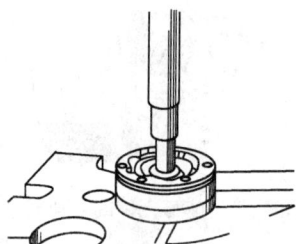

图 4-67　压出内万向节（VL 节）

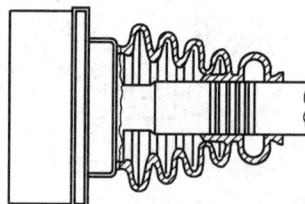

图 4-68　安装防护罩（左）

（2）正确安装蝶形座圈。

（3）把内万向节压入传动轴，如图 4-70 所示。使蝶形座圈贴合，内星轮内径（花键齿）上的倒角必须面向传动轴靠肩。

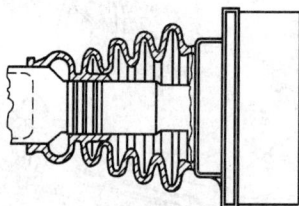

图 4-69　安装防护罩（右）

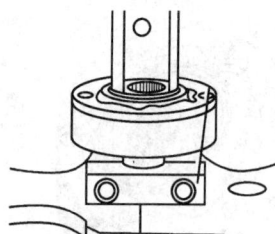

图 4-70　内万向节压入传动轴

（4）安装弹簧锁圈。

（5）装上外万向节。

（6）在万向节上安装防尘罩时，防尘罩经常会受到挤压，因而在防尘罩内部就会产生一定的真空，它在车辆行驶中会产生一个内吸的折痕，如图 4-71 中箭头所示。因此，在安装防尘罩小口径之后，要稍微充点气，使压力平衡，不产生皱褶。

（7）用夹箍夹住防尘罩，如图 4-72 所示（所用新式钳子型号为 V.A.G1275）。

图 4-71　皱褶

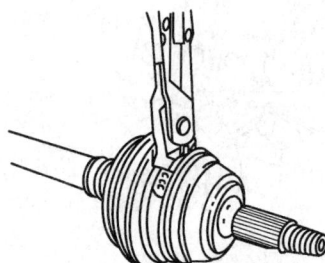

图 4-72　夹箍夹住防尘罩

实验考核

↖ 考核要求

（1）按正确的操作步骤进行拆装。

（2）有关力矩必须按标准拧紧。

↖ 考核时间

考核时间为 40min。

↖ 考核标准

考核内容和评分标准见表 4-4。

表 4-4 　　　　　　　　　　　考核内容和评分标准

考核项目	分值	评分标准	评价结果
正确使用工具、量具	10	使用方法不正确扣 10 分	
正确拆装外等速万向节	30	拆卸不正确扣 20 分	
		安装不正确扣 10 分	
正确拆装内等速万向节	30	拆卸不正确扣 20 分	
		安装不正确扣 10 分	
正确拆装传动轴	20	拆卸不正确扣 20 分	
		安装不正确扣 10 分	
整理工具、清理现场	10	没有整理工具、清理现场扣 5 分	
遵守相关安全操作规范		因违规操作发生人身和设备事故，此项按 0 分计	
分数合计	100		

实验报告

万向传动装置的拆装（实验报告模板见附录）。

实验 14 驱动桥的拆装

实验目的及要求

↖ 实验目的

（1）掌握主减速器和差速器的拆装方法、步骤和技术要求，以及常用的调整方法。

（2）熟悉驱动桥主要零部件的名称、作用及相互的装配关系。

（3）加深理解主减速器和差速器的工作原理。

↖ 实验要求

（1）了解主减速器及差速器的构造、工作原理。

（2）掌握主减速器及差速器的拆装顺序和调整部位及要领。

实验预习及准备

☛ 实验工具及设备

（1）上海桑塔纳轿车主减速器和差速器总成 2 台。

（2）CA1092 型汽车主减速器和差速器总成 2 台。

（3）专用拆装工具、量具及吊装设备若干套。

（4）工作平台、修理架若干。

☛ 实验课时

本实验 4 课时。

实验注意事项

（1）必须使用专用的工具、量具，不得使用非标准工具或用硬质锤直接敲击。

（2）装配前，必须彻底清洁，将零部件按装配顺序置放于清洁的工作台上或零件盒中，不得随处乱放，装配前应涂以润滑油。

（3）严格按照规定扭矩对各螺栓进行紧固，不得随意拧紧，对弹性扭力螺栓、自锁螺母等零件，必须按生产厂的技术要求进行更换。

（4）严格按照技术要求及装配标记进行装合，防止破坏装配精度，如差速器壳及盖、调整垫片、传动轴等部位，行星齿轮止推垫片不得随意更换。

（5）必须按照技术要求对轴承预紧度、啮合印痕、齿隙及各部分配合尺寸进行正确调整。

（6）不得随意使用其他型号的锥形滚子轴承作为代用品。

（7）各结合表面及紧固部位按规定使用相应的密封胶。

（8）按规定添加齿轮油。

（9）注意观察齿轮啮合间隙、齿侧间隙的调整部位和方法。

实验内容与方法

☛ 桑塔纳轿车驱动桥的拆装与调整

桑塔纳轿车的主减速器和差速器装在变速器的前壳体内，主减速器主动齿轮和变速器的输出轴为一体。

1. 驱动桥的分解

（1）将变速器前端固定在修理架上，如图 4-73 所示。装上输入轴压出工具，顶住轴的前端，螺栓 4 应与输入轴在同一直线上。

（2）旋下放油塞放出机油，旋下后盖固定螺栓，拆下图 4-74 中的轴承支座和后盖组合 18、衬垫 21、输出轴调整垫圈 23 及输入轴调整衬垫 35。

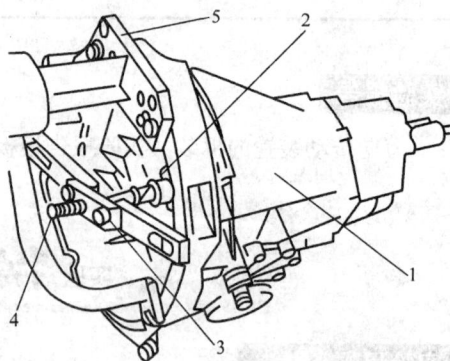

图 4-73　变速器壳体修理架
1—变速器；2—输入轴；3—输入轴压出工具；
4—螺栓；5—修理架

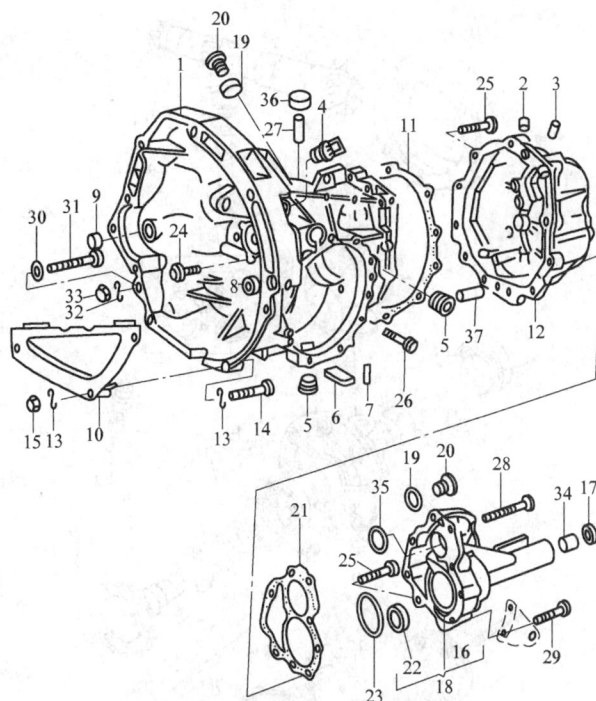

图 4-74　变速器与发动机安装螺栓的拆卸

1—变速器壳体；2、3—堵塞；4—检测孔橡皮塞；5—放油塞；6—异形磁铁；7—销钉；8、37—定位销；9—轴承；10—盖板；11、21—衬垫；12—后壳体；13、32—弹簧垫；14、24、25、26、28、29、31—螺栓；15、33—螺母；16—后盖；17—油封；18—后盖组合；19—垫圈；20—安装塞；22—轴套；23—输出轴调整垫圈；27—通气阀；30—平垫片；34—衬套；35—输入轴调整衬垫；36—盖

（3）差速器总成的拆卸：

1）如图 4-75 所示，由主传动器盖口上旋下车速表从动齿轮 14 的轴套 13，取出车速表从动齿轮，旋下螺栓 20，用芯棒支承住半轴 15，旋下螺栓 21，取下左侧主传动器盖 2，取下卡簧并拆下凸缘，即可取出半轴 15 和差速器总成 22。同时从输出轴上拆下卡簧，由主减速器盖上取下油封 17。

2）如图 4-76 所示，用轴承拉器 5、6 从主减速器盖上拉出差速器滚珠轴承外圈。

3）如图 4-77 所示，用轴承拉器 3、4 由变速器壳上拉出另一端的差速器轴承外圈。

4）用轴承拉器从变速器壳上拉出输入轴中间滚针轴承。

5）从变速器壳上压出输入轴前油封座与油封。

6）从变速器壳上拉出输出轴前轴承外圈锁销，再用工具压出输出轴前轴承外圈。

（4）差速器的分解：

1）如图 4-75 所示，从差速器壳 1 上拆下车速表齿轮锁紧套筒 12。

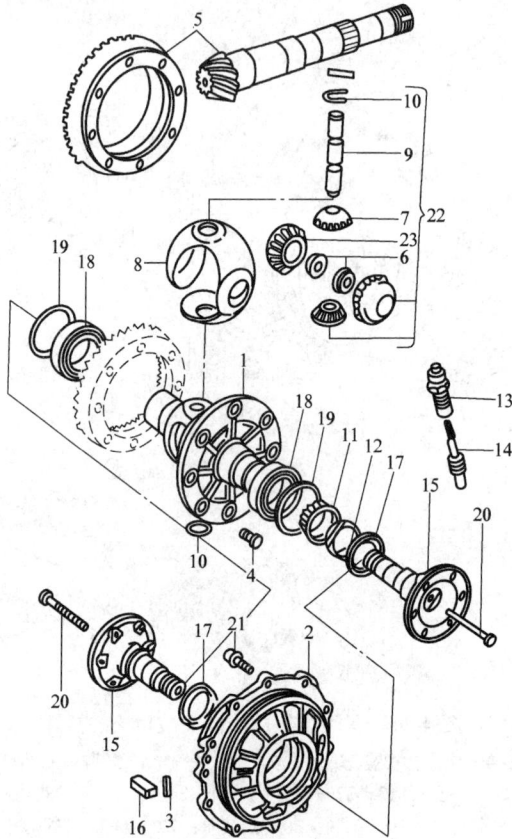

图 4-75　差速器总成的取出

1—差速器壳；2—主传动器盖；3—弹性销；4、20、21—螺栓；5—主传动齿轮副；
6—螺纹套；7—行星齿轮；8—复合式止推片；9—行星齿轮轴；10—挡圈；11—车速表齿轮；
12—锁紧套筒；13—车速表被动齿轮轴套；14—车速表从动齿轮；15—半轴；16—磁铁；
17—油封；18—圆锥滚柱轴承；19—调整垫片；22—差速器总成；23—半轴齿轮

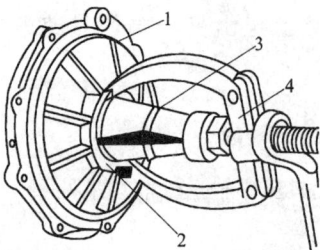

图 4-76　传动器盖上差速器轴承外圈拆卸

1—主传动器盖；2—差速器轴承外圈；3、4—轴承拉器

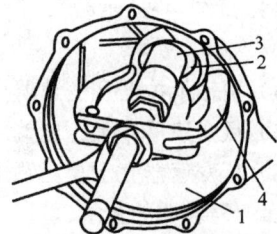

图 4-77　变速器壳上的差速器轴承外圈的拆卸

1—变速器壳；2—差速器轴承外圈；3、4—轴承拉器

2）如图 4-78 所示，用双臂拉器 3 将车速表齿轮 1 从差速器壳上拉出。

3）如图 4-79 所示，用双臂拉器 1 从差速器壳上取下差速器圆锥滚子轴承。

148

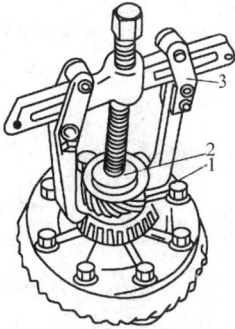

图 4-78　车速表齿轮的拆卸

1—车速表齿轮；2—差速器壳；3—双臂拉器

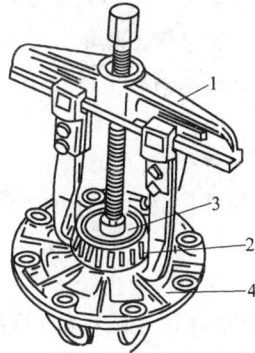

图 4-79　差速器壳轴承内圈的拆卸

1、3—双臂拉器；2—差速器圆锥滚柱轴承内圈；4—差速器壳

4）将差速器夹持在台虎钳上，如图 4-80 所示，交叉旋下从动锥齿轮与差速器壳的连接螺栓，沿齿圈平稳敲下从动齿轮 (防止变形)。

5）如图 4-81 所示，取下挡圈，用锤子冲出行星齿轮轴 12，并拆下防转螺母 2。

6）从差速器壳的窗孔中取下行星齿轮 3 和 4 以及半轴齿轮 1 和 6，并取出复合式止推垫圈。

（5）主动锥齿轮的拆卸。图 4-82 为主动锥齿轮结构图，其拆卸顺序如下：

1）拆下盖板 6。

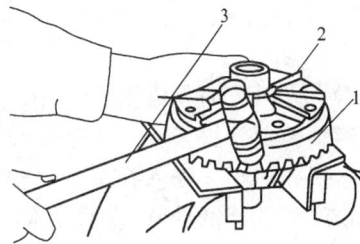

图 4-80　从动齿轮的拆卸

1—从动齿轮；2—差速器壳；3—软锤

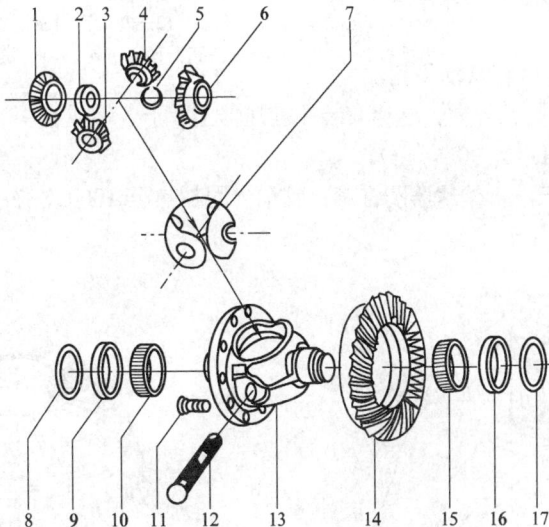

图 4-81　差速器的分解

1、6—半轴齿轮；2—防转螺母；3、4—行星齿轮；5—卡簧；7—复合式止推垫圈；
8—调整垫片；9—轴承内圈；10—轴承；11—螺栓；12—行星齿轮轴；
13—差速器壳；14—从动锥齿轮；15—轴承；16—轴承外圈；17—调整垫片

2）拆下主动锥齿轮的固定螺母 7。

3）取下圆锥滚子轴承。

4）拆下轴承盖固定螺栓 10，取下轴承盖 11。

5）取下套管 13 和调整垫片 14。

6）用轴承拉器拆下减速器输入齿轮 15。

7）拆下驻车锁止齿轮。

8）从主减速器内取出主动锥齿轮 1 及衬套 3。

（6）差速器的组装：

1）用齿轮油润滑复合式止推垫圈，装入差速器壳内，在半轴齿轮上装好螺纹套后装入差速器壳内，并用六角螺栓拧紧。

2）将两个小行星齿轮错开 180°，转动半轴，使行星齿轮、止推垫圈和差速器罩壳对正，推入行星齿轮轴，用锁销或弹性挡圈锁紧，如图 4-83 所示。

3）检查行星齿轮与半轴齿轮的啮合间隙（正确值为 0.05～0.2mm）或检查半轴齿轮与差速器壳之间的间隙（正确值为 0.1～0.2mm）。

4）如图 4-84 所示，将从动齿轮加热至 100℃左右，用定心销导向，迅速安装在差速器上。于各螺纹孔中涂以齿轮油，分 2～3 次交叉旋紧螺栓（旋紧力矩为 70N·m）。

5）如图 4-85 所示，将差速器圆锥滚针轴承内圈加热至 100℃左右，压装在差速器壳两端外圆上。

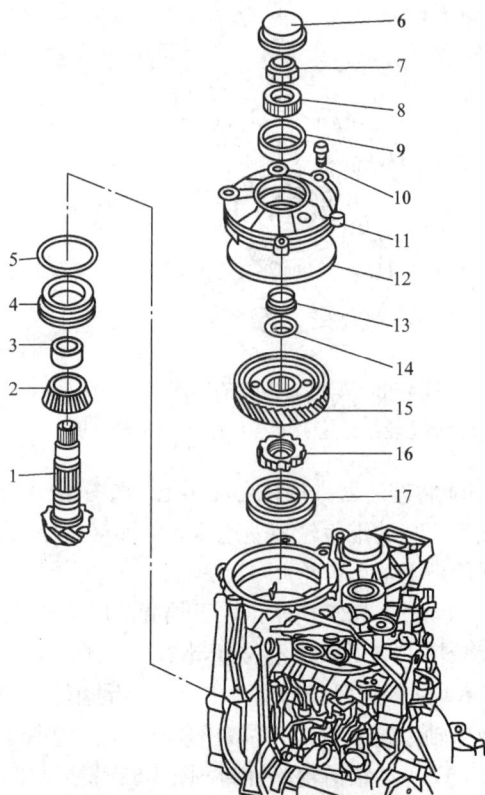

图 4-82　主动锥齿轮结构图

1—主动锥齿轮；2、4—轴承；3—衬套；5—调整垫片；6—盖板；7—固定螺母；8—轴承内圈；9—轴承外圈；10—固定螺栓；11—轴承盖；12—O 形密封圈；13—套管；14—调整垫片；15—减速器输入齿轮；16—驻车锁止齿轮；17—油封

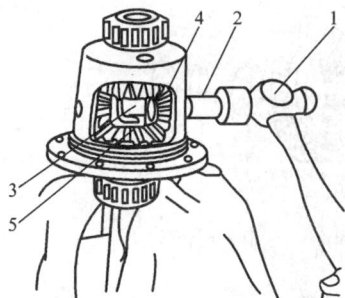

图 4-83　行星齿轮轴的安装

1—锤子；2—心棒；3—行星齿轮轴；4—行星齿轮；5—半轴齿轮

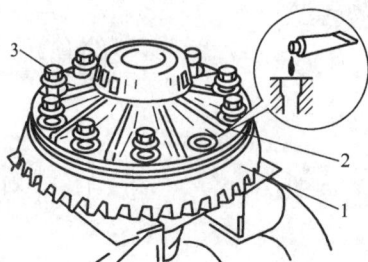

图 4-84　从动齿轮的安装

1—从动齿轮；2—差速器壳；3—螺栓

6）如图 4-86 所示，将车速表齿轮压装在差速器壳上，压入深度 x 为 1.4mm，由垫圈或挡圈予以保证。

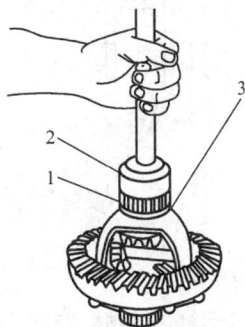

图 4-85 差速器轴承内圈的安装

1—差速器轴承内圈；2—工具；3—差速器壳

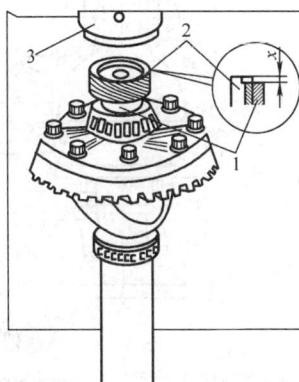

图 4-86 车速表齿轮的安装

1—差速器壳；2—车速表齿轮；3—压力机

2. 主减速器的调整

通过改变从动齿轮调整垫片 s_1、s_2 和主动齿轮调整垫片 s_3 的厚度，达到主、从动齿轮的正确啮合及合适的预紧度。具体的调整方法如下：

（1）主、从动齿轮的标记含义如图 4-87 所示，调整时应按图示部位进行。差速器壳两端调整垫片及主动轴承壳和变速器壳体间的调整垫片位置如图 4-88 所示。

（2）主、从动齿轮的调整应求出主动齿轮调整垫片及差速器调整垫片的总厚度。当更换变速器壳、主减速器盖、差速器滚柱轴承、差速器壳或从动齿轮时，则必须重新调整从动齿轮，所以必须对调整垫片厚度进行测量与计算。

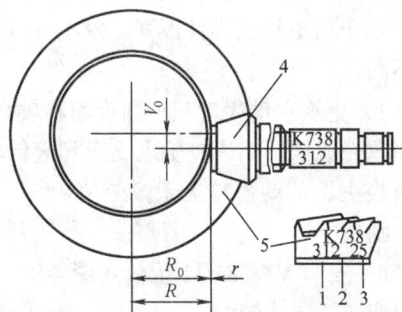

图 4-87 主、从动齿轮的标记含义

1—主传动比值标记；2—配对号码标记；
3—齿顶距偏差值标记；4—主动齿轮；5—从动齿轮；
V_0—双曲线偏心距(13mm)；R_0—理论齿顶距；
r—齿顶距偏差；R—实际正确齿顶距

1）先将主动齿轮拆下，拆下差速器的油封和圆锥滚子轴承外圈，并取出调整垫片。再将圆锥滚子轴承的外圈和调整垫片（厚 1.2mm）一同推入变速器壳直至与挡块相抵靠为止。将没有调整垫片的另一圆锥滚子轴承外圈推入主减速器盖内直至挡块为止。

2）将不带转速表齿轮的差速器轴承端压入罩壳内，注意要使从动齿轮位于盖的一侧，再装上轴承盖，以 25N·m 的力矩再次分别拧紧固定螺栓。

3）如图 4-89 所示安装测量工具和百分表。安装夹紧套筒，并上下移动夹紧套筒，读出表针的摆差值。注意在测量时不能转动差速器，否则轴承将下沉，使得测量结果不准确。

此时，垫片的总厚度为：总厚度=摆差值+预紧量（0.40mm）+原垫片厚度（1.20mm）。

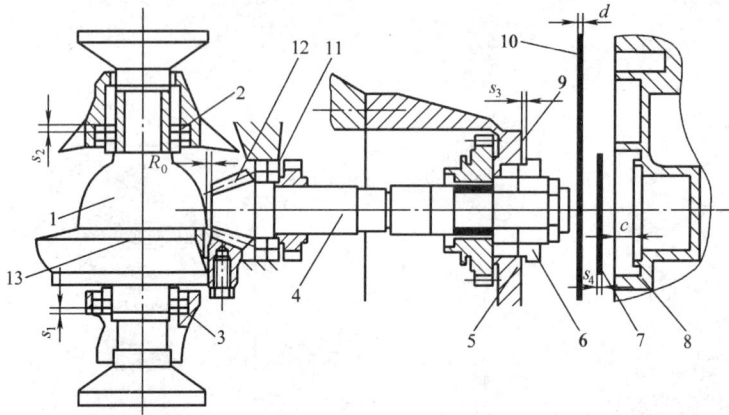

图 4-88　差速器轴承预紧力与主从动齿轮间隙的调整

1—差速器；2、3—差速器轴承调整垫；4—输出轴；5—后壳体；6—输出轴后轴承；7—输出轴后轴承调整垫片；8—后盖；
9—调整垫片；10—衬垫；11—输出轴前轴承；12—主动齿轮；13—从动齿轮；s_1、s_2—差速器轴承预紧力调整垫片的厚度；
s_3—主动齿轮位置调整垫片的厚度；s_4—输出轴前轴承预紧力调整垫片厚度

（3）求主动齿轮调整垫片 s_3 厚度：$s_3=e+\gamma$。其中，e 为测量值，γ 为偏差值。

由于所更换的零件不同，求出 s_3 的方式亦不同。

1）更换主动齿轮双列圆锥滚柱轴承或齿轮箱罩壳或第一挡齿轮轴承支座和滚针轴承。如所换主、从动齿轮上无偏差值 "γ" 标记时，则按下述方法进行调整：

a）安装 VW381/11 压板（图 4-90 中 4）旋松变速器罩壳的螺钉，用 M8×50 的螺钉旋紧 VW381/11 压板，使压板与主动齿轮轴保持垂直位置，以 2N·m 力矩拧紧螺栓 3。

b）拆下差速器，将测量心棒 VW385/1 放在齿轮箱罩壳下，转动测量心棒，直至表针指至最大值，如图 4-91 所示。此值即为与标准值（$R_0=50.7$mm）的偏差值 "e"，换装新零件后应尽可能达到此值。

c）换装新零件后，将双列圆锥滚柱轴承外环与调整垫片 s_3 一同压入轴承支座内，连同预装好的联轴齿轮装入轴承支座，并压入双列圆锥滚柱轴承的第一内环，以 100N·m 力矩拧紧联轴齿轮螺母。再装入新的密封圈，将轴承支座和联轴齿轮一同装入齿轮箱罩壳内，旋紧紧固螺栓。

使用测量心棒重新测量安装位置。若此次测量值小于换件前所测值，则应增加调整垫片 s_3 的厚度；若此次测量值大于换件前所测值，则应减小调整垫片 s_3 的厚度。所需厚度的垫片可由备件中选用。

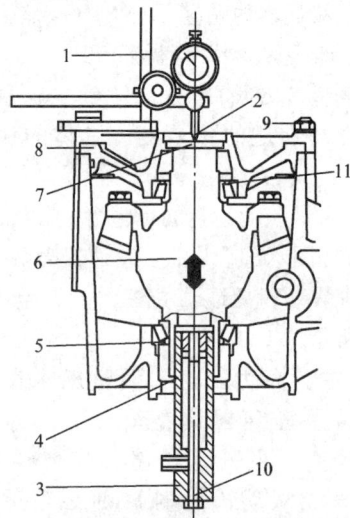

图 4-89　差速器轴承预紧力测定

1—千分表架；2—千分表；3—夹紧套筒；4—套筒；5—垫片；
6—差速器；7—测量板；8—主传动器盖；9、10—螺栓；
11—主传动器盖上的轴承外圈

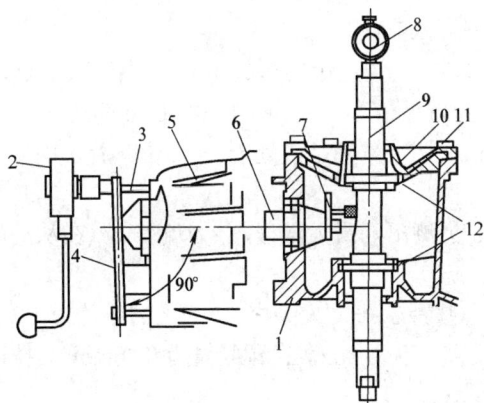

图 4-90　主传动齿轮位置调整垫片厚度的确定

1—变速器壳；2—扭矩扳手；3、11—螺栓；4—连接片（压板）；

5—后壳体；6—输出轴；7—量块板；8—千分表；9—测量心棒；

10—主传动器盖；12—差速器轴承外圈

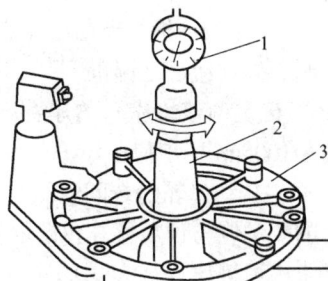

图 4-91　从动齿轮齿顶偏差的测量

1—千分表；2—测量心棒；3—主传动器盖

2）更换主从动齿轮，应当首先测量出安装位置，且齿轮上给出偏差值"r"时，则按以下方法进行调整：

a）将双列圆锥形滚柱轴承压入轴承座，不包括调整垫片 s_3。

b）将主动齿轮装入轴承座。用钳口护板将齿轮轴夹持在台虎钳上，以 100N·m 力矩拧紧主动齿轮轴头螺母。

c）装入新密封垫，将轴承支座与主动齿轮一同装入齿轮箱罩壳，拧紧固定螺栓，用 M8×50 螺栓将 VW381/11 压板紧固在罩壳上，并保持压板与齿轮轴的垂直位置，拧紧压板螺栓。

d）将测量心棒 VW381/11 调节环调至 $a=35mm$、滑动调节环调至 $b=60mm$，如图 4-92 所示，然后进行组装。其中 VW385/16 长度为 12.3mm，将 VW385/30 量规调整到 $R_0=50.7mm$，并安装至测量心棒上，再将千分表调至 0 位（调整范围为 3mm，并带有 2mm 的预紧力）。

e）将 VW385/33 量块放在主动齿轮的端部，并将测量心棒放在罩壳内，如图 4-93 所示。

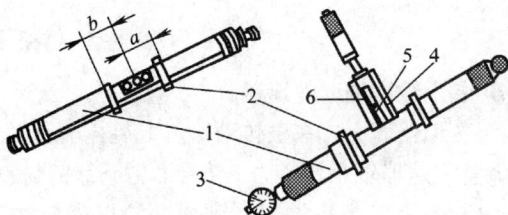

图 4-92　测量心棒的组装

1—测量心棒；2—调节环；3—千分表；4—测量头架；

5—测量头；6—校正标准量规

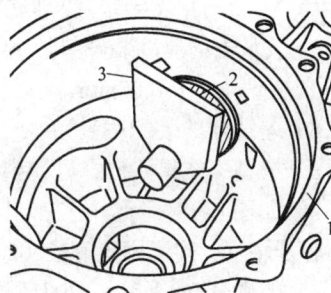

图 4-93　输出轴测量工具的安装

1—变速器壳；2—输出轴；3—测量量块板

f）将主传动器盖与轴承外环安装在一起，用螺栓固定好（注意不要碰壳，否则会影响到百分表）。

g）测量偏差值 e。首先移动调整环将定心垫片向外拉至用手能转动测量心棒为止，转动测量心棒，直至千分表指示出最大量程，此测值即为偏差值 e，参见图 4-90、图 4-91。

h）测完后，拆下专用心棒后应检查 VW385/30 调节量规是否处于"0"位。若未恢复"0"位，则必须重新进行测量。

i）确定调整垫片 s_3 的厚度：$s_3 = e + \gamma$。式中 e 为测出的最大量程，γ 为偏差值（在从动齿轮上的 1/100mm 标出值）。

3）主从动齿轮啮合间隙的调整。将主动齿轮与垫片 s_3 一同安装好，罩壳上的垫片为 1.2mm，盖上的测量值与预紧量之和设定为 0.70mm（即测量值为 0.30mm，预紧量为 0.40mm）。按以下步骤求出调整垫片 s_1 和 s_2 的厚度：

a）将差速器转动数次，以便固定圆锥滚柱轴承。

b）按图 4-93 所示安装测量工具，使用千分表加长套管 VW388/10（6mm 见方），尺寸为 71mm（图 4-94 中 3）。

c）用 M8×50 螺栓将连接片 VW385/11，对角压紧（力矩 2N·m），并使连接片与主动齿轮轴保持垂直位置。

d）将从动齿轮旋至挡块，将百分表调至"0"位，转动从动齿轮，读出并记录啮合间隙值。

e）旋松差速器上夹紧套筒的夹紧螺栓及主动齿轮上的连接片，将从动齿轮旋转 90°。按上述方法再重复测量三次，将四次测量值相加，计算出啮合间隙的平均值。注意若每次测值偏差超过 0.05mm，安装的从动齿轮或传动组件则不能正常工作，必须复查安装是否有误，必要时应更换组件。

图 4-94　差速器轴承调整垫片 s_1、s_2 的确定
1—千分表；2—夹紧套筒；3—加长套管；
4—变速器壳；5—后壳体垫片 s_1 和 s_2

f）求出垫片 s_1 和 s_2 的厚度为

$$s_2 = 垫片厚度 - 侧向间隙平均值 + 升高（常数值为 0.15mm）$$
$$s_1 = 垫片总厚度 - s_2（从动齿轮垫片厚度）$$

g）按求出的厚度装好垫片 s_1 和 s_2，并多点测量啮合间隙，其值应在 0.10～0.20mm 范围内，相互偏差不得大于 0.05mm。

4）差速器的装配：

a）按调整结果，选择好调整垫片 s_1、s_2、s_3，装上输出轴、差速器。

b）如图 4-95 所示，由左方将主传动器盖装于变速器壳上，在主传动器盖上装合车速表从动齿轮及轴套，旋紧固定螺栓（20N·m）。因需调整差速器轴承预紧力，结合面暂不涂密封胶。

c）如图 4-96 所示，以专用工具压入主传动器盖上的半轴油封（朝内并涂以齿轮油）。将变速器壳后端面涂以密封胶，装上衬垫、定位销及输入、输出轴的后壳体，旋紧固定螺栓（25N·m）。

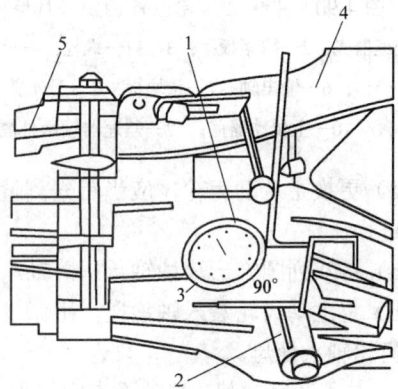

Note

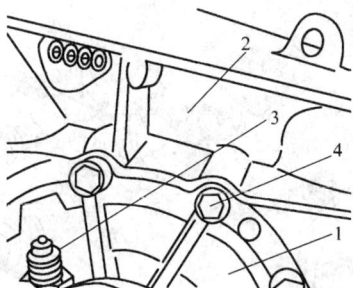

图 4-95 差速器与主传动器盖的安装

1—主传动器盖；2—变速器壳；3—车速表轴套；4—螺栓

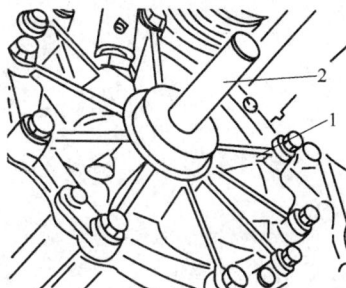

图 4-96 半轴油封的安装

1—主传动器盖；2—工具

d）将各挡拨叉轴置于空挡位置，使内选挡杆拨挡臂进入三、四挡槽内。后壳体端面涂以密封胶，装上衬垫；在后壳体上旋上两双导向螺栓，装合后盖并拧紧固定螺栓（25N·m）。拨动内选挡杆，检查各挡工作是否平顺。向变速器内注入齿轮油（API-GL4 或 SAE80）1.71L，如图 4-97、图 4-98 所示。

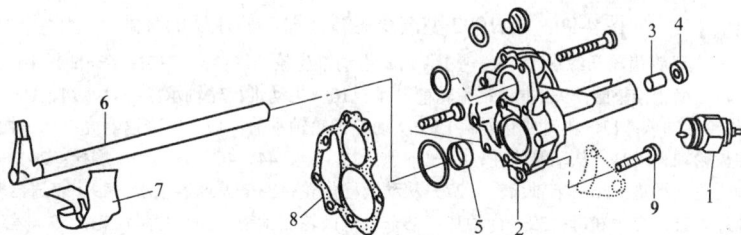

图 4-97 后盖上衬套的安装

1—倒车灯开关；2—后盖；3—内选挡杆后衬套；4—后油封；5—内选挡杆前衬套；6—内选挡杆；
7—异形弹簧；8—衬垫；9—螺栓

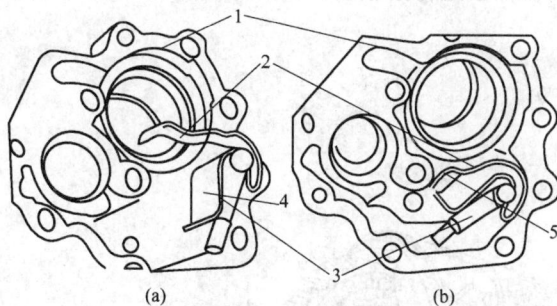

(a)   (b)

图 4-98 内选挡杆的安装

（a）安装前；（b）安装后

1—后盖；2—异形弹簧；3—内选挡杆；4、5—弹簧弯曲部

⚑ CA1092 汽车驱动桥的拆装与调整

图 4-99 为 CA1092 型汽车主减速器与差速器的分解图，其拆装调整顺序如下：

1. 主减速器的拆卸

（1）把主减速器总成装到翻转拆装台上。

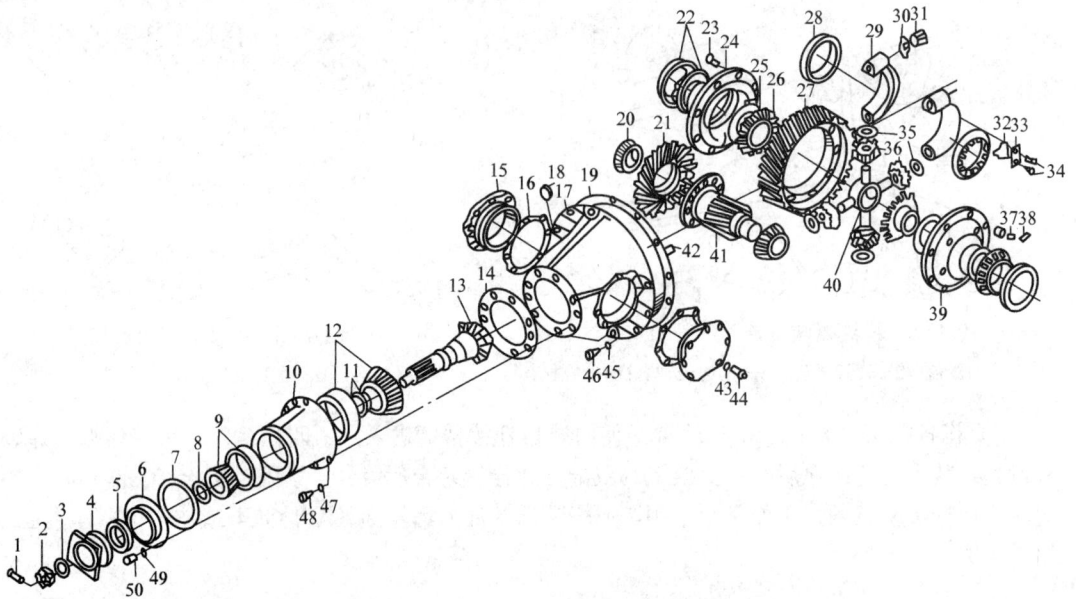

图 4-99　CA1092 型汽车主减速器与差速器的分解

1、38—开口销；2—主动锥齿轮凸缘螺母；3—垫圈；4—主动锥齿轮凸缘；5—油封；6—油封座；7、19—密封垫；
8—主动锥齿轮凸缘止推垫圈；9—主动锥齿轮前轴承；10—主动锥齿轮轴承座；11、14、16—调整垫片；
12—主动锥齿轮后轴承；13—主动锥齿轮；15—从动锥齿轮轴承盖；17—主减速器壳；18—加油孔螺塞；
20—主动圆柱齿轮轴承；21—从动锥齿轮；22—轴套；23、34、44、46、48、50—螺栓；24—差速器右壳；
25—半轴齿轮支承垫；26—半轴齿轮；27—从动圆柱齿轮；28—差速器轴承；29—差速器轴承盖；
30、33—锁片；31、37—螺母；32—止动片；35—行星齿轮支承垫；36—行星齿轮；39—差速器左壳；
40—十字轴；41—主动圆柱齿轮；42—螺柱；43、45、47、49—弹簧垫圈

（2）拆下固定差速器轴承盖的紧固螺母，拆下锁片，如图 4-100（a）所示。

（3）取下轴承盖和差速器轴承调整螺母，取下差速器总成，如图 4-100（b）所示。

（4）拆下主动锥齿轮轴承座与主减速器壳的连接螺栓，取下主动锥齿轮轴承座总成（图 4-101）及调整垫片。

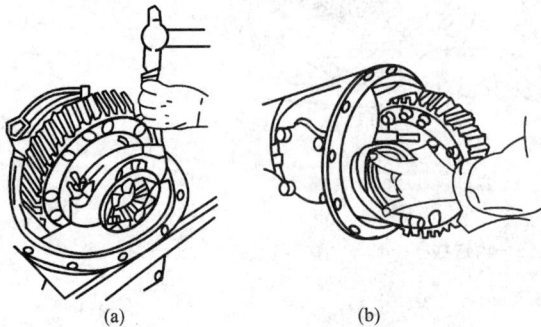

图 4-100　拆下差速器总成
（a）取下锁片；（b）取出差速器总成

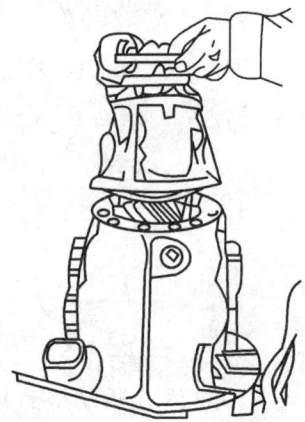

图 4-101　拆下主动锥齿轮轴承座总成

（5）将主动锥齿轮轴承座总成固定好，用鲤鱼钳拆下开口销（图 4-102）。

（6）用套筒扳手拆下主动锥齿轮凸缘螺母，取出垫圈，拉出主动锥齿轮凸缘。再拆下油封座及油封，取出轴承、调整垫片、主动锥齿轮等。

（7）拆下从动锥齿轮轴承盖螺栓，分别在左右轴承盖与主减速器壳之间做好标记后，取下左右轴承盖及调整垫片。

注意：左右调整垫片不可混放，应分开放置。

（8）从主减速器壳内取出从动锥齿轮总成，如图 4-103 所示。

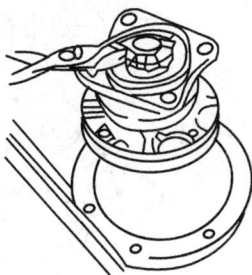
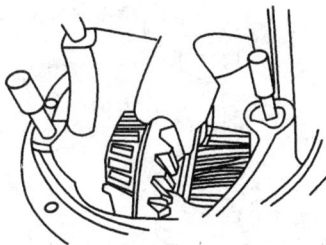

图 4-102　拆下开口销　　　　　　　　图 4-103　取出从动锥齿轮总成

2. 差速器的拆卸

（1）将差速器总成摆到工作台上。

（2）拆下开口销，拧下螺母。

（3）拆下连接螺栓，如图 4-104（a）所示。

（4）拆开差速器壳，如较紧，可用铜棒在壳的孔处轻轻敲击，使之分开，如图 4-104（b）所示。

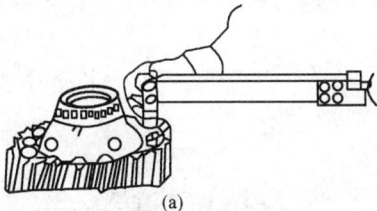
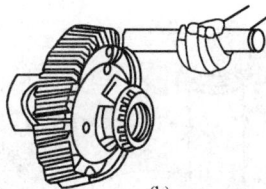

(a)　　　　　　　　　　　　　　　(b)

图 4-104　差速器总成的分解

(a) 拆下连接螺栓；(b) 敲击分解差速器

3. 差速器的装复

（1）将半轴齿轮及支承垫、十字轴、行星齿轮及支承垫的工作表面涂以润滑油，再依次装入差速器左壳中，然后盖上差速器右壳。

（2）装上差速器壳的连接螺栓、螺母，以 100～180N·m 的力矩交叉拧紧螺栓螺母，然后用开口销将螺母锁住。

（3）装上差速器左右轴承。

4. 主减速器的装复

（1）将主动锥齿轮前后轴承外圈以锥面大端朝外方向分别压入轴承座的座孔中，如图

4-105 所示。

（2）把后轴承内圈总成压入主动锥齿轮轴颈上。

（3）在轴承表面涂一层润滑油。

（4）把主动锥齿轮及后轴承装入轴承座中，如图 4-106 所示。

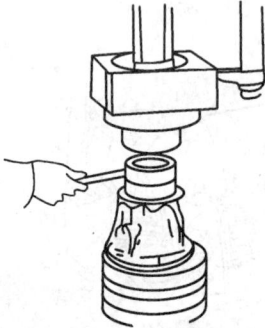

图 4-105 装复主动锥齿轮前后轴承外圈

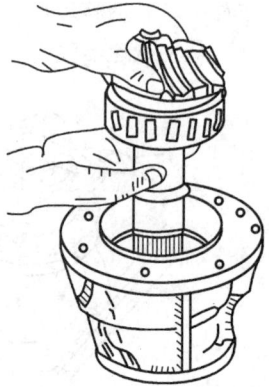

图 4-106 装主动锥齿轮

（5）装上调整垫片。

（6）把前轴承压到主动锥齿轮轴上，如图 4-107 所示。

（7）将油封外壳涂一层密封胶后压入油封座孔中，并在油封刃口上涂一层润滑油。

（8）装上凸缘止推垫圈、密封垫和油封座，并拧紧螺栓。

（9）装上主动锥齿轮凸缘、垫圈和螺母。

（10）用弹簧秤检测主动锥齿轮轴承的预紧度，如图 4-108 所示。预紧力矩应为 1.5～3.5N·m，相当于作用在凸缘孔处的圆周力为 25～58N，若不符合要求，应调整轴承预紧度。

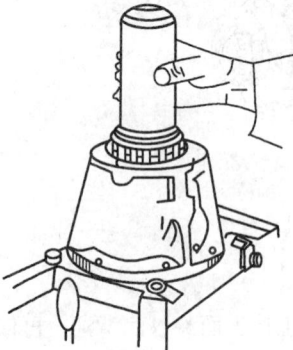

图 4-107 装复前轴承

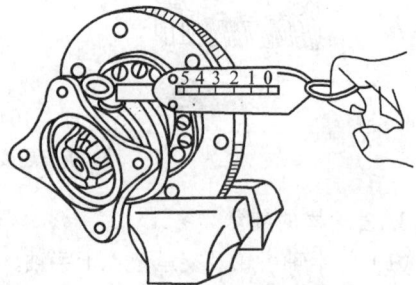

图 4-108 主动锥齿轮轴承预紧度的检测

（11）合格后，以 200～290N·m 的力矩复紧主动锥齿轮凸缘螺母，并装好开口销将其锁止。

（12）按标记（图 4-109 中箭头）装上调整垫片和主动锥齿轮轴承座总成。

（13）将从动锥齿轮总成装入主减速器壳内。注意从动锥齿轮应在主减速器壳加油螺塞一侧。

（14）在左、右从动锥齿轮轴承盖的轴承外圈涂一层润滑油，按原标记装上调整垫片及轴承盖，并以 80～90N·m 的力矩拧紧轴承盖螺栓。

（15）用弹簧秤检测从动锥齿轮轴承及主动圆柱齿轮的预紧度，如图 4-110 所示。预紧度应为 1.5～3.5N·m，如不符合应予调整。

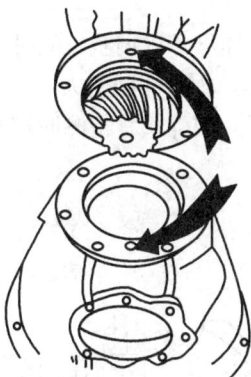

图 4-109　油孔位置对齐

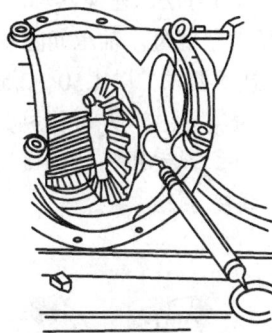

图 4-110　检查预紧度

（16）将差速器总成装到主减速器壳中，在轴承外圈表面涂以润滑油。

（17）按标记装上差速器轴承盖、锁片及紧固螺母，旋上差速器轴承调整螺母，并用专用工具将左、右差速器轴承调整螺母旋入，如图 4-111 所示，使主、从动圆柱齿轮对正，并使差速器轴承预紧度符合要求。

（18）以 170 N·m 的力矩拧紧差速器轴承盖螺母，然后用锁片锁住螺母。

（19）装上止动片，将差速器轴承调整螺母锁住。拧紧止动片固定螺栓后，将锁片的两角翻卷，锁住止动片固定螺栓，如图 4-112 所示。

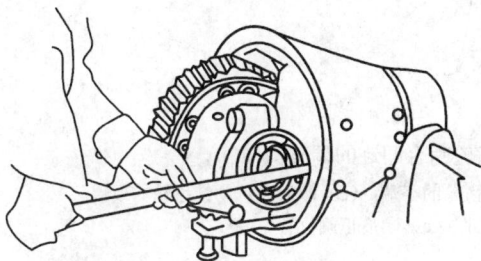

图 4-111　调整差速器轴承位置

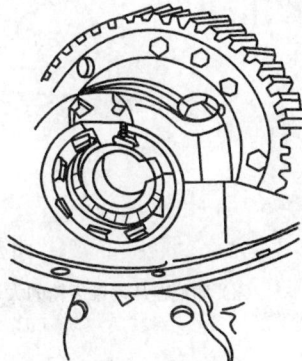

图 4-112　锁住止动片固定螺栓

（20）在主减速器和差速器调整后，用专用拆装小车将主减速器总成装车。

5. 主减速器和差速器的调整

（1）主动锥齿轮轴承预紧度的调整：

1）调整方法。主动锥齿轮轴承预紧度通过主动锥齿轮前轴承与轴台阶之间的调整垫片予以调整。增加调整垫片，轴承间隙增大，减少调整垫片，轴承间隙变小。

2）技术要求。用弹簧秤检测主动锥齿轮轴承的预紧度，如图 4-108 所示。预紧力矩应为 1.5～3.5N·m，如不符合要求应予调整。

（2）差速器轴承的间隙：

1）调整方法。差速器轴承的间隙通过转动差速器轴承的调整螺母予以调整。顺时针转差速器轴承调整螺母，轴承间隙变小，逆时针转差速器轴承调整螺母，轴承间隙变大。

2）技术要求。以 1.50～2.50N·m 的力矩应能转动差速器总成，用弹簧秤检测时切向力为 11.3～18.6N，且主、从动圆柱齿轮对正。

（3）主、从动锥齿轮的接触印痕：

1）调整方法：

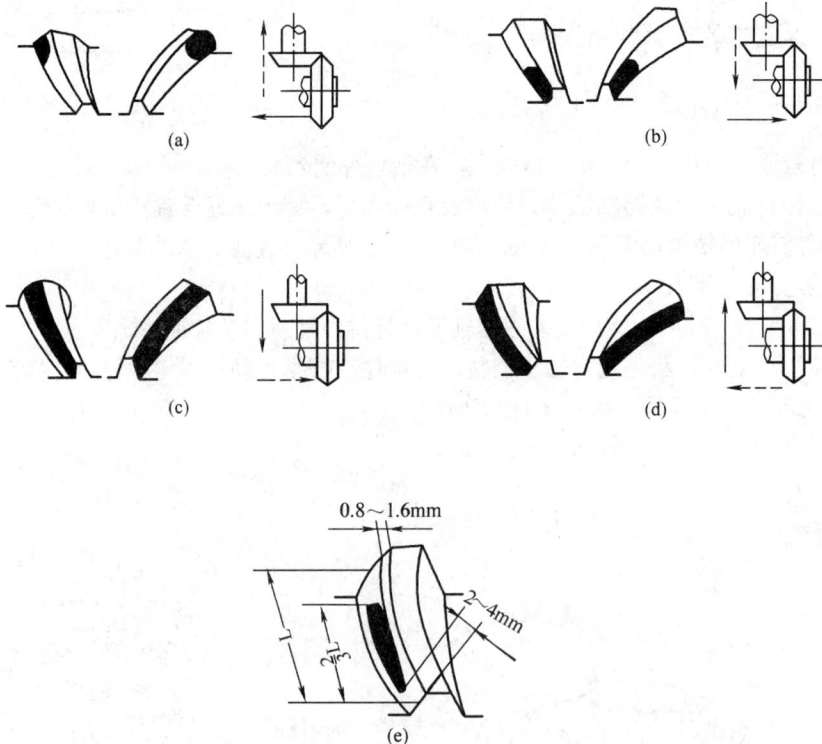

(a)   (b)

(c)   (d)

(e)

图 4-113 主、从动锥齿轮啮合印迹的调整

（a）印痕在从动锥齿轮的大端；（b）印痕在从动锥齿轮的小端；（c）印痕在从动锥齿轮的顶端；
（d）印痕在从动锥齿轮的根部；（e）印痕正确位置

a）接触印痕在从动锥齿轮的大端时，应将主减速器壳右侧调整垫片向左侧转移，使从动锥齿轮向左移进，如图 4-113（a）所示。

b）接触印痕在从动锥齿轮小端时，应将主减速器壳左侧的调整垫片向右侧转移，使从动锥齿轮向右移出，如图4-113（b）所示。

c）当接触印痕在从动锥齿轮顶端时，应减少主动锥齿轮轴承座与主减速器壳体之间的调整垫片，使主动锥齿轮移进，如图4-113（c）所示。

d）当接触印痕在从动锥齿轮的根部时，应增加主动锥齿轮轴承座与主减速器壳体之间的调整垫片，使主动锥齿轮向外移出，如图4-113（d）所示。

调整口诀："大进从，小出从；顶进主，根出主。"

2）技术要求。齿轮接触印痕长应达到50%以上，其位置控制在齿面中间偏向小端，离小端2～4mm；齿高方向的接触印痕应不小于有效齿高的50%，一般应离齿顶0.8～1.61mm，如图4-113（e）所示。

（4）差速器行星齿轮与半轴齿轮的间隙：

1）调整方法。差速器行星齿轮与半轴齿轮的间隙通过改变行星齿轮支承垫与半轴齿轮支承垫的厚度予以调整。加厚半轴齿轮支承垫或行星齿轮支承垫，两者之间间隙减小，反之则间隙增大。

2）技术要求。差速器行星齿轮与半轴齿轮间隙为0.2～0.3mm。

实验考核

↖ 考核要求

（1）按正确的操作步骤进行拆装。

（2）有关力矩必须按标准拧紧，使之符合技术标准。

↖ 考核时间

考核时间为40min。

↖ 考核标准

考核内容和评分标准见表4-5。

表4-5　　　　　　　　　考核内容和评分标准

考核项目	分值	评分标准	评价结果
正确使用工具	10	工具使用不当扣10分	
主减速器、差速器总成的拆卸	30	拆卸方法不正确扣15分	
		不符合技术要求扣15分	
主减速器、差速器的安装	40	安装方法不正确扣20分	
		不符合技术要求扣20分	
整理工具、清理现场	10	每项扣2分，扣完为止	
遵守相关操作规范	10	因违规操作发生人身和设备事故，此项按0分计	
分数合计	100		

实验报告

（1）桑塔纳汽车主减速器和差速器的拆装（实验报告模板见附录）。

（2）CA1092型汽车主减速器和差速器的拆卸（实验报告模板见附录）。

实验 **15** 行 驶 系 的 拆 装

实验目的及要求

↖ 实验目的

（1）了解汽车行驶系的组成，认识行驶系的主要总成和零部件。

（2）掌握车桥、车轮、车架和悬架的拆装方法和要求。

（3）学会汽车举升器、千斤顶、轮胎螺栓拆装机、U 形螺栓拆装机等机具的使用、操作方法。

↖ 实验要求

（1）掌握汽车行驶系统的组成及各组成的相互装配位置。

（2）掌握汽车前后悬架的结构及其拆装顺序。

实验预习及准备

↖ 实验工具及设备

（1）上海桑塔纳 2000 型轿车、解放 CA1092 型载货汽车各一台。

（2）工作平台、修理架若干。

（3）常用工具及汽车拆装机具。

↖ 实验课时

本实验 4 课时。

实验注意事项

（1）悬架总成不得进行焊接或整形处理。

（2）安装时，应擦净油污、残留物。

（3）所有螺栓和螺母的紧固力矩应符合规定。

（4）更换所有的自锁螺母。

实验内容与方法

汽车行驶系一般由车架、车桥、车轮和悬架等组成，如图 4-114 所示。

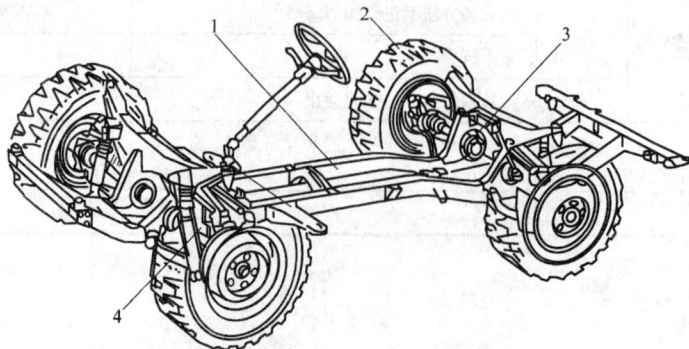

图 4-114　汽车行驶系的组成

1—车架；2—车轮；3—车桥；4—悬架

↖ 上海桑塔纳 2000 型轿车行驶系（前桥）的拆装

1. 前悬架总成的拆装

上海桑塔纳 2000 型轿车前悬架结构如图 4-115 所示；前桥零件的分解如图 4-116 所示；前悬架总成的分解如图 4-117 所示。

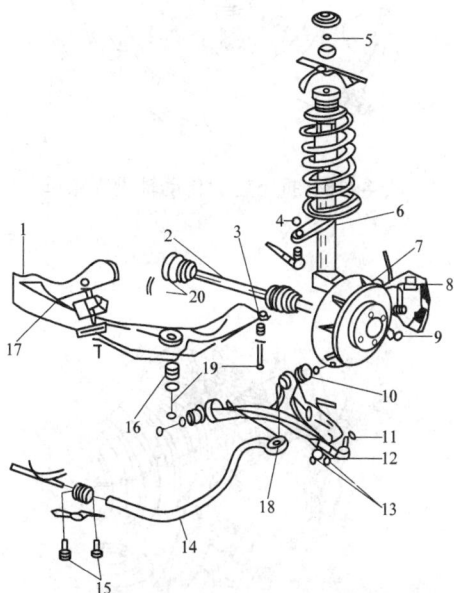

图 4-115　上海桑塔纳 2000 型轿车前桥与前悬架

1—副车架；2—传动轴；3—后橡胶衬套；
4、5、9、11、13、17、18—螺母；6—减振器；
7、15、19、20—螺栓；8—制动钳；10—下摇臂下座；
12—球头销；14—横向稳定杆；16—前橡胶衬套

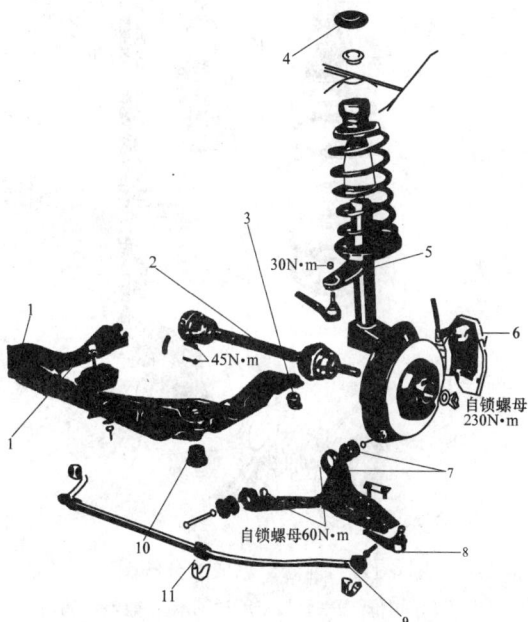

图 4-116　前桥零件的分解图

1—副车架；2—传动轴；3—副车架后轴衬；
4—盖；5—减振器支柱；6—制动钳；
7—下摇臂及支承；8—球形接头；9—稳定杆；
10—副车架前轴衬；11—自锁螺母（60N·m）

（1）前悬架总成的整体拆卸：

1）卸下车轮装饰罩。

2）旋松轮胎与传动轴的紧固螺母，力矩为 230N·m，旋松时车轮必须着地，如图 4-118 所示。

3）卸下垫圈，拧松车轮紧固螺母，力矩为110N·m，再用千斤顶举起汽车，拆下车轮。

4）旋下制动钳紧固螺栓，力矩为70N·m，取下制动盘。

5）拆下制动软管支架，并用铁丝将制动钳固定在车身上，如图 4-119 所示。

6）拆下球接头与车轮转向节的紧固螺栓。

7）压出横拉杆接头，力矩为30N·m，如图 4-120 所示。

8）拆下稳定杆的紧固螺栓，如图 4-121 所示。

9）拆下传动轴上轮毂（VL 节）的固定螺母。

10）向下掀压前悬架下臂，从车轮轴承壳内拉出传动轴，或者利用两个固定车轮凸缘上的螺孔，将压力装置 V·A·G·1389（专用工具）固定在轮毂上，用液压装置从车轮轴承壳内拉压出传动轴，如图 4-122 所示。

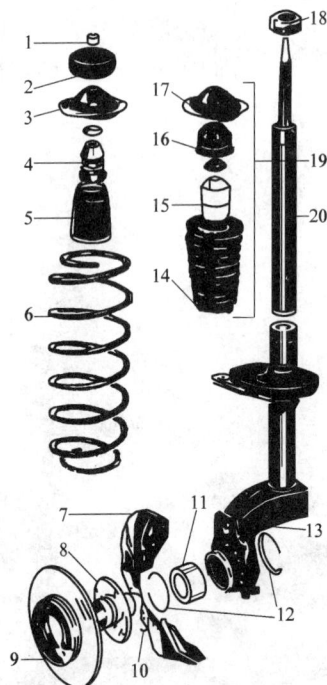

图 4-117　前悬架总成的分解图

1—开槽螺母；2—悬架支承轴轴承(只能整件调换)；
3—弹簧护圈；4—限位缓冲器；5—护套；6—螺旋弹簧；
7—挡泥板；8—轮毂；9—制动盘；10—紧固螺栓(10N·m)；
11—车轮轴承；12—卡簧；13—车轮轴承壳；14—辅助橡胶弹簧
(顶部扣入波纹管盖，底部穿入螺钉拉住盖)；15—波纹管；
16—波纹管盖；17—弹簧护圈带通气孔；18—螺母盖(150N·m)；
19—不良路面选装件(M103)；20—减振器

图 4-118　拆下轮毂传动轴紧固螺母

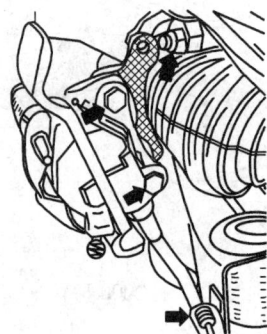

图 4-119　拆制动钳紧固螺母

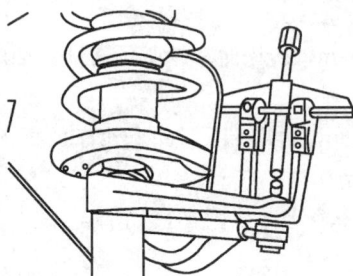

图 4-120　压出横拉杆接头

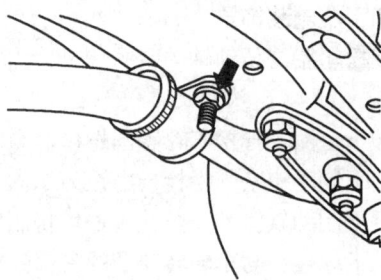

图 4-121　拆卸稳定杆

　　11）拆掉压力装置，取下盖子，支承减振器支柱下部，旋下活塞杆的螺母，用内六角扳手阻止活塞杆的转动，如图 4-123 所示。

　　12）用拉具压住弹簧座圈，压缩压紧弹簧，松开紧固开槽螺母，放松弹簧。

　　13）拆卸减振器。

　　14）拆卸螺旋弹簧、橡胶护套、前悬架上支承，拆下减振器。

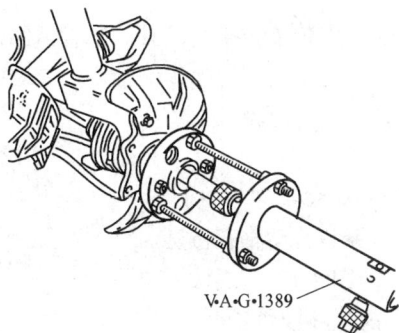

图4-122 用 V·A·G·装置压出传动轴

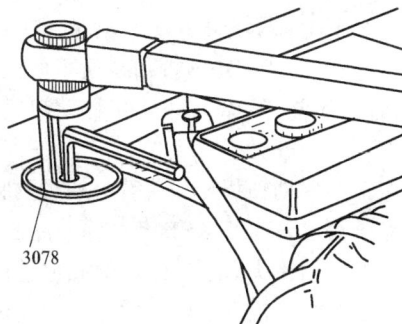

3078

图4-123 旋下活塞杆螺母

（2）前悬架总成的安装。前悬架总成的安装顺序基本上与拆卸顺序相反，但是在安装时要注意以下几点：

1）不允许对前悬架总成进行焊接或整形处理，不合格的要更换新的零部件总成。

2）安装传动轴时，必须擦净传动轴与轮毂花键齿面上的油腻和残留物，将外等速万向节的花键涂上一圈 5mm 宽的防护剂 D6，然后再进行装配。

3）涂 D6 防护剂的传动轴，应在装车后停车 60min 后，才可使用汽车。

4）安装时，所有螺栓和螺母的紧固力矩应符合规定。

5）安装时所有的自锁螺母，必须更换新件。

2. 传动轴总成的拆装

图4-124 所示为传动轴总成分解图，其具体的拆装方法如下：

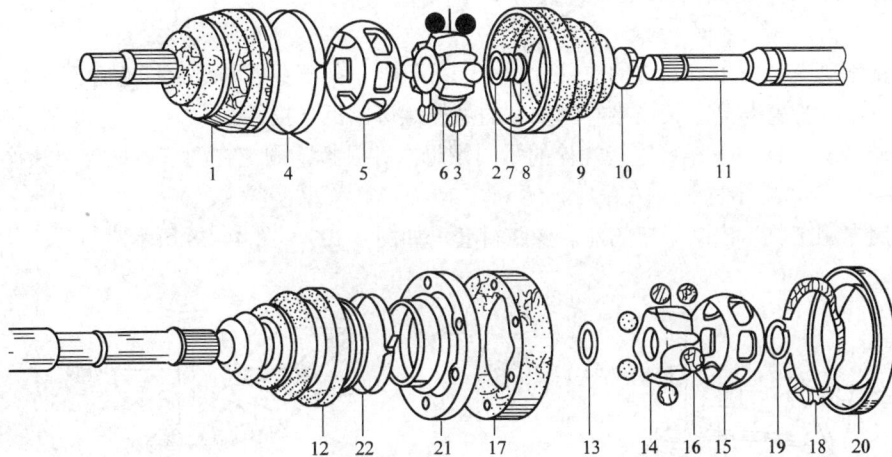

图4-124 传动轴分解图

1—RF 外星轮；2、19—卡簧；3—钢球；4—夹箍；5—RF 球笼；6—RF 内星轮；7—中间挡圈；8、13—碟形弹簧；9—橡胶护套；10、22—夹箍；11—花键轴；12—橡胶护套；14—VL 节内星轮；15—VL 节球笼；16—钢球；17—VL 节外星轮；18—密封垫片；20—塑料护罩；21—VL 节护盖

（1）传动轴的拆卸：

1）在车轮着地时，旋下传动轴与轮毂的紧固螺母。

2）旋下传动轴上的法兰螺栓，如图4-125 所示。

165

3）将传动轴与法兰分开。

4）从车轮轴承壳内拉出传动轴，或者利用 V·A·G 压力装置拉出传动轴。注意拆卸传动轴时轮毂绝对不能加热，否则会损坏车轮轴承，原则上应使用拉具；拆掉传动轴后，应装上一根连接轴来代替传动轴，以防止移动卸掉传动轴的车辆时，损坏前轮轴承总成。

（2）传动轴的安装：

1）擦净传动轴和轮毂花键上油污及脏物，涂上锂基黄油脂。

2）外等速万向节（RF 节）涂一圈 5mm 防护剂 D6，再装传动轴花键套。

3）将球销接头重新装配在原始位置，并拧紧螺母，如图 4-126 所示。

4）必要时，检查前轮外倾角，安装球销接头时，不能损坏波纹护套。

5）车轮着地后，拧紧轮毂固定螺母。

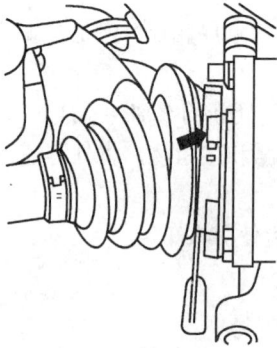

图 4-125　拆卸传动轴法兰螺栓

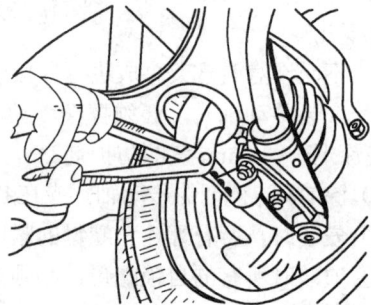

图 4-126　安装球销接头

3. 副车架、下摇臂和稳定杆的拆装

（1）拆卸：

1）旋下副车架与车身固定的前悬置螺栓，拆下副车架下摇臂与稳定杆组合件。

2）旋松下摇臂与副车架连接橡胶轴套的螺栓螺母，拆下摇臂。

3）旋松稳定杆与下摇臂连接螺栓的紧固螺母，并且拆下固定在副车架处支架螺栓，拆下稳定杆。

4）用专用工具压出副车架的前后橡胶衬套，如图 4-127、图 4-128 所示。

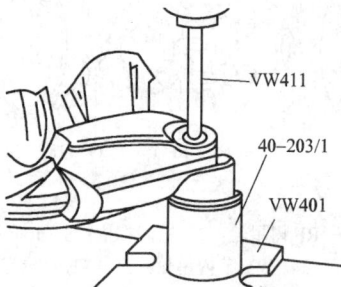

图 4-127　压出副车架前端橡胶支承

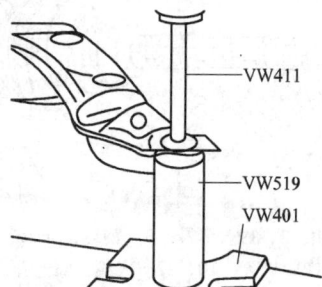

图 4-128　压出副车架后端橡胶支承

5）用专用工具压出下摇臂两端橡胶轴承和前后衬套，如图 4-129 所示。

（2）安装。安装顺序与拆卸顺序相反。

1）用专用工具压入下摇臂橡胶轴承和前后衬套，如图4-130所示。

2）用专用工具压入副车架前后端橡胶衬套，如图4-131、图4-132所示。

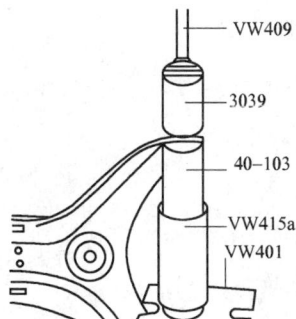

图4-129 压出下摇臂两端橡胶轴承

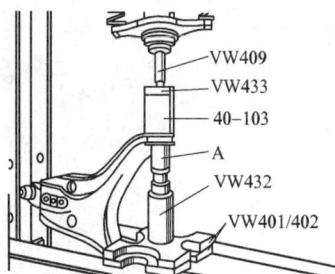

图4-130 压入下摇臂橡胶轴承和前后衬套

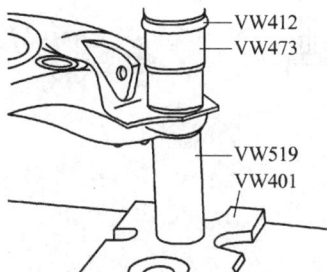

图4-131 压入副车架前橡胶衬套

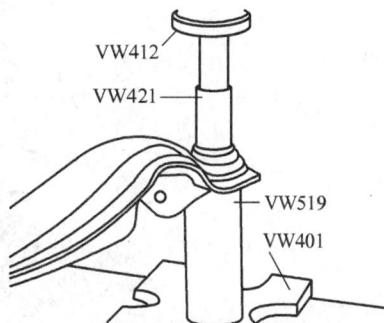

图4-132 压入副车架后橡胶衬套

3）装上下摇臂，以50N·m的力矩拧紧摇臂与副车架连接橡胶轴套的螺栓螺母。

4）装上副车架摇臂组合件，拧紧副车架与车身固定的前悬架螺栓。

5）安装稳定杆，安装时弯管向下弯曲时为正确位置。安装时，最好先使夹箍处于较松状态，然后进行短距离试车，这时橡胶衬套会自动滑入规定的位置，紧接着用25N·m的力矩固定螺栓。

6）用60N·m的力矩拧紧固定下摇臂与副车架的连接螺栓螺母。

7）副车架安装固定至车身上。固定螺栓的安装顺序按车辆行驶方向为：① 后左螺栓；② 后右螺栓；③ 前左螺栓；④ 前右螺栓。规定的拧紧力矩均为70N·m。

8）安装之后，副车架内部必须进行防腐处理。如果换用新的副车架，那么在前悬架下臂安装之后，新副车架内部必须用防腐蜡进行处理。安装时，凡用过的自锁螺母，必须一律更换新件，不准反复使用拆卸下的旧螺母。凡有规定的力矩，必须按照规定值拧紧螺栓螺母，不得过紧或过松。

4. 减振器的分解

图4-133为减振器的分解图，其具体拆卸顺序如下：

（1）从减振器上拆下挡泥板固定螺栓，取下挡泥板。

（2）用专用工具压缩螺旋弹簧，如图4-134所示。用内六角扳手固定住活塞杆，拆下活塞杆上的锁紧螺母，如图 4-135 所示。

（3）拆下弹簧压缩工具，取下螺旋弹簧及弹簧座。

（4）从减振器上压出轮毂，取下挡圈。

（5）用专用工具旋下减振器螺母盖，从支柱内取出减振器。

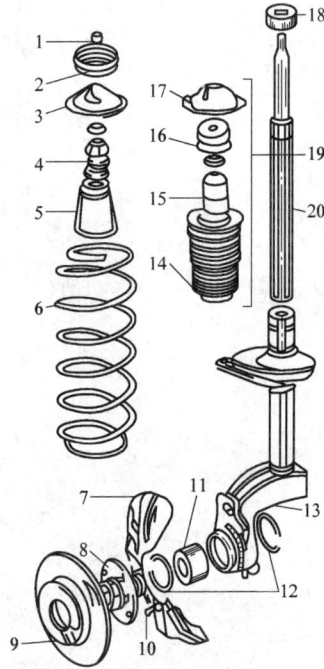

图 4-133　减振器的分解

1—螺母；2—支承座；3—护圈；4—缓冲块；5—护套；6—弹簧；7—防溅盘；8—轮毂；
9—制动盘；10—螺栓；11—轴承；12—卡簧；13—轴承壳；14—橡胶弹簧；
15—缓冲块；16—盖；17—护圈；18—螺母；19—选装件；20—减振器

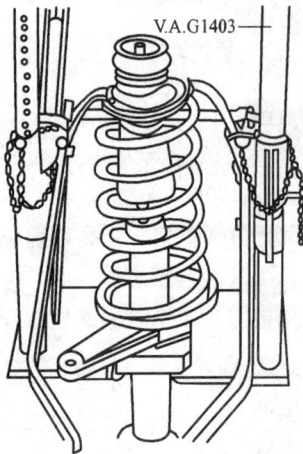

图 4-134　用专用工具压缩螺旋弹簧

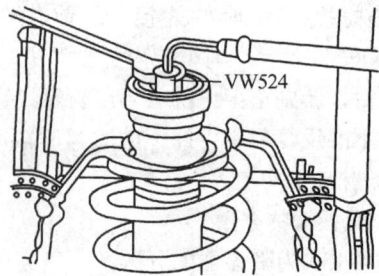

图 4-135　拆活塞杆上的锁紧螺母

5. 后桥与后悬架的拆卸

图4-136为桑塔纳汽车后桥与后悬架的分解图，其拆卸方法如下：

（1）拆下驻车制动器拉索。

（2）拆下轴体上的制动管和制动软管。

（3）拆下支承座，仅留一只螺母支承。

（4）拆下排气管吊环。

（5）用专用工具支承后桥横梁。

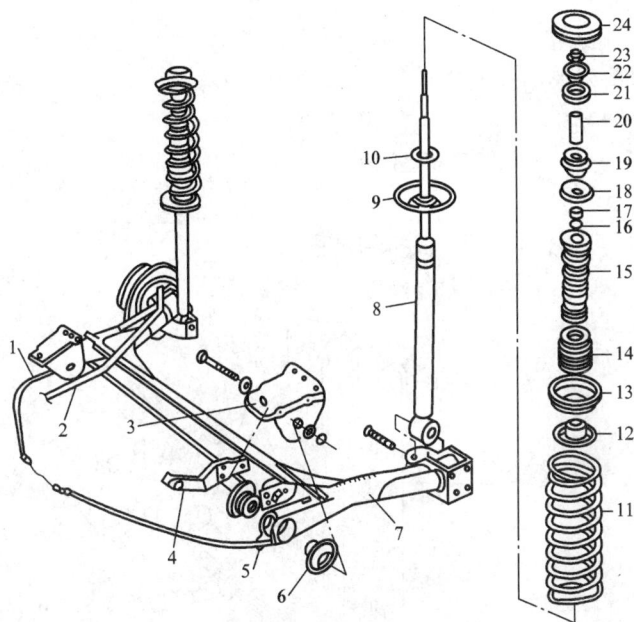

图4-136 桑塔纳汽车后桥与后悬架的分解

1—驻车制动器拉索；2—制动管；3—后桥支承座；4—调节弹簧支架；5—支承制动器拉索支架；6—衬套；7—后桥体；8—减振器；9—下弹簧座；10、18—垫圈；11—螺旋弹簧；12—护盖；13—上弹簧座；14—波纹橡胶管；15—缓冲块；16—卡簧；17—隔圈；19—下轴承环；20—隔套；21—上轴承环；22—隔圈；23—自锁螺母；24—盖板

（6）拆下车身内的减振器盖板。

（7）用内六角扳手固定住减振器活塞杆，用专用工具旋下自锁螺母，如图4-137所示。

（8）拆下车身上的支承座。

（9）慢慢升起车辆。

（10）抽出驻车制动器拉索。

（11）从车下取出后桥。

（12）用专用工具压缩螺旋弹簧，拆下活塞杆卡簧。

（13）取下缓冲块、波纹橡胶管、上弹簧座、螺旋弹簧、护盖。

（14）拆下垫圈和下弹簧座。

6. 后桥与悬架的装复

（1）将下弹簧座圈和垫圈卡装在减振器筒的外圈上。

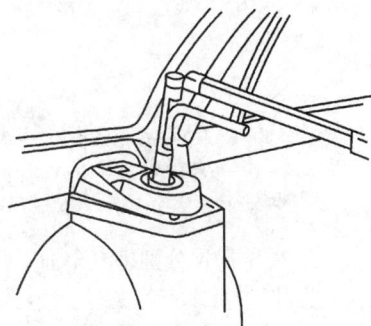

图4-137 用专用工具拆下自锁螺母

（2）装上护盖、螺旋弹簧、上弹簧座、波纹橡胶管、缓冲块。

（3）用专用工具压缩螺旋弹簧，装上活塞杆卡簧。

（4）将减振器安装在后桥体上，以70N·m的力矩拧紧固定螺栓。

（5）将驻车制动拉索铺设在排气管上方。

（6）将后桥装置在车身下面。

（7）将减振器支承杆装入车身的支架中，以45N·m的力矩旋紧减振器活塞自锁螺母。

（8）装上支承座，以45N·m的力矩拧紧支承座固定螺母。

（9）盖上盖板。

（10）装上车轮制动器。

（11）装上制动管和制动软管。

（12）装上排气管吊环。

CA1092型汽车悬架和减振器的拆卸

1. 前悬架的拆卸

前悬架的分解如图4-138所示，其拆卸过程如下：

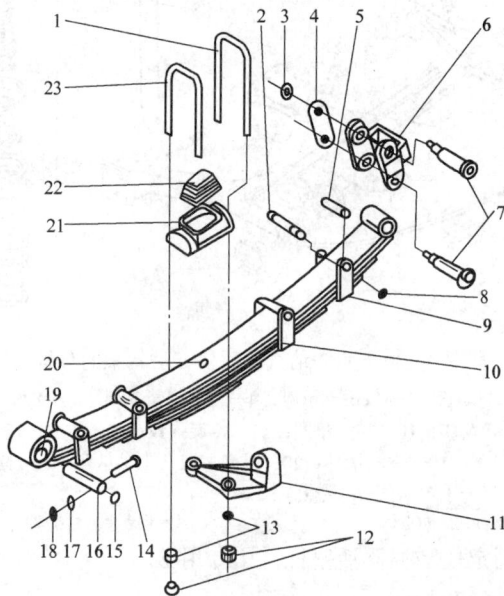

图4-138　前悬架的分解

1、23—U形螺栓；2—螺栓；3、8、12、18—螺母；4—吊环销锁片；5—隔管；
6—吊环；7—吊环销；9、10—钢板弹簧夹箍；11—减振器下支架；13、17—弹簧垫圈；
14—锁紧螺栓；15—滑脂嘴；16—支架销；19—衬套；20—中心螺栓；21—盖板；22—软垫

（1）用千斤顶分别将汽车前、后桥支起，并用搁车凳架好车架的前部、后部，确保作业安全。

（2）拆下汽车所有车轮。

（3）拆下减振器连接销螺母，铳出连接销，卸下减振器总成。

（4）拆下前钢板弹簧U形螺栓螺母，卸下减振器下支架。

（5）拆下前钢板弹簧盖板及软垫，然后卸下前轴。

（6）撬开前钢板弹簧吊环销锁片，拧下吊环销的螺母，铳出吊环销，将钢板弹簧的一端从吊环中卸下。

（7）拆下支架销锁紧螺栓、垫圈和滑脂嘴，铣出锁紧螺栓和支架销，卸下前钢板弹簧总成。

（8）拆下钢板弹簧夹箍的螺栓螺母及隔管，用夹具将前钢板弹簧夹住，然后拆下钢板弹簧的中心螺栓螺母，拆出各片钢板弹簧。

（9）用铣头打出支架销的衬套。

2. 减振器的分解

如图 4-139 所示为双向作用筒式减振器的分解图，其拆卸顺序如下：

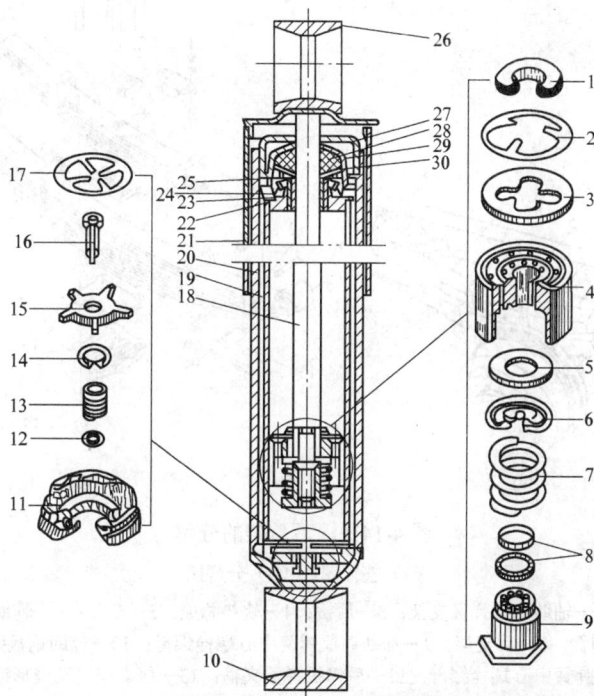

图 4-139　双向作用筒式减振器的分解

1—流通阀限位座；2—流通阀弹簧片；3—流通阀；4—活塞；5—伸张阀；6—支承座圈；7—伸张阀弹簧；8—调整垫片；9—压紧螺母；10—下吊环；11—支承座；12—压缩阀弹簧座；13—压缩阀弹簧；14—压缩阀；15—补偿阀；16—压缩阀杆；17—补偿阀弹簧片；18—活塞杆；19—工作缸；20—储油缸；21—防尘罩；22—导向座；23—衬套；24—油ской弹簧；25—O 形密封圈；26—上吊环；27—储油缸螺母；28—油封；29—油封盖；30—油封垫圈

（1）清除减振器外表尘垢，并把减振器下吊环夹在台虎钳上。

（2）把减振器活塞杆拉到底，使防尘罩与储油缸之间露出一点距离，将专用扳手插入，旋下储油缸螺母，如图 4-140 所示。

（3）用挑针把 O 形密封圈由导向座的槽内挑出，然后把活塞及导向座从工作缸及储油缸中拔出。

（4）把缸筒内的减振液倒净，从储油缸中取出工作缸，如不必要，可不拆工作缸中的支承座总成。

（5）活塞总成的分解。将减振器上吊环固定在台虎钳上，旋下压紧螺母，依次取下调整垫片、伸张阀弹簧、支承座圈、伸张阀、活塞、流通阀、流通阀弹簧片、流通阀限位座，再拆下导向座、衬

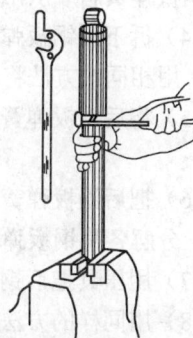

图 4-140　旋下储油缸螺母

171

套、油封弹簧、O 形密封圈、油封垫圈、油封及油封盖等。在拆下时应注意零件按顺序摆放，以便装复。

3. 后悬架的拆卸

如图 4-141 所示为后悬架的分解图，其拆卸顺序如下（准备工作与前悬架拆卸相同）：

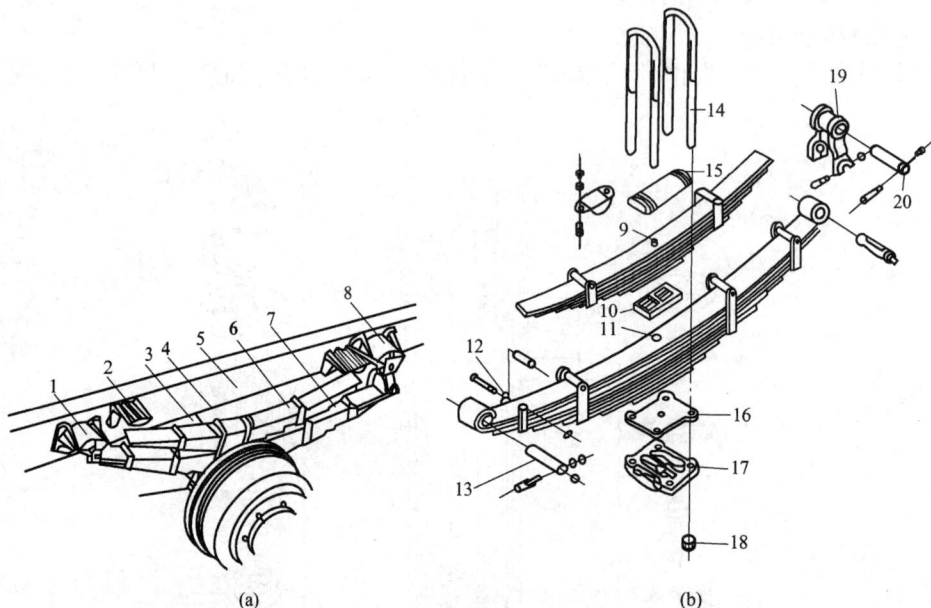

图 4-141　后悬架的分解

（a）整体图；（b）分解图

1—前支架；2—辅助钢板弹簧支架；3—后桥；4—软垫总成；5—车架；6—辅助钢板弹簧；
7—后钢板弹簧；8—后支架；9—辅助钢板弹簧中心螺栓螺母；10—辅助钢板弹簧垫板；
11—后钢板弹簧中心螺栓螺母；12—后钢板弹簧夹箍；13—前支架销及楔形锁紧螺母；
14—U 形螺栓；15—盖板；16—垫板；17—连接片；18—螺母；19—吊环；20—吊环销

（1）用 U 形螺栓拆装机或扳手拧下后钢板弹簧 U 形螺栓螺母，卸下 U 形螺栓。

（2）卸下后钢板弹簧盖板、辅助钢板弹簧总成、辅助钢板弹簧垫板、垫板、连接片，然后撤走后桥的支承，使后桥总成安全落地。

（3）拧下吊环销的锁紧螺栓螺母，拧下滑脂嘴，取出吊环销的锁紧螺栓，再取出吊环销，将后钢板弹簧总成从吊环中卸下。

（4）拆下后钢板弹簧前支架销楔形锁紧螺栓及螺母，用铳头打出支架销，卸下后钢板弹簧总成，用相同的方法将吊环从后支架中拆下。

（5）将后钢板弹簧四个夹箍螺栓螺母与辅助钢板弹簧的两个夹箍螺栓螺母、夹箍、隔管等拆下。

（6）把后钢板弹簧和辅助钢板弹簧总成抬到专用夹具中夹紧，拆下中心螺栓螺母，再松开夹具，分解各片钢板弹簧。

（7）用压具把后钢板弹簧卷耳衬套压出。

（8）用同样的方法拆出吊环的衬套，如磨损不严重可以不拆。

（9）钢板弹簧夹箍如断裂，可用铳头把连接弹簧片和夹箍的铆钉从弹簧片上打出，再将弹簧片和夹箍分开。

4. CA1092 型汽车前悬架的装复

（1）将卷耳衬套压入第一片钢板弹簧的卷耳中。各片钢板弹簧除锈后，均涂上石墨润滑剂。

（2）将各片钢板弹簧叠在夹具上，使中心螺栓自下而上穿过各片钢板弹簧的中心孔，并用夹具压缩各片钢板弹簧，使中心螺栓露出，再用螺母拧紧。松开夹具，抬下钢板弹簧总成。

（3）装上所有弹簧夹箍、螺栓、隔管及螺母。

注意：钢板弹簧夹箍螺栓尾端应背向轮胎一侧，以免螺母松脱后，螺栓刮伤轮胎。弹簧夹箍的两侧与钢板弹簧应有 0.7～1.5mm 的间隙，夹箍的隔管与钢板端平面应有 1.0～1.5mm 的间隙，以保证钢板弹簧的正常工作。

（4）把第一片弹簧前卷耳放入前支架中，用撬棍配合，装入支架销和楔形锁紧螺栓及螺母，并拧紧螺母。

（5）把第一片钢板弹簧后卷耳放入后吊环中，仍用撬棍配合，装上钢板弹簧吊环销、吊环销锁片及紧固螺母。

（6）分别在支架销和吊环销上装好滑脂嘴，然后加注润滑脂。

（7）将前轴抬至前悬架的下面，使前轴的对应平面与前钢板弹簧的底面对准（中心螺栓尾部对准前轴对应平面的座孔），再在第一片钢板弹簧的对应位置，摆好连接片和软垫，装上 U 形螺栓、减振器下支架，旋上 U 形螺栓的螺母，并按规定力矩交叉拧紧。

5. 减振器总成的装复

（1）减振器活塞总成的装复。将减振器活塞杆固定好，依次装上储油缸螺母、油封盖、油封、油封垫圈、O 形密封圈、油封弹簧、衬套、导向座，再装上流通阀限位座、流通阀弹簧片、流通阀、活塞、伸张阀、支承座圈、伸张阀弹簧、调整垫片及压紧螺母。

注意：在装配油封时，应把外表面具有圆角的一端朝向储油缸螺母，不要碰伤油封的刃口，以免出现漏油。

（2）在工作缸的一端压入支承座总成，检查隔片距支承座的距离是否正确（指隔片至工作缸与支承座接缝处的距离，应为 120mm），然后把工作缸与支承座总成装入储油缸内。

（3）加入减振液，加液量为 370mL。注意在加减振液前，应用 1200～1300 孔/cm 的金属丝网将减振液过滤，严禁金属屑或棉纱等混入。如无量杯，可把工作缸取出，往储液缸内直接加减振液，直至液面距储液缸上端面 125mm 处为止。

（4）把活塞杆及活塞总成装入工作缸内，使导向座的止口套入工作缸，装好密封环（注意每次拆卸后都要更换新的密封环装复），并以 59N·m 的力矩拧紧储液缸螺母。

（5）进行减振器工作性能试验：

1）将减振器往复拉动 2～3 次，看其阻力是否恢复和有无因缺液造成的空程现象。在向上拉时，应感到有沉重的阻力；向下压时，应有较轻的阻力。往复过程中阻力应均匀。

2）对拆修后的减振器，其阻力允许下降 20%～25%。如果阻力相差过大，或有忽轻忽重、卡住及明显的空程等缺陷，应进行检修。

3）试验完毕，将减振器平放 24h，不允许出现渗漏现象。

（6）装车时，把减振器下吊环装于下支架的对应孔中，装上橡胶衬套、连接销、垫圈及螺母，并予以拧紧，再把减振器上吊环通过连接销与上支架连接在一起。

6. 后悬架的装复

（1）用烧红的铆钉将钢板弹簧夹箍铆在相应的钢板弹簧上。

（2）将卷耳衬套和吊环衬套分别压入卷耳和吊环孔中。

（3）用钢板弹簧夹具将各片主钢板夹紧后，再装上中心螺栓及螺母，并予以拧紧。用同样的方法装好辅助钢板弹簧总成。

（4）分别装上主、辅钢板弹簧上所有的夹箍、隔管、螺栓螺母，并予以拧紧。装配要求与前悬架相同。

（5）将后钢板弹簧总成装复，其方法和要求与前悬架相同。

（6）分别在前后支架的销和吊环销上装好滑脂嘴，并加注润滑脂。

（7）将后桥总成与后悬架装合，其方法和要求与前悬架基本相同。

（8）放上垫板，再装上辅助钢板弹簧总成。

实验考核

▶ 考核要求

（1）按正确的操作步骤进行拆装。

（2）有关力矩必须按标准拧紧，使之符合技术标准。

▶ 考核时间

考核时间为 40min。

▶ 考核标准

考核内容和评分标准见表 4-6。

表 4-6　　　　　　　　　　　实验考核内容和评分标准

考核项目	分值	评分标准	评价结果
正确使用工具	10	工具使用不当扣 10 分	
悬架总成的拆卸	30	拆卸方法不正确扣 15 分	
		不符合技术要求扣 15 分	
悬架的安装	40	安装方法不正确扣 20 分	
		不符合技术要求扣 20 分	
整理工具、清理现场	10	每项扣 2 分，扣完为止	
遵守相关操作规范	10	因违规操作发生人身和设备事故，此项按 0 分计	
分数合计	100		

实验报告

1. 桑塔纳前后悬架的拆装（实验报告模板见附录）。

2. CA1092 型汽车悬架和减振器的拆装（实验报告模板见附录）。

实验 16 转 向 系 的 拆 装

实验目的及要求

▶ 实验目的

（1）掌握转向系的组成及构造、工作原理。

（2）掌握各种转向器的拆装过程及调整方式。

（3）了解转向操纵机构的拆装过程。

🔺 实验要求

（1）掌握转向节和主销、横直拉杆、转向器的拆装与解体及调整的方法。

（2）了解转向节、主销、前轴的装配关系及前轮定位。

（3）掌握转向系组成、转向梯形机构及连接关系。

实验预习及准备

🔺 实验工具及设备

（1）常用拆装工具、拉器、锤子、铜锭头等。

（2）上海桑塔纳2000型、解放CA1092型汽车各一台。

（3）齿轮齿条式转向器、循环球式、蜗杆曲柄指销式转向器。

（4）润滑油、润滑脂、棉纱、油盆。

🔺 实验课时

本实验2课时。

实验注意事项

（1）正确使用工具、量具。

（2）严格按照拆装过程进行拆装，注意安全。

（3）注意观察各装配标记和润滑部位。

（4）油泵上和在转向控制阀上固定泄放螺栓的密封环只要被拆卸，就应该更换。

实验内容与方法

🔺 桑塔纳汽车转向系统的拆卸

1. 桑塔纳汽车转向操纵机构的拆卸

桑塔纳轿车的动力转向系统如图4-142所示，其拆卸顺序如下：

（1）向下按方向盘中间盖板的橡皮边缘，用工具撬出方向盘盖板，如图4-143所示。

（2）拆下安全气囊总成。在拆卸前必须将蓄电池电源线断开，使车轮朝向正前方。拆下方向盘后方两个下盖，用扭矩套筒扳手拧松两个扭矩螺钉，如图4-144所示。从方向盘上找出方向盘气囊总成，然后断开气囊连接器，如图4-145所示。

在拆卸时要注意：

1）保存方向盘安全气囊总成时，必须使其上表面朝上。

2）绝不要分解方向盘安全气囊总成。

3）在拆下方向盘安全气囊总成时，小心不要拔出安全气囊电线线束。

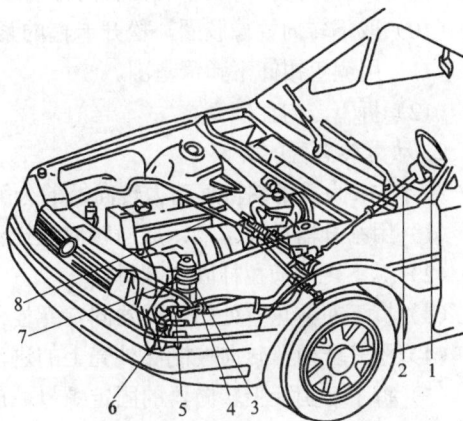

图4-142 桑塔纳轿车的动力转向系统

1—转向盘；2—转向柱；3—储油罐；
4—回油管；5—进油管；6—液压泵；
7—动力转向器；8—横拉杆

图 4-144 安全气囊总成拆装

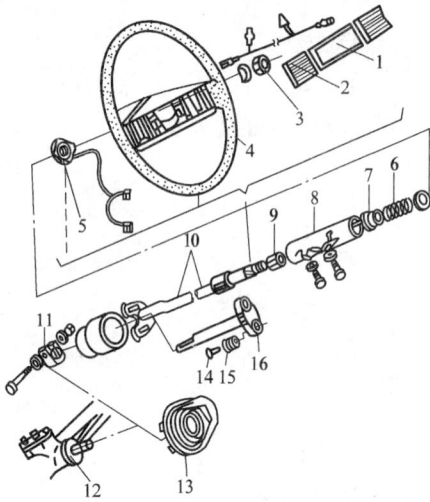

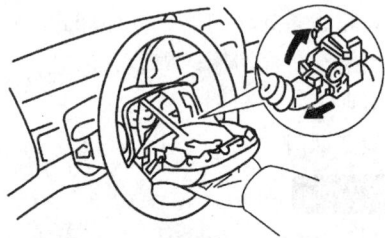

图 4-143 转向柱的分解

1—中间盖板；2—喇叭按钮盖；3—螺母；
4—方向盘；5—接触环；6—弹簧；7—连接圈；
8—转向柱套管；9—轴承；10—上转向柱；
11—卡箍；12—转向器；13—橡胶圈；
14—尼龙销；15—橡胶圈；16—下转向柱

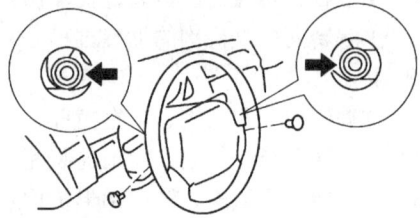

图 4-145 安全气囊总成拆装

（3）取下喇叭按钮盖，拆下喇叭按钮及相关的接线。

（4）拆下方向盘的固定螺母，在方向盘和主轴上做好装配记号，用拉器将方向盘取下。

（5）拆下转向柱上的组合开关总成。

（6）拆下阻风门控制手柄。

（7）旋下仪表装饰板上的四个螺钉，拆下装饰板。

（8）松开转向柱套管上的两只固定螺栓，拆下套管。

（9）将上转向柱往下压，使上转向柱端部凸缘上的两个传动销脱离下转向柱，取出上转向柱。

（10）取下转向柱橡胶圈，松开卡箍的紧固螺栓，取下下转向柱。

（11）用鲤鱼钳卸下弹簧垫圈。

（12）拆下方向盘锁壳。

2. 动力转向器的拆卸

图 4-146 为桑塔纳轿车动力转向器的分解图，其拆卸顺序如下：

（1）用举升器举起车辆，放净转向液压油。

（2）拆下转向横拉杆固定螺母。

（3）拆下左前轮罩处的转向器固定螺栓，如图 4-147 所示。

（4）松开转向器转向控制阀外壳上的进油管。

（5）拆下后围板上转向器的固定螺母，放下车辆。

（6）拆下固定齿条与转向横拉杆的螺栓。

（7）拆下仪表板侧面下盖、通风管和踏板盖。

（8）拆下转向齿轮轴与联轴节的紧固螺栓，使各轴分开。

（9）拆下转向器防尘护套，并拆下转向器挡盖。

Note

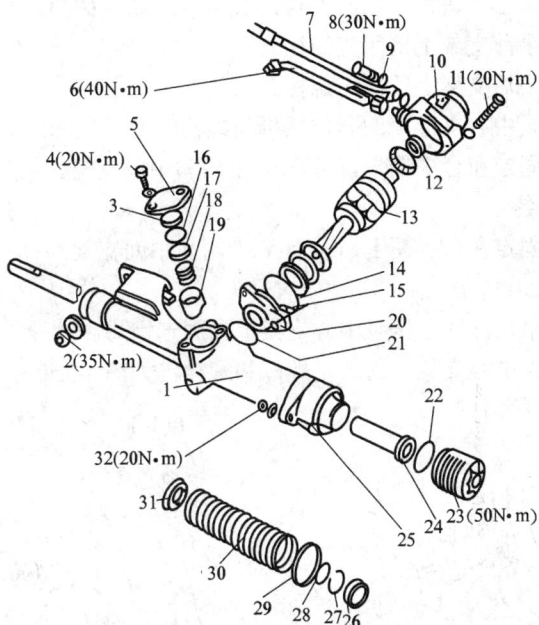

图 4-146　桑塔纳轿车动力转向器的分解

1—转向器外壳；2—自锁螺母；3—密封座；4—螺栓；5—压盖；6—高压油管；7—回油管；8—油管螺栓；9—密封圈；10—液压分配阀体罩壳；11—螺栓；12—油封；13—带液压分配阀的主动齿轮；14、15、21、22—O 形密封圈；16—密封圈；17—补偿垫圈；18—弹簧；19—滑块；20—中间盖；23—密封盖；24—带活塞的齿条；25—内六角螺栓；26—齿条密封罩；27—挡圈；28—齿形垫圈；29—夹箍；30—防尘罩；31—固定环；32—螺母

（10）从车厢内部拆下固定在转向器控制阀外壳上回油管的连接螺栓。

（11）从后围板上拆下转向器固定螺母，取下转向器。

3. 转向助力泵的拆卸

图 4-148 为转向助力泵的分解图，其拆卸顺序如下：

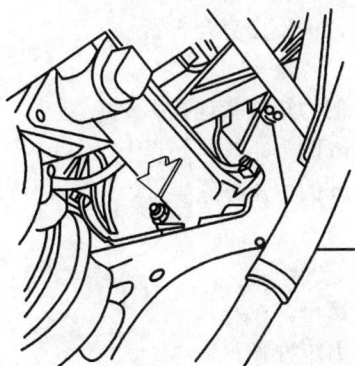

图 4-147　左前轮罩处的转向器固定螺栓的拆卸

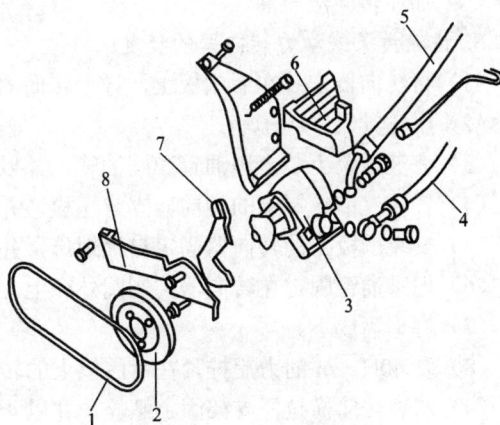

图 4-148　转向助力泵的分解

1—V 带；2—V 带轮；3—转向助力泵；4—进油管；5—出油管；6—后摆动支架；7—前摆动支架；8—夹紧支架

（1）举起车辆。

（2）拆下转向助力泵上的进油管和出油管，放出液压油，如图 4-149 所示。

（3）拆下转向助力泵前支架上的张紧螺栓。

（4）拆下转向助力泵后支架上的固定螺栓。

（5）松开转向助力泵中心支架上的固定螺母和螺栓，取下转向助力泵。

（6）将转向助力泵固定在台虎钳上，拆下 V 带轮和中间支架。

4. 转向助力泵的安装

（1）将转向助力泵固定在台虎钳上，装上 V 带轮和中间支架。

（2）举起车辆。

（3）装上转向助力泵，拧紧液压泵中心支架上的固定螺母和螺栓。

（4）拧紧转向助力泵中心支架上的固定螺母和螺栓，如图 4-150 中箭头所示。

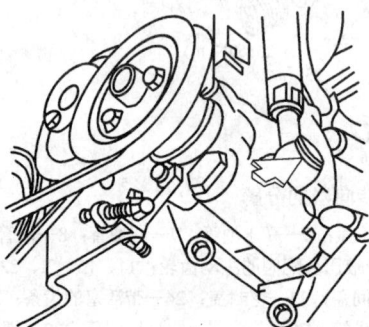

图 4-149　进油管和出油管的拆卸　　　　图 4-150　后支架上的固定螺栓

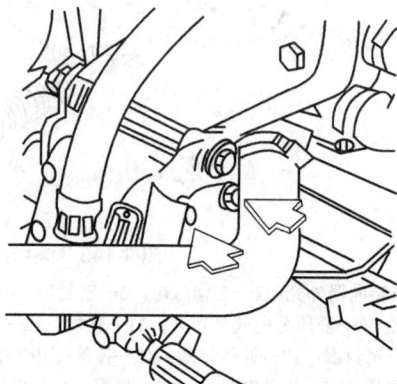

（5）装上并拧紧液压泵后支架上的固定螺栓。

（6）装上转向助力泵前支架上的张紧螺栓。

（7）装上转向助力泵上的进油管和出油管。

（8）加注转向液压油。

5. 齿轮齿条式动力转向器的装复

（1）将转向器安装在后围板上，拧上转向器固定螺母，但不必完全拧紧。

（2）用举升器举起车辆。

（3）在液压泵上装上进油管和回油管，并以 40N·m 的力矩拧紧连接螺栓。

（4）安装左前轮罩上的转向器固定螺栓，并以 20N·m 的力矩拧紧螺母。

（5）安装围板上的转向器固定自锁螺母，并以 40N·m 的力矩拧紧螺母。

（6）把进油管固定在转向器控制阀外壳上。

（7）将车辆放下。

（8）以 40N·m 的力矩拧紧在后围板上的转向器固定螺母。

（9）安装转向横拉杆支架固定螺栓，并以 45N·m 的力矩拧紧。

（10）从车厢内把回油管安装在转向器控制阀外壳上。

（11）装上防尘套。

（12）连接联轴节，装上联轴节固定螺栓，以 25N·m 的力矩拧紧螺栓。

（13）安装踏板盖、通风管和仪表板盖。

（14）向储油罐内注入液压油，达到标有"MAX"处。

（15）举起车辆，使转向轮离地，转动转向盘数次，以排出系统中的空气。

（16）启动发动机，向左、向右转动方向盘至最大转向角度，观察油面高度，直到油面稳定在标有"MAX"处。

6. 转向操纵机构的装复

（1）装上方向盘锁壳。

（2）用鲤鱼钳旋转装上弹簧垫圈。

（3）装上凸缘管和下转向柱，装上卡箍，拧紧卡箍的紧固螺栓。

（4）装上转向柱的橡胶圈。

（5）装上上转向柱并将其往下压，使上转向柱凸缘上的两个传动销插入下传动轴的凸缘。

（6）装上套管，拧紧转向柱套管上的两只固定螺栓。

（7）装上装饰板，旋紧仪表装饰板四个固定螺钉。

（8）装上阻风门控制手柄。

（9）将组合开关装在转向柱上。

（10）使转向轮处于直线行驶位置，装上方向盘，以 45N·m 的力矩拧紧方向盘的固定螺母。

（11）插上喇叭电线，装上喇叭按钮和喇叭按钮盖。

（12）装上方向盘盖板，按下方向盘中间盖板使其到位。

CA1092 型汽车转向系的拆卸

1. CA1092 型汽车转向装置的拆卸

图 4-151 是 CA1092 型汽车转向装置的分解图，其拆卸顺序如下：

（1）拆下转向机构的转向万向节和传动轴的固定螺栓，卸下传动装置总成。

（2）拆下转向盘上的喇叭按钮组件。

（3）拧出转向盘固定螺母，用顶拔器把转向盘卸下。

（4）拆下转向柱管的固定螺栓，卸下转向柱管和上转向轴总成：

1）从下固定支架中拆出卡簧，取出弹簧。

2）从上转向轴的卡簧槽内拆出卡簧，拆出上转向轴（用铜棒向支架方向轻轻敲击上转向轴）。

3）从转向柱管中拆出上转向轴的轴承和衬套。

4）从支架中拆下转向柱管。

（5）拆下可滑动转向万向节两个轴承背面的卡簧，取下滚针轴承和十字轴。

（6）用同样方法拆下另一个转向万向节总成。

（7）拆下转向臂紧固螺母，卸下转向臂，再拆下转向器在车架上的紧固螺栓，卸下转向器总成。

2. 转向传动装置的拆卸

（1）转向纵拉杆总成的拆卸

图 4-152 为转向纵拉杆总成的分解图，其拆卸顺序如下：

1）拆下纵拉杆球头销螺母上的开口销，拧下螺母，卸下转向纵拉杆总成。

2）把转向纵拉杆固定在台虎钳上，用钳子拔下开口销。

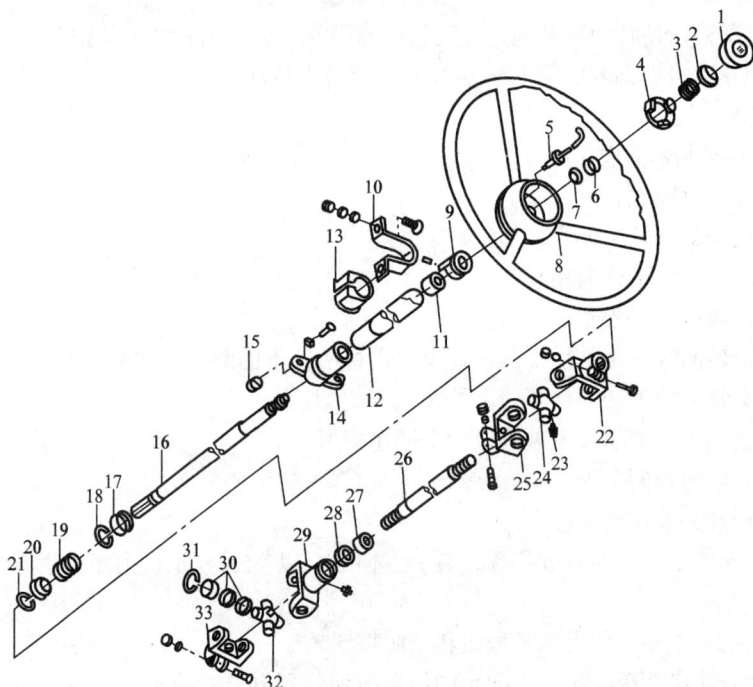

图 4-151　CA1092 型汽车转向装置的分解

1—喇叭按钮；2—接触罩；3—接触弹簧；4—搭铁接触板；5—电刷总成；6—螺母；7—垫圈；8—方向盘；
9—集电环总成；10—盖板；11—衬套；12—转向柱管；13—橡胶套；14—下固定支架；15—楔形螺母；
16—上转向轴；17—轴承；18、21、31—卡簧；19—弹簧；20—轴承挡圈；22、25、33—转向万向节；23—滑脂嘴；
24、32—十字轴；26—转向传动轴；27—防尘罩；28—油封；29—可滑动转向万向节；30—滚针轴承总成

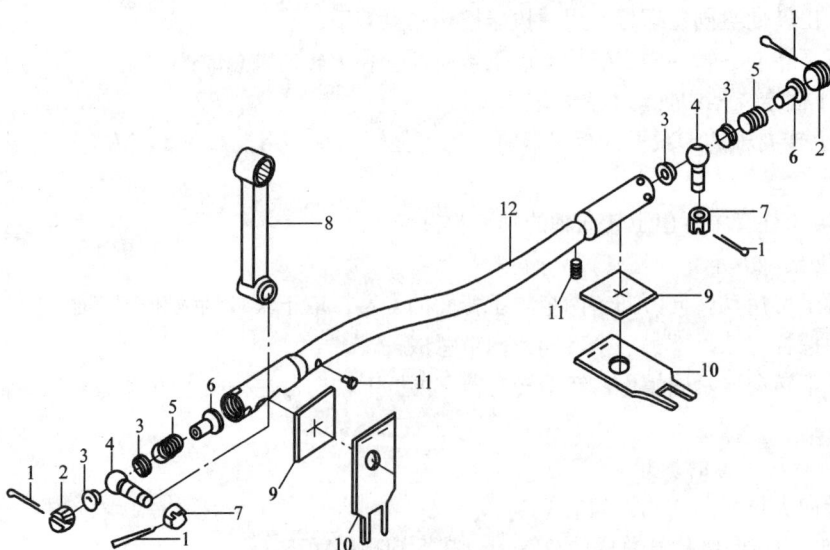

图 4-152　转向纵拉杆总成的分解

1—开口销；2—螺塞；3—球头座；4—球头销；5—弹簧；6—弹簧座；
7—螺母；8—转向臂；9—油封垫；10—护套；11—滑脂嘴；12—转向纵拉杆

3）拆下护套及油封垫。

4）用专用工具旋出螺塞，依次取出球头座、球头销、弹簧和弹簧座。纵拉杆另一端拆卸方法相同。

5）拆下转向纵拉杆滑脂嘴。

（2）转向横拉杆总成的拆卸

图 4-153 为转向横拉杆总成的分解图，其拆卸顺序如下：

1）拆下转向横拉杆球头销螺母的开口销，拧下螺母，用顶拔器拆下横拉杆总成。

2）把转向横拉杆固定在台虎钳上，拆下开口销。

3）拆下油封盖、O 形密封圈和密封罩。

4）用专用工具旋出螺塞，依次

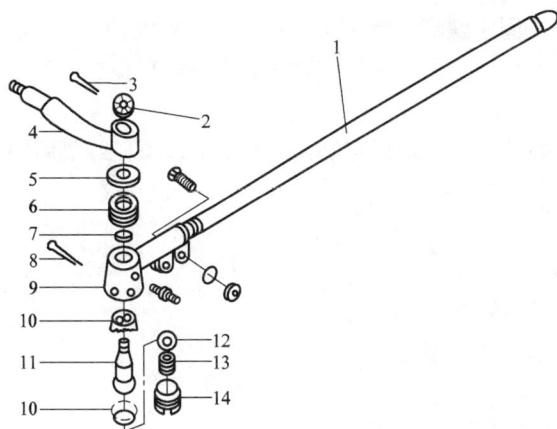

图 4-153　转向横拉杆总成的分解

1—转向横拉杆；2—螺母；3、8—开口销；4—转向节臂；
5—油封盖；6—O 形密封圈；7—密封罩；9—接头；10—球头座；
11—球头销；12—弹簧座；13—弹簧；14—螺塞

取出弹簧、弹簧座、下球头座、球头销（上球头座如没有损坏可不拆）。

5）松开横拉杆接头的紧固螺栓，拧出接头。

横拉杆另一端的拆卸方法与此相同。

3. 转向节总成的拆卸

图 4-154 为转向节总成的分解图，其拆卸顺序如下：

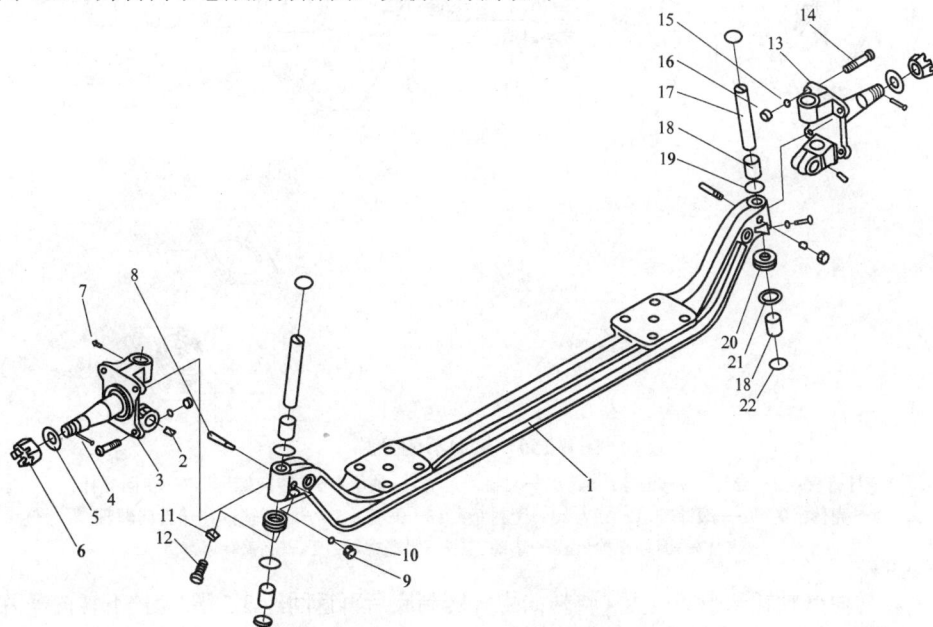

图 4-154　转向节总成的分解

1—前轴；2—半圆键；3—左转向节；4—开口销；5—转向节螺母锁紧垫片；6—转向节螺母；7—直通滑脂嘴；
8—转向节主销；9—螺母；10—弹簧垫圈；11—螺母；12—六角头螺栓；13—右转向节；14—转向节制动底板；
15—弹簧垫圈；16—螺母；17—主销；18—转向节衬套；19—锁圈；20—止推轴承；21—转向节垫圈；22—转向节主销塞片

（1）拆下车轮制动器。

（2）拆下主销孔盖板（上、下各一个）固定螺钉，拆下主销孔上、下盖板。

（3）拆下主销上楔形锁销的紧固螺母及弹簧垫圈，用铜棒敲击，取出楔形锁销，再用锤子配合铜棒敲击，取出主销。

（4）卸下转向节，取出止推轴承和调整垫片。注意保存好调整垫片，以保证装复后间隙正常。

（5）用专用工具拆下转向节衬套。

4. 转向器的拆装

图 4-155 为转向器的分解图，其拆卸顺序如下：

（1）将转向器通气塞拧下，放出转向器内的润滑油。

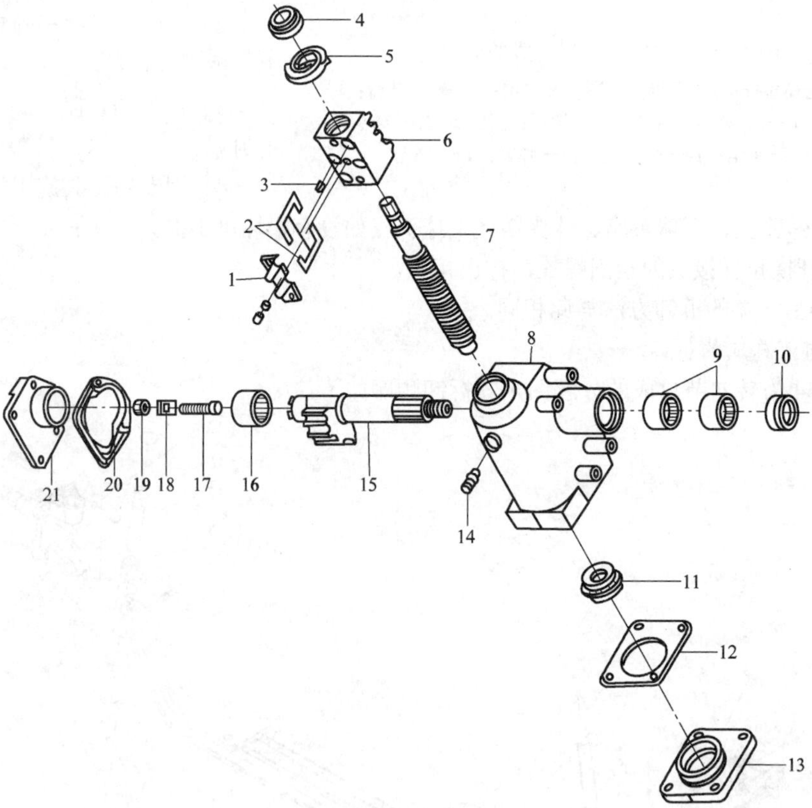

图 4-155　转向器的分解

1—导管夹；2—导管；3—钢球；4、10—油封；5、11—轴承；6—转向螺母；7—转向螺杆；
8—壳体；9、16—滚针轴承；12、20—密封垫；13—底盖；14—通气塞；15—转向臂轴；
17—调控螺栓；18—垫圈；19—调整螺母；21—侧盖

（2）将转向臂轴转到中间位置（将转向螺杆转到底后再返回约 3.5 圈）。拧下转向器总成侧盖的四个紧固螺栓，用铜锤或铜棒轻轻敲打转向臂轴端头，取下侧盖和转向臂轴总成，如图 4-156 所示。注意不要划伤油封。

（3）拆下转向器底盖紧固螺栓，再用铜锤或铜棒轻轻敲打转向螺杆上端，取下底盖和调整垫片，如图 4-157 所示。

（4）从壳体中取出转向螺杆及转向螺母总成，如图 4-158 所示。注意不要使转向螺杆花键划伤油封。

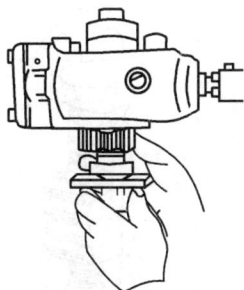

图 4-156 拆下侧盖和转向臂轴

图 4-157 拆下转向器底盖

（5）分解转向螺杆及螺母。先拆下三个固定导管夹的螺钉，再拆下导管夹，取出导管，最后握住螺母，慢慢地转动螺杆，排出全部钢球，如图 4-159 所示。注意两个循环道内的钢球不要混在一起。

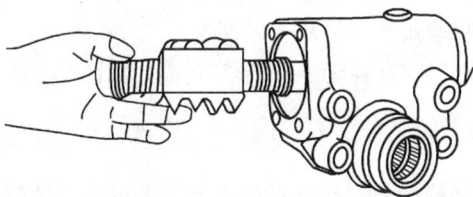

图 4-158 拆下转向螺杆和螺母总成

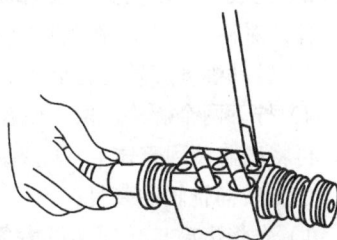

图 4-159 螺母与螺杆的分解

CA1092 型汽车转向系的装复

1. 转向器的装复

（1）转向螺杆螺母总成的装复：

1）将转向螺母套在螺杆上，再把转向螺母放在螺杆滚道的一端，并使螺母滚道孔对准滚道。

2）装入钢球。将钢球由转向螺母滚道孔放入，边转动螺杆边放入钢球，如图 4-160 所示，两滚道可同时进行，每个滚道放入 36 个钢球。其余 24 个钢球装于两个导管内，如图 4-161 所示，并将导管两端涂以少量润滑脂，插入转向螺母的导管孔中，如图 4-162 所示。用木锤轻轻敲打导管，使之到位。

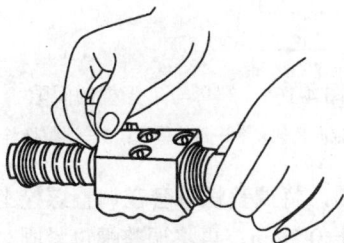

图 4-160 将钢球装入滚道

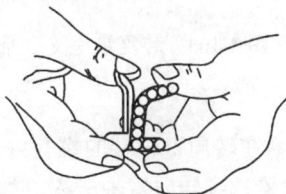

图 4-161 将钢球装在导管内

Note

3）用导管夹把导管压在转向螺母上，并用三个螺钉紧固，使装复的螺杆螺母总成处于垂直位置时，螺母能从螺杆上端自由、匀速落下，如图 4-163 所示。

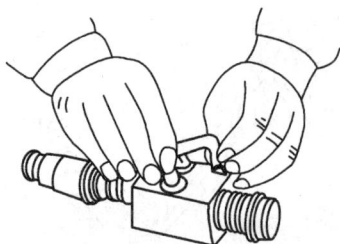

图 4-162　将导管插入螺母

图 4-163　螺母能从螺杆上端匀速落下

4）将轴承内圈压到螺杆的两端。

（2）转向螺杆螺母总成与壳体的装复：

1）把轴承外圈压入底盖和壳体内。

2）把装有轴承内圈的螺杆螺母总成放入装有轴承外圈的壳体中，再将底盖及调整垫片装上壳体，对称拧紧两个底盖固定螺栓。

3）转动螺杆应转动自如，无轴向间隙，否则应增减调整垫片予以调整。

4）拧下两个螺栓，取下底盖，在垫片上涂以密封胶，并套上 O 形密封圈，如图 4-164 所示，再将底盖装到壳体上，底盖固定螺栓应对称拧紧。

（3）转向臂轴的装复：

1）先将齿扇与转向螺母齿条啮合间隙的调整螺栓装入。按其结构不同，有以下两种装入方法：

a）将调整螺栓端头放入转向臂轴的 T 形槽内，用塞尺测量其间隙，如图 4-165 所示，根据所测数值，选一个合适的调整垫圈放在调整螺栓上，并将调整螺栓放入 T 形槽内，然后将带有滚针轴承的侧盖拧到调整螺栓上。

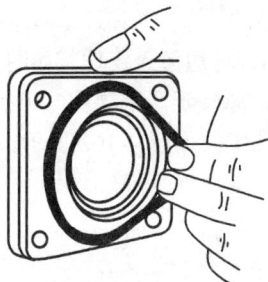

图 4-164　装复垫片及 O 形密封圈

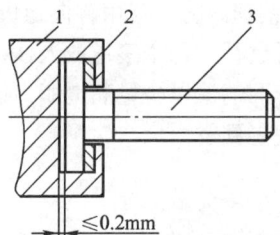

图 4-165　螺母与 T 形槽的间隙

1—转向臂轴；2—调整垫片；3—调整螺栓

b）在转向臂轴端的螺孔内，先装入一个较厚的平垫圈，将调整螺母套在调整螺栓上，把调整螺栓拧到转向臂轴一端，如图 4-166 所示，间隙应小于 0.1mm，再将调整螺母紧固，然后将侧盖拧到调整螺栓上。

2）将密封垫装上侧盖，并将转向臂轴装入壳体。装复时要注意把转向螺母放在转向螺杆滚道的中间位置，并使转向臂轴齿扇对准转向螺母齿条的中间齿沟，再把转向臂轴推进装有滚针轴承的壳体中，然后装上侧盖固定螺栓，并对称拧紧。

3）用专用工具分别装入转向螺杆油封和转向臂轴油封，如图 4-167 所示。注意装复时花键处应用铜皮或塑料套盖住，以防划伤油封刃口，造成漏油。

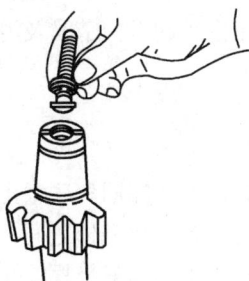

图 4-166 安装调整螺栓

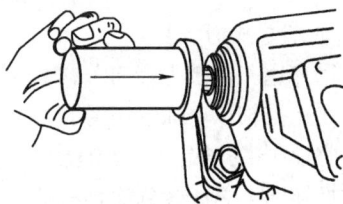

图 4-167 装复油封

4）调整转向臂轴齿扇与转向螺母齿条的啮合间隙后，拧紧锁紧螺母，将调整螺栓锁住。

（4）按规定从加油孔加入新润滑油。

2. 转向传动装置的装复

（1）转向纵拉杆总成的装复：

1）将弹簧座、弹簧和球头座依次装入纵拉杆端头的承孔。

2）将球头销的球头涂以润滑脂，从纵拉杆侧面的大孔中装入。

3）从纵拉杆的端头放入球头座，拧入螺塞。拧紧时先将螺塞拧到底，再退回 1/5～1/2 圈，然后用开口销锁住调整螺塞。

4）装上油封垫和护套。

5）纵拉杆另一端的装配顺序是：先将球头座从纵拉杆端头孔装入，再装入球头，然后依次装入球头座、弹簧、弹簧座，最后拧入螺塞。

（2）转向横拉杆总成的装复：

1）将横拉杆接头夹在台虎钳上，先装球头座。

2）将球头销涂以润滑脂，使球头销穿过上球头座中心孔后落座球头座。再依次装上下球头座、弹簧座、弹簧，拧上螺塞。拧紧时螺塞拧到底后退回 1/5～1/2 圈，然后锁好开口销。要求球头销转动灵活。

3）在球头销端装入油封、油封罩和油封盖。

4）用同样的方法装复另一端横拉杆接头总成。

5）将横拉杆夹在台虎钳上，分别将左右横拉杆接头装到横拉杆的两端，并拧紧左右横拉杆接头的四个螺栓。

3. 转向装置的装复

（1）转向柱管与上转向轴的装复：

1）将衬套从转向柱管上端装入柱管。

2）将轴承压到转向轴上，再将上转向轴从支架孔端装入下固定支架，并将卡簧装入支架的卡簧槽内。

3）在下固定支架上套上转向轴柱管，在转向轴下端依次放入弹簧、卡簧。卡簧装入上转向轴的卡簧槽内。

（2）可滑动转向万向节和转向万向节总成的装复：

1）将十字轴装入万向节叉的两个轴承孔中，从轴承孔端分别装上两个滚针轴承，再将卡簧装入轴承孔的卡簧槽中。

2）将十字轴的另外两个轴颈放入滑动叉的两个轴承孔内，装上两个滚针轴承，并将卡簧分别装到卡簧槽中。注意卡簧有几种不同的厚度，用以调整十字轴和万向节叉及滑动叉的轴向间隙。

4. 转向节总成的装复

（1）用专用工具装上转向节衬套。

（2）在止推轴承内涂以润滑脂，并与调整垫片一起装到转向节座端面。注意止推轴承的外壳应朝向前轴主销孔端面，调整垫片应装在前轴主销孔端面与止推轴承壳体之间。

（3）把转向节总成装到前轴的端头上，并使转向节、止推轴承、调整垫片的孔与前轴主销孔对准，然后插入主销。如主销插入太紧，可用木锤将其击入；当主销的切槽与楔形销孔对准后，插入楔形销，再装上弹簧垫圈和锁紧螺母，并予拧紧。注意主销的切槽应与前轴上的楔形销孔对准。

（4）装上上、下主销孔盖板，并拧紧主销孔盖板的固定螺钉。

（5）装上制动底板总成，对称拧紧固定螺栓。

5. 转向系各总成的总装

（1）把横拉杆总成装到左、右转向节臂的锥孔内，按规定的力矩拧紧球头销螺母，并装好开口销。

（2）将纵拉杆总成的两球头销分别装到转向臂和转向节上臂锥孔内，按规定力矩拧紧球头销螺母，并装好开口销。

（3）装上转向柱管和上转向轴总成，并拧紧下固定架与驾驶室底板的固定螺栓和柱管上盖板的固定螺钉。

（4）在柱管上装上集电环，再装上转向盘固定螺母，并按规定力矩拧紧螺母。

（5）在转向盘上装上电刷，并与搭铁接触板车用电刷一起，固定在转向盘上，再装上接触弹簧、接触罩和喇叭按钮盖。

（6）把转向器总成装到车架上，按规定力矩拧紧固定螺栓。

（7）装上转向万向传动装置总成，并分别在两万向节上装上紧固螺栓，按规定力矩拧紧螺栓。

（8）装上两前轮，按规定力矩拧紧轮胎螺栓螺母。

（9）将两前轮置于直线行驶位置，转动转向盘，从一个极限位置转至另一极限位置，数出总圈数，再把转向盘转至总圈数的 1/2 位置。将转向臂装到转向臂轴上，再装上弹簧垫圈和螺母，按规定力矩拧紧螺母。

（10）用千斤顶将前轴顶起，撤掉支架，慢慢松开千斤顶液压开关，将前桥放下。

实验考核

◣ 考核要求

（1）按正确的操作步骤进行拆装。

（2）有关力矩必须按标准拧紧，符合技术标准。

☛ 考核时间

考核时间为 40min。

☛ 考核标准

考核内容和评分标准见表 4-7。

表 4-7　　　　　　　　　　实验考核内容和评分标准

考核项目	分值	评分标准	评价结果
正确使用工具	10	工具使用不当扣 10 分	
拆卸顺序符合要求	30	拆卸顺序不正确扣 30 分	
装配顺序符合要求	40	装配顺序不符合技术要求扣 40 分	
整理工具、清理现场	10	每项扣 2 分，扣完为止	
遵守相关操作规范	10	因违规操作发生人身和设备事故，此项按 0 分计	
分数合计	100		

实验报告

1. 桑塔纳汽车动力转向系的拆装（实验报告模板见附录）。
2. CA1092 型汽车转向系的拆装（实验报告模板见附录）。

实验 **17** 制 动 系 的 拆 装

实验目的及要求

☛ 实验目的

（1）了解汽车制动系的结构、组成及主要部件的工作原理。
（2）掌握常见制动器（领—从蹄式、双领蹄式、盘式、凸轮式制动器）的拆装程序。
（3）掌握制动系有关部位间隙的调整方法。

☛ 实验要求

（1）了解车轮制动器和驻车制动器的型式、组成及其主要零部件的构造和相互间的连接关系。
（2）掌握车轮制动器、组成制动器的拆装顺序和调整要领。
（3）掌握制动主缸、真空增压器和真空助力器的构造、工作原理及拆装方法。

实验预习及准备

☛ 实验工具及设备

（1）上海桑塔纳 2000 型轿车、东风 EQ1090 型载货汽车各一部。
（2）双管路液压制动总泵、真空增压器、真空助力器。

Note

（3）常用工具、专用工具及工作台架。

◤ **实验课时**

本实验 4 课时。

实验注意事项

（1）正确使用常用工具、专用工具及量具。

（2）遵守拆装次序，注意操作安全。

（3）注意零、部件的相互关系、调整部位及其方法。

（4）各种阀门、活塞、皮碗、衬垫等密封零件必须清洁完好，并注意安装部位。

（5）注意各处的密封装置及其安装方法。

（6）制动液有毒，且具有较强的腐蚀性，在操作时要防止制动液溅到眼睛里。

（7）拆装车轮螺母时，必须弄清左右车轮与轮毂连接螺栓的螺旋方向。

实验内容与方法

各种汽车制动系的结构尽管各不相同，但是其制动器的拆装方法基本相同。下面以上海桑塔纳 2000 型汽车、东风 EQ1090E 型汽车为例，介绍汽车制动系统的拆装过程。

◤ **上海桑塔纳 2000 型轿车制动器的拆装**

上海桑塔纳 2000 型轿车制动系统示意如图 4-168 所示，车轮制动器采用前轮浮动钳盘式，后轮制动器采用领—从蹄式。

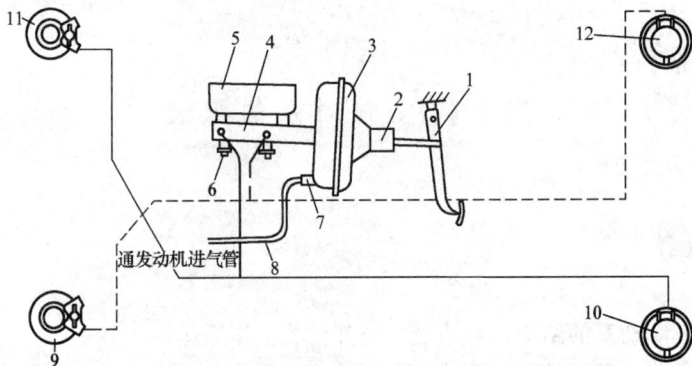

图 4-168　上海桑塔纳 2000 型轿车制动系统示意图

1—制动踏板机构；2—控制阀；3—真空伺服气室；4—制动主缸；5—储液罐；6—制动信号灯液压开关；7—真空单向阀；8—真空供能管路；9—左前轮缸；10—左后轮缸；11—右前轮缸；12—右后轮缸

1. 桑塔纳汽车钳盘式车轮制动器的拆装

桑塔纳汽车钳盘式车轮制动器的分解如图 4-169 所示，其拆装的具体方法如下：

（1）桑塔纳汽车钳盘式车轮制动器的拆卸：

1）取下车轮装饰罩，拧松车胎螺栓。

2）将汽车支起。

3）拆下轮胎螺母，取下车轮。

4）用专用工具拆下制动油管，并将制动液放入容器中。

5）用内六角扳手拆下两个制动钳壳体的固定螺栓，卸下制动钳壳体总成。

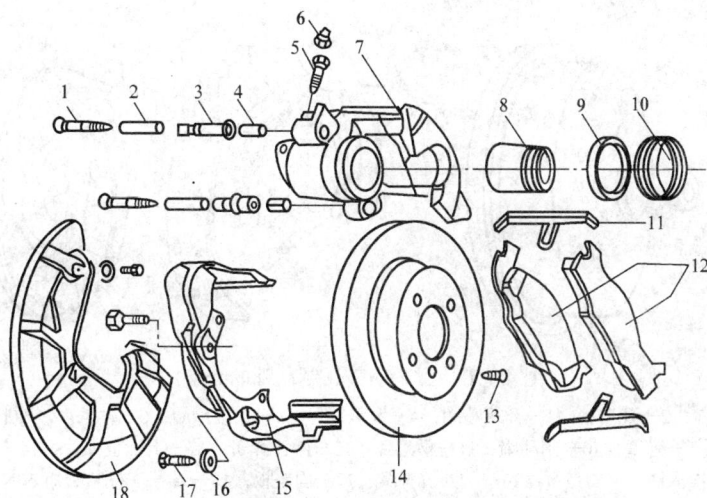

图 4-169　桑塔纳汽车钳盘式车轮制动器的分解

1、17—螺栓；2—导向钢套；3—橡胶衬套；4—塑料套；5—放气螺塞；6—防尘套；
7—制动钳壳体；8—活塞；9—O 形密封圈；10—防尘套；11—保持弹簧；12—摩擦块；
13—制动盘固定螺栓；14—制动盘；15—制动钳支架；16—弹簧垫圈；18—防溅盘

6）从制动钳壳体上拆下保持弹簧和摩擦块等。

7）取下活塞防尘罩。

8）用压缩空气对进油口吹气，取出活塞及 O 形密封圈。

9）拆下制动钳支架固定螺栓，取下制动钳支架。

10）拆下制动盘固定螺钉，取下制动盘。

11）拆下防溅盘。

（2）桑塔纳汽车钳盘式车轮制动器的装复：

1）装上防溅盘。

2）装上制动盘，拧紧制动盘固定螺钉。

3）装上制动钳支架，拧紧支架固定螺栓。

4）分别在活塞、O 形密封圈及活塞承孔中涂以制动液，并用专用工具将活塞装入制动钳壳体的承孔中。

5）装上活塞防尘罩。

6）装复制动油管。

7）装上摩擦块及保持弹簧。

8）装上制动钳壳体（注意活塞要压到底），并拧紧两个紧固螺栓。

9）排除制动管路中的空气。

10）装上车轮，以 110N·m 的力矩拧紧轮胎螺栓。

11）降下举升器，使车轮落地。

12）装上车轮装饰罩。

2. 后轮制动器的拆装

后轮制动鼓、制动蹄的分解图如图 4-170 所示，其拆装的具体方法如下：

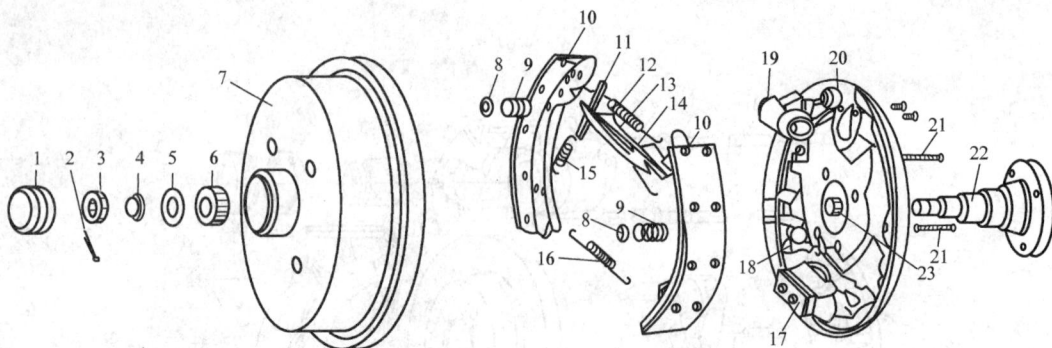

图 4-170　后制动鼓、制动蹄的分解

1—轮毂盖；2—开口销；3—开槽垫圈；4—调整螺母；5—止推垫圈；6—轴承；7—制动鼓；
8—弹簧座；9—弹簧；10—制动蹄；11—楔形件；12—回位弹簧；13—上回位弹簧；14—压力杆；
15—用于楔形件回位的弹簧；16—下回位弹簧；17—固定板；18—螺栓（拧紧力矩 60N·m）；
19—制动轮缸；20—制动底板；21—定位销；22—后轮毂短轴；23—观察孔橡胶塞

（1）拆卸顺序：

1）用千斤顶将车支起，并定位好。

2）拧松车轮螺栓螺母（力矩为 110N·m），取下车轮。

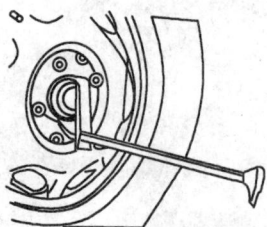

图 4-171　拆卸轮毂盖

3）用专用工具卸下轮毂盖，如图 4-171 所示，取下开口销和开槽垫圈，旋下调整螺母，取出止推垫圈。

4）增大制动蹄与制动鼓的间隙，取下制动鼓。

5）用鲤鱼钳拆下压力弹簧座圈。

6）用手从下面的支架上提起制动蹄，取出下回位弹簧。

7）用钳子拆下制动杆上的手制动拉索。

8）用鲤鱼钳取下楔形件的拉力弹簧和上回位弹簧。

9）卸下制动蹄。

10）把带压力杆的制动蹄卡紧在台虎钳上，拆下定位弹套，取下制动蹄。

11）从制动底板上拆下制动分泵。

12）制动分泵的分解，如图 4-172 所示，其拆卸顺序如下：

a）拆下泵体两端活塞防尘罩。

b）从泵体两端取出活塞和 O 形密封圈。

c）从泵体内取出弹簧。

d）取下放气螺栓防尘罩，拆下放气螺栓。

13）制动主缸的分解：

a）放出制动液，拆下前后出油接头。

b）从车架上拆下主缸后，取下防尘罩及推杆。

c）将主缸夹在台钳上，用旋具顶住活塞，拆下弹簧片、后活塞、皮碗及后活塞弹簧。

d）拆下限位螺钉，依次取出前活塞、皮碗及前活塞弹簧。

（2）装配顺序：

1）清洁制动分泵的各零件。

2）将弹簧装入泵体内。

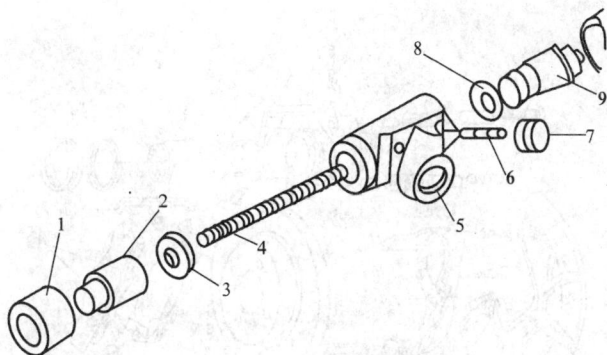

图 4-172　制动分泵的分解

1—防尘罩；2、9—活塞；3、8—O 形密封圈；4—弹簧；5—泵体；6—放气螺栓；7—防尘罩

3）在活塞和皮圈上应涂以制动液进行润滑，再分别从两端依次装上 O 形密封圈、活塞和防尘罩。

4）装上放气螺栓和放气螺栓防尘罩。

5）将制动分泵按规定力矩紧固于制动底板上。

6）装上回位弹簧，并将制动蹄装在压力杆上，如图 4-173 所示。

7）装上楔形调整块，凸边朝向制动底板。

8）将另一带有传动臂的制动蹄装在压力杆上，如图 4-174 所示。

9）装入上回位弹簧，在传动臂上装上手制动拉索。

10）将制动蹄装上制动底板，靠在制动分泵外槽上。

11）装入各种弹簧，包括回位弹簧，并把制动蹄提起，装到下面的支架上；装楔形件拉力弹簧；装压簧和弹簧座圈。

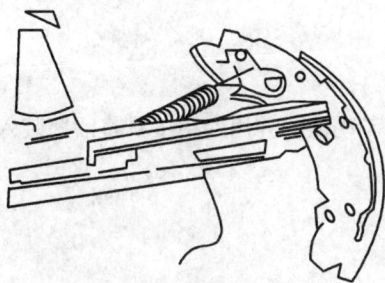

图 4-173　安装制动蹄回位弹簧

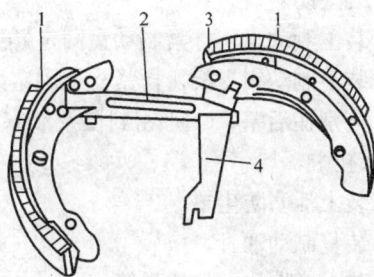

图 4-174　制动蹄传动臂连接

12）装入制动鼓及后轮轴承和螺母，调整后轮轴承预紧度。

13）用力踩一下制动踏板，使制动蹄正确就位，摩擦片与制动鼓的间隙得到自动调整。

3. 前轮制动器的拆装和调整

（1）前轮制动器的分解。

图 4-175 为桑塔纳汽车钳盘式制动器的分解图，其拆卸方法如下：

1）取下车轮装饰罩，松开车轮螺栓的螺母（拧紧力矩为 110N·m）。

2）将汽车支起，取下车轮。

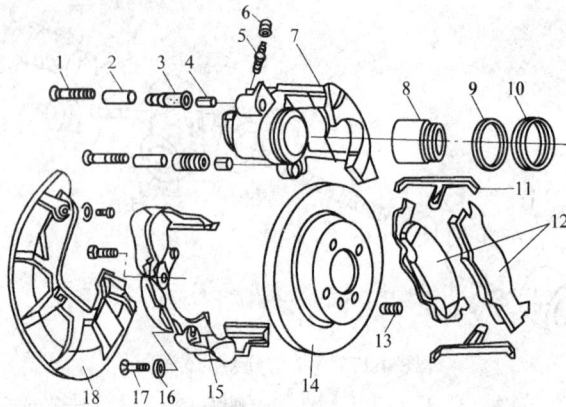

图 4-175　桑塔纳汽车钳盘式车轮制动器的分解

1、17—螺栓；2—导向钢套；3—橡胶衬套；4—塑料套；5—放气螺塞；6—防尘套；
7—制动钳壳体；8—活塞；9—O 形密封圈；10—防尘罩；11—保持弹簧；12—摩擦块；
13—制动盘固定螺钉；　14—制动盘；15—制动钳支架；16—弹簧垫圈；18—防溅盘

3）用专用工具拆下制动油管，并将制动液放入事先准备好的容器中。

4）松开制动钳壳体的拧紧螺栓（拧紧力矩为 70N·m），前制动器可与车轮支承分离。

5）从制动钳壳体上拆下保持弹簧和摩擦块等。

6）取下活塞防尘罩，取出活塞和 O 形密封圈。

7）拆下制动钳支架固定螺栓，取下制动钳支架。

8）拆下制动盘固定螺钉，取下制动盘。

9）拆下防溅盘。

（2）桑塔纳汽车钳盘式车轮制动器的装复：

1）装上防溅盘。

2）装上制动盘，拧紧制动盘固定螺钉。

3）装上制动钳支架，拧紧支架固定螺栓。

4）分别在活塞、O 形密封圈及活塞承孔中涂以制动液，并用专用工具将活塞装入制动钳壳体的承孔中。

5）装上活塞防尘罩。

6）装复制动油管。

7）装上摩擦块及保持弹簧。

8）装上制动钳壳体（注意活塞要压到底），并拧紧两个紧固螺栓。

9）排除制动管路中的空气。

10）装上车轮，以 110N·m 的力矩拧紧轮胎螺栓。

11）降下举升器，使车轮落地。

12）装上车轮装饰罩。

4. 真空助力器与制动分泵的拆装

图 4-176 为真空助力器与制动总泵的分解图，其拆装的具体方法如下：

（1）真空助力器与制动分泵的拆卸：

1）拆下制动踏板与真空助力器压杆连接叉的锁片和销。

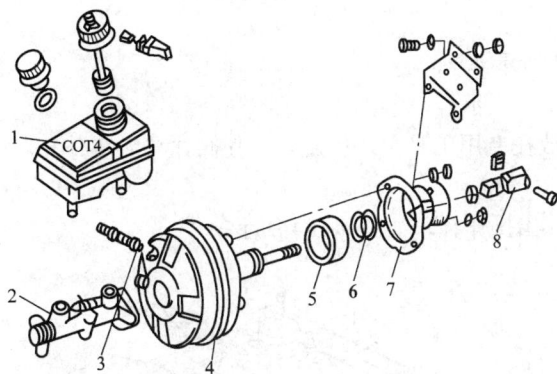

图 4-176 真空助力器与制动总泵的分解

1—储液罐；2—制动总泵；3—真空单向阀；
4—真空助力器；5—密封垫圈；6—支架密封圈；
7—支架；8—连接叉

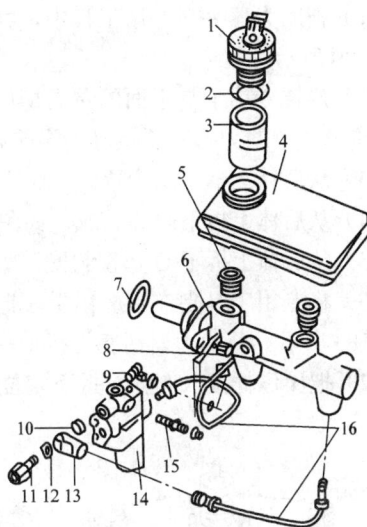

图 4-177 制动总泵

1—盖；2、7—O 形密封圈；3—滤网；4—储液罐；
5—密封塞；6—制动总泵；8—支架；9—螺栓；
10—密封垫；11—接头螺栓；12—密封垫；13—油管接头；
14—散励力分配阀；15—放空气螺栓；16—油管

2）拆下制动总泵上的四根油管。

3）拧松真空管的卡箍，取下真空管。

4）拆下真空助力器安装支架的固定螺栓。

5）将真空助力器和制动总泵一起从车上卸下。

6）拆下制动总泵与真空助力器的两只紧固螺母，使总泵与真空助力器分离。制动总泵如图 4-177 所示，桑塔纳汽车制动总泵不允许分解和修理。

（2）真空助力器的分解。

图 4-178 为真空助力器的分解图，其拆卸顺序如下：

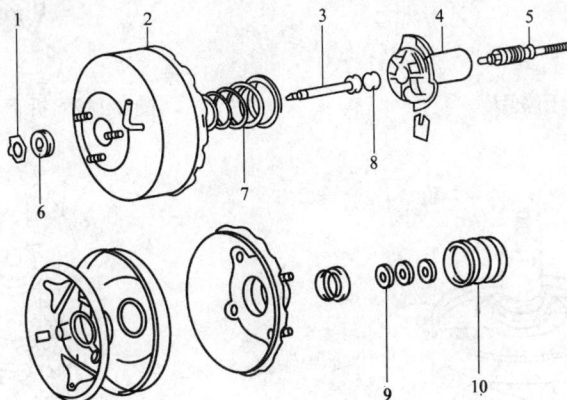

图 4-178 真空助力器的分解

1—圆环；2—前壳体；3—推杆；4—阀体；5—操作杆；
6—前壳体密封圈；7—膜片弹簧；8—橡胶块；9—滤芯；10—防尘罩

1）把助力器夹在专用工具中，并在前、后壳体上做上定位记号，将前后体相对转动，如图 4-179 所示。

2）旋转专用工具上面的左右螺母，并把两根木条插在前体边缘和上连接片之间，均匀地向下旋紧 4 个助力器安装螺母，将前后体分开，如图 4-180 所示，然后取出膜片弹簧和推杆。

3）从后体上拆下防尘罩。

4）从后体上拆下膜片总成，如图 4-181 所示。

5）从后体上拆下 O 形密封圈，如图 4-182 所示。

6）将专用工具夹在台虎钳上，把膜片放在专用工具上进行旋转，使阀体与活塞分开，如图 4-183 所示。从助力器活塞上拆下膜片。

7）把操作杆推入阀体，拆下定位键，拔出操作杆，如图 4-184 所示。

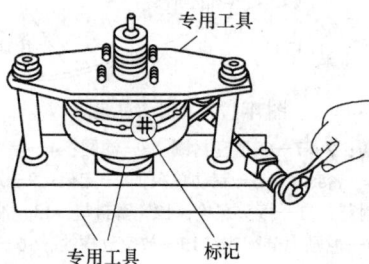

图 4-179 使前后壳体相对转动

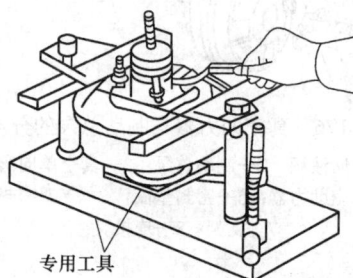

图 4-180 分解前后体

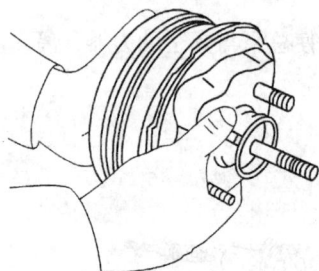

图 4-181 拆下膜片

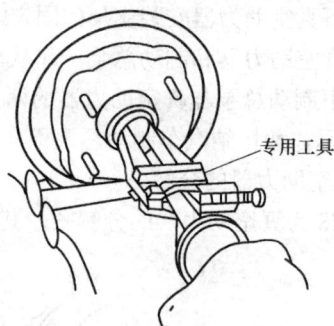

图 4-182 拆下 O 形密封圈

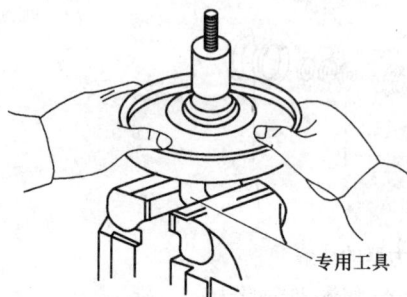

图 4-183 使阀体与活塞分离

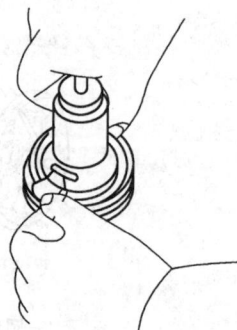

图 4-184 拔出操作杆

8）从阀体上拆下橡胶块。

（3）制动助力器的装复

1）把操作杆插入阀体，装上定位键。

2）把橡胶块装入阀体。

3）把膜片装入助力器活塞，再把阀体插入助力器活塞中。

4）把泵体密封圈装入泵体，再把膜片装入泵体。

5）把毛毡空气滤芯、海绵状滤芯、防尘罩依次装入泵体。

6）把弹簧和推杆放入前壳体，用专用工具把弹簧压入前、后壳体之间，然后将前、后体旋转，直至前、后体的装配标记对准。

7）装上真空管和空气管。

5.上海桑塔纳2000型轿车驻车制动器的拆装

（1）拆卸顺序 上海桑塔纳2000型轿车的驻车制动器与行车制动器复合共用，驻车制动器操纵机构的分解如图4-185所示。

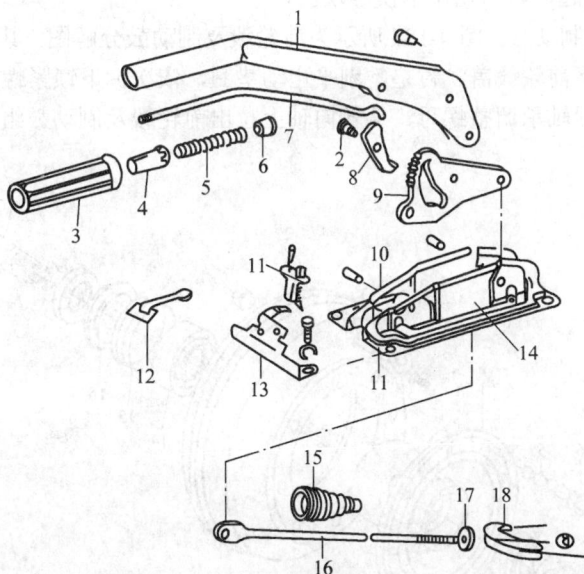

图4-185 上海桑塔纳2000型轿车驻车制动器操纵机构分解图

1—驻车制动杆；2—螺栓；3—制动手柄套；4—旋钮；5—弹簧；6—弹簧套筒；7—棘轮杆；
8—棘轮掣子；9—扇形齿；10—右轴承支架；11—驻车灯开关；12—凸轮；13—支架；14—左轴承支架；
15—驻车制动拉杆底部橡皮防尘罩；16—驻车制动操作拉杆；17—限位板；18—驻车制动拉绳调整杠杆

（2）驻车制动器的调整。驻车制动是由钢丝拉索驱动，作用于后轮，手操纵杆的自由行程为2齿，当松开手操纵杆时，两只后轮都应能转动自如。

（3）驻车制动器的调整步骤：

1）松开驻车制动手操纵杆。

2）用力踩一下制动踏板。

3）把手制动操纵杆拉紧两齿。

4）旋紧箭头所示处的调整螺母，直至用手不能旋转两个被制动的后轮为止，如图4-186所示。

图 4-186　驻车制动器的调整

5）松开手制动操纵杆，检查两只后轮应运转自如。

6. 制动踏板自由行程的调整

（1）关闭发动机，踩下制动踏板若干次，使制动助力器中没有空气。

（2）松开推杆锁紧螺母。松开制动总泵助力器推杆上的调整螺母，转动 U 形叉改变推杆长度，调短推杆，则踏板自由行程减小。调好后应拧紧锁紧螺母。

（3）踏板自由行程的检测。先测量出制动踏板的自由高度，然后压下踏板至感到稍有阻力，再次测量出踏板高度，两高度之差即为踏板自由行程。桑塔纳汽车踏板自由行程应不大于 45mm。

东风 EQ1090 型载货汽车制动器的拆装

1. 前轮制动器的拆装

（1）拆卸：

1）将汽车前桥支起，将后轮用木楔等顶住。

2）拆卸前轮毂及制动鼓。图 4-187 所示为前轮毂及制动鼓分解图，其拆卸顺序为：松开轮毂盖的紧固螺栓，取下前轮毂盖、衬垫，剔平止动垫圈，依次拆下锁紧螺母、止动垫圈、调整螺母的锁紧垫圈和轮毂轴承调整螺母，从转向轴上拉出前轮毂及制动鼓组合件。

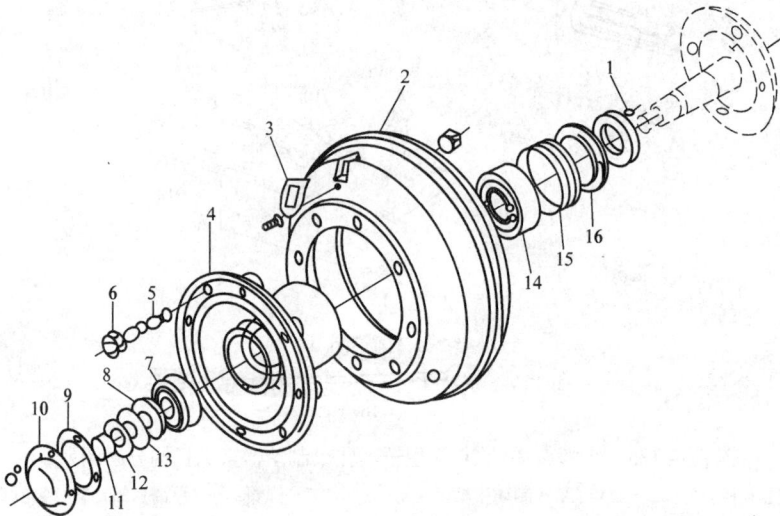

图 4-187　东风 EQ1090 型汽车前轮毂及制动鼓分解图

1—内座圈定位用圆柱销；2—制动鼓；3—前制动鼓检查孔堵塞；4—前轮；5—螺栓；6—螺母；7—外轴承总成；8—轴压调整螺母；9—衬垫；10—盖；11—轴承锁紧螺母；12—锁紧螺母止动垫圈；13—调整螺母止动垫圈；14—前轮内油封总成；15—油封外圈；16—油封总成前轮油封内座圈

3）拆卸制动器的固定部分、张开机构、定位调整机构各机件，将凸轮转到原始位置，拆下制动蹄回位弹簧，拆下开口销及制动蹄轴紧固螺母，取下制动蹄和制动蹄轴。拆开制动气室推杆连接叉锁销，拆下调整臂及前后配件。从制动气室支架承孔中取出凸轮轴。拆下制气动室。拆下钢丝锁线及支架紧固螺栓。将制动气室支架从制动板上拆下。松开紧固螺栓和螺母，从转向节上拆下制动底板。

（2）装配顺序。装配可按拆卸时的相反顺序进行，先安装制动底板，再依次装配制动气室支架、制动气室、凸轮轴和调整臂、制动蹄轴和制动蹄、回位弹簧，最后安装制动鼓及前轮毂并调整蹄鼓间隙。装配注意事项如下：

1）装配时，制动蹄轴和蹄片衬套的配合表面及蹄片平台表面应涂以少量润滑脂，摩擦片表面应干净，严禁沾污油脂。

2）装配时，制动气室支架紧固螺母和制动蹄轴紧固螺母暂时可不拧紧（待蹄鼓间隙调整好以后再拧紧）。制动蹄轴的偏心部分应相对称，偏心标记应相对，如图 4-188 所示。

3）选装合适的凸轮轴调整垫片，保证凸轮轴既能自由转动，轴向窜动量又不大于 1mm。

4）用旋转调整臂蜗杆轴、制动蹄轴和移动支架的方法，使制动鼓与摩擦片之间的间隙符合要求。靠近支承轴端为 0.25～0.40mm，靠近凸轮轴端为 0.40～0.55mm，同一制动鼓内两蹄摩擦片相对应的间隙差应不大于 0.10mm。最后拧紧制动蹄轴和支架的紧固螺母，同时应注意保持蹄轴和支架的位置不变（制动蹄轴紧固螺母扭紧力矩为 130～170N·m）。蹄鼓间隙调好后，制动鼓应能转动自如，无卡滞现象。

5）前制动底板紧固螺栓螺母的扭紧力矩为 140～170N·m。

6）对于后轮制动器的拆装，可参照上述前轮拆装步骤进行。

2. 驻车制动器的拆装

图 4-189 为东风 1090 型汽车驻车制动器的操纵机构，其拆装顺序如下：

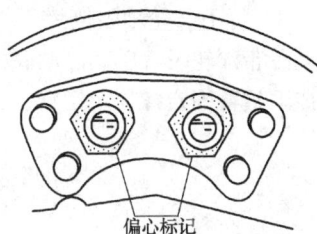

图 4-188　制动蹄的装配标记

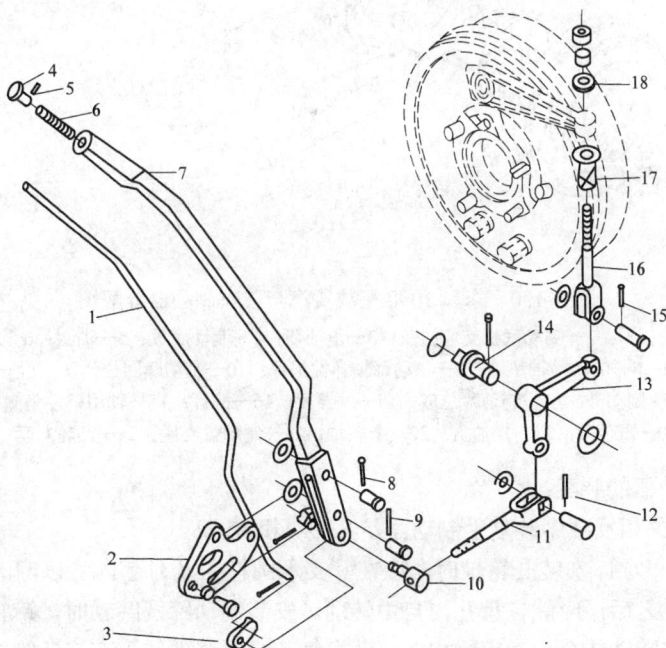

图 4-189　东风 1090 型汽车驻车制动器操纵机构

1—棘爪拉杆；2—扇形齿板；3—棘爪；4—操纵杆按钮；5—按钮销；6—复位弹簧；7—操纵杆；
8—平头销；9—平头销；10—操纵杆销轴；11—拉杆总成；12—平头销；13—操纵杆摇臂；
14—摇臂销轴；15—平头销；16—拉杆总成；17—拉杆压紧弹簧；18—拉杆球面垫圈

197

（1）驻车制动器的拆卸：

1）拆掉摇臂下端的平头销、摇臂下端拉杆、扇形齿板与变速器壳紧固螺栓、拆卸制动操纵杆及其上、下端连接件。

2）拆下操纵杆摇臂上端平头销、摇臂及销轴、拉杆球面垫圈及调整锁紧螺母、拉杆及弹簧。

3）从变速器第二轴后端拆下制动鼓及凸缘（零件标号如图 4-190 所示）。

4）拆下凸轮轴限位片、制动蹄复位弹簧、制动蹄轴弹性锁片、垫圈及另一端锁紧螺母、制动蹄带滚轮及蹄轴、制动底板支座与变速器第二轴后轴承盖紧固螺栓及制动底板支座与底板总成、摆臂固定螺栓及摆臂、凸轮轴弹性锁片及凸轮轴、分解制动底板与支座。

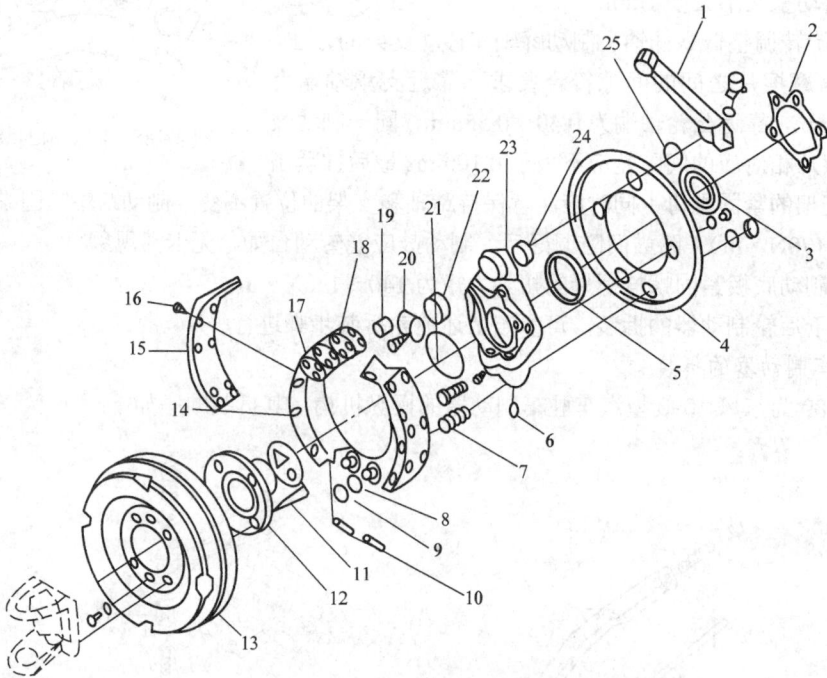

图 4-190 东风 1090 型载货汽车驻车制动器分解图

1—制动凸轮摆臂；2—制动底板支座衬垫；3—甩油环；4—制动底板；5—油封；6—通气塞片；
7—制动蹄轴；8—制动蹄轴垫圈；9—制动蹄轴弹性垫片；10—制动蹄回位弹簧；11—定位螺栓；
12—凸缘；13—制动鼓；14—制动蹄总成；15—摩擦片；16—铆钉；17—轴用弹性垫圈；18—滚轮；
19—滚轮轴；20—限位片；21—挡油盘；22—凸轮轴；23—制动盘支座；24—凸轮衬套；25—弹性锁片

（2）驻车制动器的装配：

1）按拆卸时的相反顺序装复手制动器及其操纵机构。

2）装配注意事项：安装凸轮轴时，应在其支承圆柱面及衬套内涂以润滑脂，凸轮轴装入并用弹性挡圈锁住之后，应能在承孔内自由转动。安装制动蹄及蹄轴时，蹄孔及蹄轴圆柱面应涂以润滑脂，蹄与蹄轴装合后，应能相对转动，将凸缘组合件装入变速器第二轴时，应保证甩油环进入挡油盘之内。装配中不允许用手锤随便敲击零件。

3）蹄鼓间隙的调整。制动蹄重新装配后应对蹄鼓间隙进行全面调整，调整方法步骤为：

a）拆开摇臂两端拉杆，松开制动蹄轴锁紧螺母，用扳手转动蹄片轴至扳动摆臂使凸轮使张开后，两蹄中间摩擦片中部同时与制动鼓接触，然后固定制动蹄轴并紧固锁紧螺母。

b）装配摇臂两端拉杆并调整至符合手制动器装配调整后的技术要求。

4）手制动器装配调整后的技术要求：

a）间隙为 0.20～0.40mm。

b）当棘爪与扇形棘轮最后一个齿啮合时，操纵杆摇臂后端与水平线夹角约为 15°。

c）当操纵杆从放松的极限位置移动 3～5 齿时，用 500mm 长的撬棒应不能转动制动鼓。

d）驻车制动操纵杆完全放松时，制动鼓应能转动自如。

3. 气压制动控制阀的拆装步骤

图 4-191 为东风 EQ1090 型载货汽车双腔制动阀分解图，其拆装顺序如下：

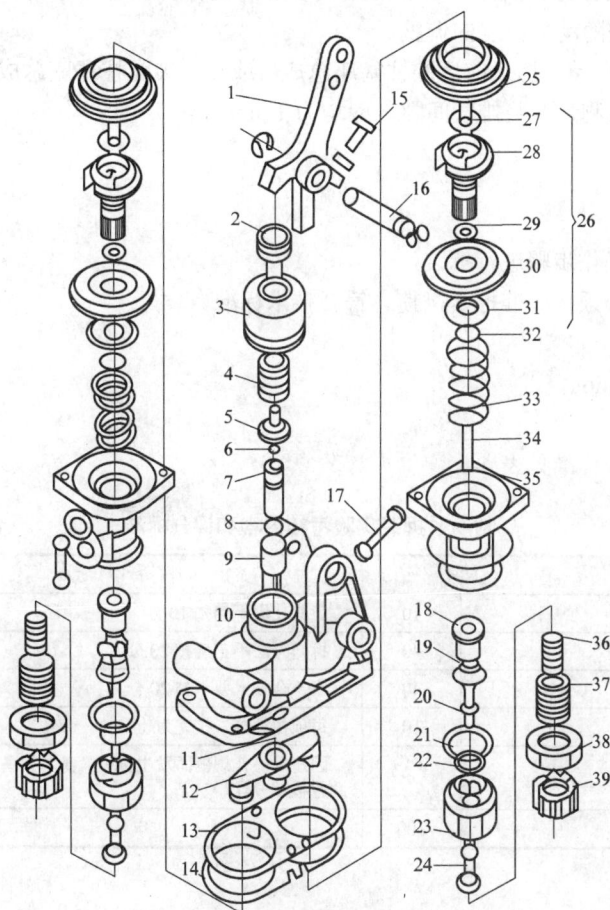

图 4-191　东风 EQ1090 型载货汽车双腔制动阀分解图

1—拉臂；2—平衡弹簧上座；3—防尘罩；4—平衡弹簧；5—平衡弹簧下座；6—钢球；7—推杆；8—小活塞环；
9—衬套；10—上体；11—钢球；12—平衡臂；13—橡胶垫圈；14—钢垫片；15—调整螺钉；16—拉臂轴；
17—调整螺钉；18—进气阀门总成；19—进气阀复位弹簧；20—O 形密封圈；21—密封垫片；22—O 形密封圈；
23—柱塞座；24—柱塞；25—膜片压紧圈；26—膜片总成；27—挺杆头；28—挺杆；29—O 形密封圈；
30—膜片；31—夹片；32—轴用弹性挡圈；33—膜片复位弹簧；34—顶杆；35—下体；36—调整弹簧；
37—调整螺栓；38—螺母；39—塑料罩

（1）气压制动阀的拆卸：

1）取出卡圈，拆下轴及拉臂。

2）松开上下体连接螺栓，分离上下阀体，取下橡胶垫圈、钢垫片、压紧圈、平衡臂及钢球。

3）解体上阀体。

4）拆下柱塞座，拆下密封垫片、阀门复位弹簧及两用阀等，拆散与柱塞座装配连接的塑料罩、螺母等零件。

5）取出膜片总成及复位弹簧，用弹簧钳拆下弹性挡圈并分解膜片总成。

（2）气压制动阀的装配：

1）在清洁零件熟悉其构造之后，按拆卸时的相反顺序装配制动阀。零件应用煤油清洗。装配时，阀门等运动件配合面应涂以润滑脂。制动阀装合后应进行排气间隙（即自由行程）、最大工作气压、两腔随动气压差的调整。

2）排气间隙的调整。拆下前后腔柱塞座总成（或在未装配柱塞座总成时进行调整），旋动调整螺钉，用深度尺测量两腔排气间隙，应均为 1.5mm。

实验考核

↖ **考核要求**

（1）按正确的操作步骤进行拆装。

（2）有关力矩必须按标准拧紧，使之符合技术标准。

↖ **考核时间**

考核时间为 40min。

↖ **考核标准**

考核内容和评分标准见表 4-8。

表 4-8　　　　　　　　　　　制动系拆装实验考核内容和评分标准

考核项目	分值	评分标准	评价结果
正确使用工具	10	工具使用不当扣 10 分	
拆卸顺序符合要求	40	拆卸方法不正确扣 20 分	
装配顺序符合要求	40	不符合技术要求扣 20 分	
整理工具、清理现场	10	每项扣 2 分，扣完为止	
遵守相关操作规范		因违反操作规范而发生重大人身和设备事故，此题按 0 分计	
分数合计	100		

实验报告

（1）桑塔纳汽车制动系统的拆装（实验报告模板见附录）。

（2）EQI090 型汽车制动系统的拆卸（实验报告模板见附录）。

CHAPTER 5

第 5 章 汽车车身的拆装

实验 18 汽车车身的拆装

实验目的及要求

（1）了解汽车车身的拆卸原则。

（2）了解汽车车身连接件的拆装方法。

（3）了解汽车驾驶室的拆装方法。

（4）了解汽车车箱的拆装方法。

（5）了解汽车车门的拆装方法。

实验预习及准备

▶ 实验工具及设备

（1）各种常用、专用工具。

（2）手电钻；电、气焊焊接设备；各种钣金常用设备。

（3）解放系列货车，丰田系列轿车。

▶ 实验课时

本实验 2 课时。

实验注意事项

（1）分析所需拆卸车身的结构形式、类型及特点，制定详细的拆卸、装配工艺、规范、规程，做好准备工作。对于在拆卸过程中可能产生位移而影响车身结构形式的构件，拆卸前应进行相应的连接固定，装配后再撤掉。

（2）注意分析原车车身的装配工艺过程，一般来说装配是拆卸的反过程。在车身装配过程中应先下后上，即先装配车身下面部件，再自下往上装配；先尾后头，即先装配车身后部的部件，再自车尾部往车头部装配；先外后内，即先装车身外部部件，后装车身内部部件；先一般后精细，即先装配一般部件，后装配精细的、电镀的和抛光的零部件，避免精细件受刮撞。

（3）合理使用各种工具，尽可能使用专用工具。

（4）拆卸前做好标记，装配时核对标记。有些组合件是选配装合或装合后加工的不可互换件，拆卸时一定要分类堆放。

（5）保证各总成及零部件合格，确认合格后才能进行装配。

（6）装配过程中注意保持清洁。

（7）注意观察各部位的相互关系、拆卸与装配的方法及工艺步骤。

实验内容与方法

▶ 实验内容与方法

1. 连接件的拆装

车身与车架及车身各部件的连接形式一般为螺钉连接、铆钉连接以及点焊连接等。拆卸工作应该小心谨慎地进行，不得使拆下的零件及与它相连接的部件遭到破坏。应作废品处理的零件（不能修复的零件）可以采用最快的方法来拆卸，甚至可以采用焊割方法将它除去，但应保证那些和它们相连接的有用零件不遭受损坏。

（1）螺纹的拆卸。螺纹连接在拆卸时，应使用相同规格的扳手进行拆卸。在拆卸过程中，通常遇到的最大的麻烦和困难是拧松锈蚀的螺钉和螺母。遇到上述情况时，可采用下列方法处理：

1）在螺钉及螺母上注少许汽油、机油或松动剂，稍后用小锤沿四周轻轻敲击，使螺钉、螺母松动后拧出。

2）用氧气枪将螺母加热，然后拧出。

3）先将螺钉或螺母旋进 1/4 转左右，再旋出。

4）用手锯将螺钉连螺母锯断。

5）用錾子錾开螺母。先在螺母下面放置垫铁，再以小锤敲打錾子，将螺母上面接近螺纹的地方錾开。有时小直径的螺钉可以随螺母一并錾去。

6）用钻头在螺栓头部中心钻孔。钻头的直径应等于螺杆直径，这样可以使螺钉头脱落，而螺杆连同螺母则用冲子冲去。

7）用乙炔火焰割去螺钉头部，并把螺钉的杆部连同螺母从孔内冲出。

（2）螺钉组连接件的拆卸。在同一平面或同一总成的某一部位上，有若干个螺钉（螺栓）相连接时，称为螺钉组连接，在拆卸这种连接时应注意：

1）先将各螺钉按规定顺序拧松，一般为 1～2 转，如无顺序要求应按先四周后中间或按对角线的顺序拧松一遍，然后按顺序分次匀称地进行拆卸，以免造成零件变形、损坏或力量集中在最后一个螺钉上而拆卸困难。

2）拆下处于难拆部位的螺钉。

3）拆动悬臂部件的环形周缘的螺钉时，最上部的螺钉应最后取出，以免造成事故和零件变形、折断。

4）对外表不易观察的螺钉，应仔细检查。在拆卸连接部件前，可使用螺钉旋具、撬棒等工具将连接部件分开，以免有隐蔽的螺钉未拆除而撬坏零件。

（3）断头螺杆的拆卸。在拆卸时，如碰到断头的螺杆，可采用下面的方法拆卸：

1）如断头的螺杆高出连接零件表面时，可将高出部分锉成方形或焊上一螺母将其拆出。

2）如断头螺杆在连接零件体内，可在螺杆头部钻一小孔，在孔内攻反扣螺纹，用丝锥或反扣螺栓拧出；或将淬火多棱锥钢棒打入钻孔内拧出。

3）如遇螺纹孔扩大时，可加大一级重新攻螺纹，或镶配螺纹套以恢复原螺孔尺寸。

（4）销、铆钉和点焊的拆卸。销钉在拆卸时，只要用冲子冲出即可。对于用冲子无法冲出的销钉，只要直接在销孔附近将被连接的铰链等加热就可以取出。当上述方法失效时，可在销钉上钻孔，所用钻头的尺寸比销钉的直径小 0.5～1.0mm 即可。

对于铆钉连接，可用扁而尖的錾子将铆钉头錾去，尤其对空心铆钉十分有效。如用拉铆钉连接的外蒙皮，拆卸时錾去拉铆钉头即可取下外蒙皮。当錾去铆钉头比较困难时，也可用钻头先钻孔再錾去。

用点焊连接的零件，在拆卸时可用手电钻将原焊点钻穿，或用扁錾将点焊点錾开。

（5）螺纹件的装配：

1）螺纹连接时，一组零件应齐全，如平垫、弹垫、螺母等，螺栓应超出螺母 1~3 牙。

2）螺纹应清洁完好，损坏两个牙即应更换。

3）采用螺钉旋具、扳手等工具时，扳手开口应适当。

4）螺纹的拧紧力矩应适当，如为螺纹组连接时，应注意拧紧顺序。

5）注意螺纹方向，一般反扣螺纹在六方上有切槽。

6）正确使用螺纹防松装置。

7）使用自攻螺钉时，应合理选择钻孔直径尺寸，可参见表 5-1。

表 5-1　　　　　　　　　　自攻螺钉钻孔直径尺寸　　　　　　　　　　（mm）

自攻螺钉 板厚	2.6	3	3.5	4	5	6
0.4	1.8	2.2	2.5	2.8	—	—
0.5	1.8	2.2	2.5	2.8	3.5	—
0.6	1.9	2.2	2.5	2.8	3.5	4.3
0.7	2.1	2.2	2.5	2.9	3.6	4.4
0.8	2.2	2.3	2.6	2.9	3.6	4.4
0.9	2.2	2.5	2.6	2.9	3.6	4.4
1.0	2.2	2.6	2.8	3.0	3.6	4.4
1.2	2.2	2.6	2.8	3.3	3.6	4.4
1.4	2.2	2.6	2.8	3.3	4.0	4.4
1.5	2.2	2.6	2.8	3.3	4.2	4.5
1.6	2.2	2.6	2.8	3.3	4.3	4.6
1.7	2.2	2.6	2.8	3.3	4.3	4.8
1.8	2.2	2.6	2.8	3.3	4.3	5.0
1.9	2.2	2.6	2.8	3.3	4.3	5.3

2. 驾驶室的拆装

货车的驾驶室基本上大同小异，拆卸时只要注意其特征，按部就班地拆卸是比较容易的。现以解放牌系列货车驾驶室为例介绍驾驶室的拆装顺序。

（1）驾驶室的拆卸：

1）将卸掉车门、座垫及靠背的驾驶室置于翻转架上或稳妥地点。

2）取下收音机、仪表盘。

3）卸下遮阳板支撑杆与车身的连接螺栓，把遮阳板与杆一起取下。

4）卸掉雨刮器总成。

5）卸掉顶棚灯、室内面料。

6）卸掉前挡风玻璃总成、后挡风玻璃。

7）卸掉小通风窗。

8）对于损伤十分严重的驾驶室，经过大量矫正工作后，对一些无法修复的外壳可局部解体。局部解体时要考虑到与整体的配合。需修整的部分若处在相邻位置，要一次取下，分别修整后，再焊接起来。切不可取下一块，修整焊接后，再取下相邻的另一块进行修整。对于一些无法修整或修整后无法继续使用的部分，应按标准实样重新制作。

（2）驾驶室的装配。在进行驾驶室装配前，首先要调校驾驶室及车门。驾驶室与车门分别修整完毕后，即可进行装配与调试。

1）调校车门：

a）先将车门安装在驾驶室上，如发现两侧上下铰链之间的距离不相等时，可调整门上的铰链间距。

b）进行关开门试验，开始时要轻关慢开，看其边框配合是否合适，对不合适部分进行校正与调整。调整的顺序为：① 观察车门四周的缝隙，要使四周的缝隙均匀，可通过调整门铰链，固定板来完成；② 对车门和驾驶室门框的外平面进行调整，可以内外移动铰链锁扣来达到外表面的平行；③ 当四周缝隙和边框平面都调好之后，再对止冲器进行调试。使止冲器芯和止冲器高低对位准确，啮合良好，启闭灵活。如发现启闭不灵活时，可在止冲器的滑块内稍加机油，进行润滑。如果啮合宽度不够 6mm 时，可在止冲器芯子下面加一垫板，既可使之啮合良好，又不会因垫得过高而碰撞驾驶室边框。

2）校正驾驶室：

a）如果车门与驾驶室门框的前后缝隙基本一致，而顶缝与底缝的缝隙不平行时，一般是由于驾驶室变形所致，这就需要对驾驶室整形，用专用工具或千斤顶来校正。

b）如果前后立缝宽窄基本相等，顶缝缝隙前小后大，而底缝缝隙前面很大（约 3~4mm），后缝特别小，甚至没有缝隙，而且门上的止冲器芯子偏低，说明驾驶室前角下沉。此时需用专用工具的一端顶住门框后下角，另一端顶住门框前上铰链的拐弯处，使之复位。

c）若底缝缝隙前小后大，说明门框后角下沉，其校正方法与上述 b）相反。

d）在校正驾驶室与车门配合缝隙的同时，还要注意止冲器的高低位置是否在可调范围内。

调校完成后，应达到如下质量要求：

a）车门装上以后，要旋转灵活，开关自如，车门铁壳边框与驾驶室门框在关闭后内外都不相碰，铰链螺钉互不顶撞。

b）车门关开时无特别弹性，门面边缘与驾驶室的配合缝隙四周匀称，基本上保持在 5~6mm。

c）止冲器高低合适，能准确啮合，啮合宽度不小于 6mm。锁舌啮合深度应在 9mm 左右。

3）将调校好的驾驶室吊放于车架上，并初步固定。

4）安装小通风窗。安装时要注意以下几点：

a）若密封条老化，则必须更换；海绵密封条脱落时，应先将槽内铁锈除净、擦亮，涂以底漆。若有污物也需清理干净，漆干后在铁槽内和密封条上分别涂上铁胶水，待略干后粘上密封条。

b）铰链及附件装配要正确，销子上的小弹簧缺少或失去弹性时，应配齐或更换。

c）小通风窗的横撑及手柄上的所有螺栓应紧固，垫圈应齐全。开启时由于摩擦力过大而不灵活时，可在滑槽上稍加润滑脂。

装配后要达到：① 关闭时要扣得紧，密封性好，不漏水；② 开启时支撑牢固并可停留在任一支撑位置；③ 车辆行走时不能有响声。

5）安装后挡风玻璃时，玻璃尺寸应准确，压条应符合要求。

6）安装前挡风玻璃时应注意：

a）安装压条时宜采用专用工具。

b）若窗口边框变形或破裂，应进行校正。

c）安装后应达到如下要求：① 玻璃应透明，视线良好，不眩目，开闭灵活；② 开启时支撑牢固，不应因振动而发响；③ 关闭时密封性要好，不应漏水。

7）安装好室内面料及棚顶灯。

8）安装风窗刮水器总成，并使刮水区适当、刮水效果良好，保证驾驶员有足够的视野。

9）安装遮阳板，可把遮阳板、折页与支撑杆三者装配在一起，并用铆钉连接，保证遮阳板绕杆转动时松紧适度。然后用螺栓连接支撑杆，紧固到驾驶室内的相应位置上。

10）安装仪表盘、收音机、座垫及靠背等。

11）装上铰链穿销，安装好车门。

12）对各处螺栓进行最后紧固、检查。

3. 车箱的拆装

货车的货箱形式是多种多样的。载货的多少及货物的品种，决定着货箱的形式。但是无论何种形式的货箱，拆装时，都应根据其结构制定拆装工艺。现以解放牌系列货车货箱为例进行说明。

（1）车箱的拆卸：

1）分别卸掉货箱的左、右及后栏板。

2）拽出开口销，取出边板折页穿销，分别取下左、右及后边板。

3）旋下前边板（带安全架）与货箱前横梁（木质）及纵梁的定螺栓，取下前边板及安全架。

4）从货箱底板上起下底板与横梁的连接螺钉。将底板翻面，使其原底面朝上，以便拆卸纵梁和横梁。

5）卸下纵梁与横梁的连接角撑铁板固定螺栓，取下各角撑铁板。

6）旋下纵、横梁 U 形连接螺栓的螺母，取下 U 形螺栓，使纵梁与横梁脱开，取下纵梁。

7）卸掉横梁与货箱底板的连接螺栓，使横梁与底板脱开，取下横梁及横梁垫板。

8）卸掉货箱底板上的各折页固定螺栓，取下各长、短页板。

9）从底板边框内逐次取下各块长条形板。

10）分别从横梁上卸下绳钩、折页板及各垫板；从纵梁上卸下与车架的连接板等。

11）卸下边板上的栓钩固定螺栓，取下栓钩。

12）在必要的情况下，可用氧炔焰割开某些焊缝，取下损坏的铁板、铁管、一角铁等。

（2）车箱的装配：

1）把货车各长条形底板依次放于底板边框内。

2）把各横梁依次放于货箱底板上（注意要把与纵梁 U 形连接螺栓连接的垫板放好），摆正位置。如需重新钻孔，可用手电钻在各横梁的相应位置钻孔，直到货箱底板穿透为止。

3）穿上底板与横梁的固定螺栓，并旋紧固定螺母。要注意螺栓的螺纹部分，应在横梁一侧。

4）把穿好 U 形螺栓的纵梁放于横梁的对应位置上，使螺栓穿入横梁垫板的对应孔中，旋紧螺母。

5）按角撑铁板的实际位置，在对应的纵、横梁侧面钻上通孔，然后用螺栓和角撑铁把纵、横梁紧固。纵梁安装完毕。

6）分别在货箱底板、横梁及纵梁上安装好折页板、拉板、绳钩及各垫板等。

7）将货箱底板翻面，使纵、横梁处于下面方向，并用支架支好。

8）用铁钉把各块底板钉于各道横梁上。

9）把修理、校正完好的前边板用螺栓紧固在货箱的横梁和纵梁上。

10）把左、右及后边板分别用折页穿销与货箱底板上的折页连接在一起，并穿上开口销。

11）把栓杆安装到相应边板的原位上。

12）把各边板用栓杆和栓钩连接在一起。

13）把修理、校正完好的高栏栏板插入各边板的对应槽孔中。

货箱装配完毕后，应达到如下要求：

1）装配后的货箱底板应平直，铁板无严重锈蚀和变形。

2）边板、后板的栓杆、栓钩应连接可靠，开关自如；各栏板与底板及各栏板之间的间隙应不大于 5mm。

4. 车门的拆装

（1）小客车车门的拆卸。图 5-1 为丰田系列小客车前门部件示意图，其拆卸顺序如下：

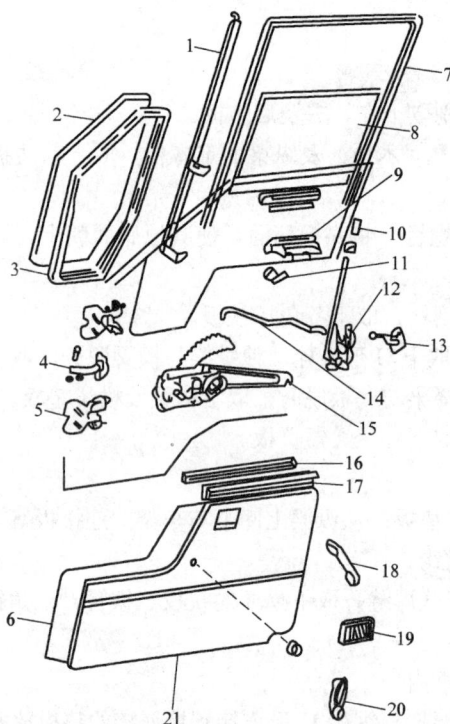

图 5-1　丰田系列小客车前门部件示意图

1—分隔杆；2—角窗玻璃；3—车窗密封槽条；4—车门开度限位器；
5—车门铰链；6—维修孔盖板；7—玻璃导槽；8—车门玻璃；
9—车门外手柄；10—门内锁止按钮；11—车门锁体；12—车门锁组件；
13—门眼；14—门锁遥控连杆；15—摇窗机构；16—车窗外密封槽条；
17—车窗内密封槽条；18—拉手；19—车门内拉手；
20—车门摇窗机构手柄；21—车门装饰板

1）卸下车门内手柄。卸下固定螺钉后向前推动车门内手柄，待车门内手柄与门锁控制机构脱离后，即可取下车门内手柄。

2）取下车门摇窗机构手柄。可用一布条压出手柄内挡圈，即可取下摇窗机构手柄。

3）卸下内拉手。卸下车门装饰板，在车门和装饰板保持器之间伸入螺丝刀（起子）将其撬离。螺丝刀（起子）头应事先包上布条，以免损伤车门。

4）卸下维修孔盖板、门锁遥控连杆。

5）拆卸车窗内、外密封槽条。先用刮刀将车窗内槽条撬出，并连同四个卡子一起取下。再用刮刀将车门外槽卡子头部撬松后，将车门外槽条取出。将卡子转动 90°后取出。

6）取下分隔杆。卸下车门上部的固定螺钉，再卸下车门上的固定螺栓，将玻璃导槽与分隔杆分离，慢慢向右转动并往上抽出分隔杆即可将其取出。

7）将车门玻璃转动一角度后，

使车门玻璃与摇窗机构分离，往上提出车门玻璃。

8）卸下摇窗机构的固定螺栓，然后从维修孔中将摇窗机构取出。

9）取下车门锁体。取之前先用钳子将卡圈卸下。

10）卸下车门锁组件的螺钉，取出车门锁组件。卸下门内锁止按钮。

11）卸下车门外手柄。

12）取下角窗玻璃。若不必更换车窗密封槽条时，可向后转动角窗，即可将角窗玻璃连同车窗槽条一起取下。若需更换车窗密封槽条时，可先用小刀从车门外将车窗槽条沿玻璃边缘割开，再从车门内往外均匀用力推角窗玻璃，即可将其取下。最后从取下的玻璃上卸下车窗密封槽条。

车门拆卸完毕后，对拆卸下来的零部件进行检验分类。对能用的和经过修理后能继续使用的部件，应分别放置好，并进行修理达到规定的标准，以备装配时使用。

（2）小客车车门的装配：

1）安装角窗。将车窗密封槽条嵌至角窗玻璃上，在车窗密封槽条与车门凸缘相互接触处，涂一些肥皂水，然后装上角窗。

2）安装摇窗机构。安装之前，应在摇窗机构的各滑动面、弹簧、齿轮及活动部位涂上润滑脂。

3）装上车门外手柄。

4）装上车门锁组件。将门内锁止按钮装到门锁组件上，通过车门上的维修孔将车门锁组件安放到位，拧紧固定螺钉。

5）装上车门锁体。

6）通过车门上的维修孔放入摇窗机构，再安装螺栓并将其固定。

7）先将车门玻璃装入车门，再将摇窗机构的滚轮滑入车门玻璃卡铁上的凹槽。

8）将分隔杆放入车门，在其上、下部安装螺钉，最后将玻璃导槽装入。为安装方便，可在玻璃导槽上涂一些肥皂水。

9）安装车门内、外侧的车窗密封槽条。先将外侧的四个卡子装入车门，装上外侧的车窗密封槽条。再将内侧的四个卡子装到相应的密封槽条上，装上内侧的车窗密封槽条。

10）安装维修孔盖板。在维修孔盖板上涂一圈粘合剂，将维修孔盖板下缘装入车门的槽口内，再用棉布带封住槽口。用棉布带封槽口时不要将装饰板保持器孔封住，装上门锁遥控连杆后方可将维修孔盖板与车门贴合。

11）安装车门锁遥控连杆、车门装饰板。

12）安装车门内手柄。先将遥控连杆与车门内手柄连接，再将车门内手柄固定。

13）将车门窗充分关闭后，安装摇窗机构手柄，并用挡圈将其固定。

14）安装车门拉手。

（3）货车驾驶室车门的拆卸。图5-2为解放系列货车驾驶室车门部件示意图，其拆卸顺序如下：

1）卸下车门总成。卸掉车门限位器与驾驶室门框的连接销钉、铰链穿销，然后取下车门总成。

2）卸掉维修孔盖板，从维修孔中取出车门限止器。

3）摇动升降器摇把，使车门玻璃及升降器下落至玻璃滑槽，并在维修孔中部露出为止。

4）把升降器 T 形杆的滚子轴拨至滑槽两端的凹口处，并从滑槽中取出，使升降器与滑槽脱开。

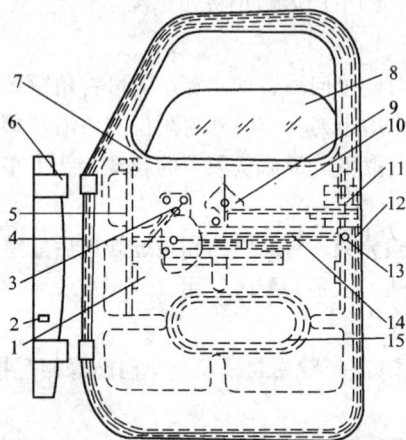

图 5-2 解放系列货车驾驶室车门部件示意图

1—铁槽支架；2—限位器孔；3—升降器及摇柄；
4—门壳加强板；5—玻璃活动铁槽；6—门铰链及销子；
7—玻璃绒槽；8—玻璃；9—联动臂及手柄；10—车门壳体；
11—门锁及手柄；12—止冲器芯子；13—锁门机构
即卡簧；14—玻璃托槽；15—维修孔盖板

5）把手伸入维修孔内，向上推动滑槽及玻璃，并从车门上方窗口将玻璃从门框的滑铁槽中取出。

6）卸掉升降器摇把。

7）卸掉升降器总成。先卸下升降器与车门内壁的连接固定螺钉，再从维修孔中取出升降器总成。

8）取下内门把。

9）卸掉门锁联动杆总成。先旋下门锁联动杆与车门内壁的连接固定螺钉，再把手伸入维修孔内，把联动杆前端销孔与传动销钉脱开。拉动联动杆，使其与门锁脱开，即可从维修孔中取出门锁联动杆总成。

10）卸掉门外把手。

11）旋下门锁与车门内壁的连接固定螺钉，从维修孔中取出门锁总成。

12）旋下玻璃绒槽与门框的固定螺钉，卸下绒槽和密封条。

车门分解完毕后，将拆卸下的零部件进行检修或更换，待车门校正修理完成后，再进行组装。

（4）货车驾驶室车门的装配：

1）用螺钉把玻璃绒槽固定到车门框的相应槽中，并安装好窗口密封条。

2）安装门锁总成。先用手从维修孔把门锁放至相应位置，使其上的螺纹孔与车门内壁上的相应孔对正，旋上螺钉。将全部螺钉全部旋入对应孔之后，再进行最后的紧固。

3）安装门外把手。

4）安装门锁联动杆总成。先在维修孔中把联动杆前端的销孔套到传动销上，再把门锁联动杆总成放至原位，并使各螺钉孔与车门内壁上的孔对正，旋上全部螺钉，然后紧固。

5）安装内门把。

6）安装玻璃升降器总成。通过维修孔，把玻璃升降器放到原位，使各螺钉孔与车门内壁上的孔对正，旋上全部螺钉，然后紧固。

7）安装升降器摇把。

8）安装车门玻璃。从车门上方窗口，把带有滑槽的玻璃装入门框的滑动铁槽中，并用手扶着使其缓慢下落至滑槽，直至在维修孔中露出为止。

9）把升降器的滚子从滑槽两端凹口装入玻璃滑槽中，并摇动升降器摇把，使玻璃在滑动铁槽中上下滑动。当玻璃不能通畅、平稳地沿绒槽滑动时，应进行修整。

10）安装车门总成、车门限位器。

11）将以上部件安装完毕并调整好之后，安装维修孔盖板，并用螺钉固定到原位上。

（5）滑动侧门的拆卸。滑动侧门多用于旅行车上，依靠车门上的上、中、下三个滚子，使车门开启或关闭。图 5-3 为丰田系列旅行车滑动侧门部件示意图，其拆卸过程如下：

1）卸下侧门装饰板。先取下车门开度限位器，再用螺丝刀（起子）将装饰板保持卡撬出，卸下侧门装饰板。

2）取下维修孔盖板。

3）卸下车门。先卸下螺栓将下导轨导板取下，再卸下中部导轨压块，然后用木块垫住车门底部，用千斤顶将木块支承住。卸下固定螺栓，取下车门中滚子及车门上滚子，最后扶住车门往车后滑动并将其取下。卸下车门下滚子。

4）卸下车门中导轨。在车内用螺丝刀（起子）将后侧装饰板保持器卡子从保持器中撬出，取下后侧装饰板。再取下三块后侧盖板，摘下橡胶密封垫圈。最后卸下相关螺钉和螺母后，将车门导轨从车体上取下。

5）卸下车门定位凸块。卸下相关的螺栓后，将两个定位凸块连同衬垫片一起取下。

6）卸下车门定位凹块。

7）取下车门内手柄。先将内手柄控制杆与门锁遥控器拆离，再卸下相关螺栓后，取下车门内手柄。

8）卸下车门锁遥控器。先从控制连杆上取下门内锁止按钮，再将车门锁控制连杆及锁体控制连杆与门锁遥控器拆离；最后卸下相关螺栓，将车门锁遥控器取下。

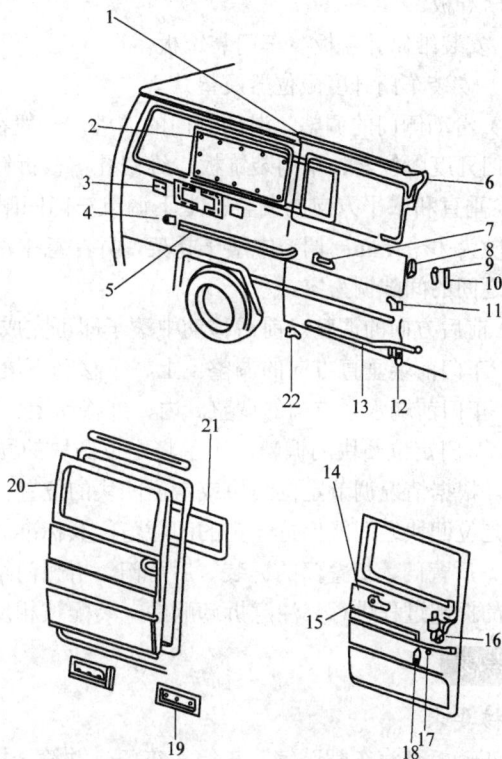

图 5-3　丰田系列旅行车滑动侧门部件示意图

1—车门上导轨；2—后侧装饰板；3—后侧盖板；4—导轨压块；
5—中导轨；6—车门上滚子；7—车门中滚子；8—车门定位凹块；
9—车门定位凸块；10—衬垫片；11—车门开度限位器；
12—车门下滚子；13—下导轨；14—门眼；15—车门锁组件；
16—门锁遥控器；17—垫块；18—车门外手柄；19—车门底盖；
20—车门；21—车门装饰板；22—车门下导轨导板

9）取下车门外手柄。

10）取下车门锁体。先用鲤鱼钳将其保持卡取出，然后卸下锁体。

11）卸下车门锁固定螺钉。从维修孔中将车门锁取出。

（6）滑动侧门的装配：

1）安装车门锁。通过车门上的维修孔，将车门锁放入，用螺钉固定在车门上。

2）装入车门锁体、车门外手柄。

3）安装车门锁遥控器，接上车门锁体控制连杆。

4）将内手柄控制连杆与门锁遥控器连接，再安装车门内手柄。

5）安装两车门定位凹块、两车门定位凸块及其衬垫片。

6）安装车门下滚子。

7）安装车门中导轨。先将中导轨装上并固定，再装上三块后侧盖板，然后安装橡胶密封垫圈，最后安装后侧装饰板。

8）安装车门。先将木块置于千斤顶上，再将车门立放到木块上，将千斤顶升至适当高度，让车门从开启位置向前滑动，同时将车门下滚子滑入车门下导轨。将车门上滚子装上并用螺钉固定。将车门中滚子装入车门中导轨，再用角螺栓将车门中滚子固定在车门上。装上导轨压块，上下导轨导板。

9）安装维修孔盖板、车门装饰板。

10）安装车门开度限位器及垫片。

（7）滑动侧门的调整。滑动侧门的调整，一般在装配过程中进行。如在车门安装完毕后，应将车门开度限位器、车门装饰板、维修孔盖板拆卸后方可进行调整。

1）垂直和水平方向的调整。上下调节车门闩眼，将车门关闭；调节中滚子使其与导轨之间的间隙为 0～1mm；调节中滚子托架，并注意中滚子要安装得与中导轨平行；将车体与车门缓冲垫之间的间隙调为零。

2）前后方向的调整。前后移动中滚子即可完成车门前、后方向上的调整。

3）车门前端垂直方向的调整。上、下移动下滚子即可完成对车门前端垂直方向的调整。

4）车门前端水平方向的调整。内、外移动上、下导轨可完成对车门前端水平方向的调整。

5）车门定位凸块的调整。用手将定位凸块的固定螺栓旋上车体，关闭车门从而确定车门的位置。根据情况调节定位凸块或定位凹块的位置。注意调节时应采用增减垫片的方法使定位凸块和定位凹块之间能保持一定的间隙值，其标准间隙值为 3mm。

（8）后背门、折叠门的拆装。后背门、折叠门结构相对比较简单，在拆卸时可参考上述各种车门的拆卸过程进行。注意拆卸顺序，装配按相反的顺序进行即可。

实验考核

↖ **考核要求**

能正确拆装汽车驾驶室、车箱、车门，并符合技术要求。

↖ **考核时间**

考核时间为 120min。

↖ **考核标准**

考核内容和评分标准见表 5-2。

表 5-2　　　　　　　　　　　　考核内容和评分标准

考核项目	分值	评分标准	评价结果
正确使用工具	10	工具使用不当扣 10 分	
汽车驾驶室的拆装	30	拆装方法不正确扣 15 分	
		不符合技术要求扣 15 分	
汽车车箱的拆装	20	拆装方法不正确扣 10 分	
		不符合技术要求扣 10 分	
汽车车门的拆装	30	拆装方法不正确扣 15 分	
		不符合技术要求扣 15 分	
整理工具、清理现场	10	没有整理工具、清理现场扣 5 分	
遵守相关安全操作规范		因违规操作发生人身和设备事故，此项按 0 分计	
分数合计	100		

实验报告

汽车车身的拆装（实验报告模板见附录）。

第6章 汽车的总装

实验 **19** 汽车的总装

实验目的及要求

▶ **实验目的**

（1）掌握汽车总装的工艺、顺序、操作方法及要求。

（2）学会汽车拆装机具和工具的综合使用。

▶ **实验要求**

（1）掌握汽车上各个重要零部件和各总成的安装位置和装配关系。

（2）掌握汽车总装的顺序和拆装方法。

实验预习及准备

▶ **实验工具及设备**

（1）EQ1090 型汽车一台，上海大众桑塔纳轿车一台。

（2）常用工具、专用工具及工作台架。

▶ **实验课时**

本实验 4 课时。

实验注意事项

（1）整车装配时注意场地的整洁，注意操作安全。

（2）应正确使用工具和有关设备。

（3）装配前，应对装配的总成、部件及连接件做最后的检查，确保其符合使用要求和技术条件，避免不必要的返工。

（4）注意观察各总成安装相对位置和相互关系。

实验内容与方法

　　汽车的总装是以车架（车身）为基础，按照技术要求，将各个总成、部件及连接零件相互连接，固定在车架（车身）上，组成一部完整的汽车。汽车的总装配实习，是使学生进一步掌握和熟悉汽车构造、组成、各总成部件间的相互连接和装配关系及其总成、部件的功能和作用、原理的重要手段。同时，还可以使学生加深对各主要总成、部件的使用调整方法的理解。不同的车型由于结构不同，各自的装配工序也略有差异。本章将以小客车和载货车为例，详述这两种常见车型在总装时的技术要求和大致装配工序。

　　1. 汽车总装配的准备工作

　　汽车由成千上万个零件组成，繁杂且技术要求较高，因此在装配过程中，不论是新件、修复件、留用件都应符合技术要求，经过严格地质量检验，然后进行必要的选配，才组装成各总成。在前面内容中对汽车的一些总成、部件已进行了拆卸解体和装配调整，但在进行总装配时，还需要对个别的主要总成、部件进行装配调整，熟悉它们之间的连接关系和装配要领。

此外，还要做好下列准备工作：

（1）准备好所需的常用工具、常用量具、专用量具、专用机（工）具和检测仪器及用具。

（2）准备好所需要的辅助材料、纸垫、油封、垫圈、开口销、止动钢丝、润滑油（脂）、螺栓、螺母等。

（3）检查已装配好的各总成、部件是否漏装、错装零件；螺栓螺母是否按规定力矩拧紧；开口销、锁紧螺母等是否锁紧、固定；必要的润滑点是否按规定加注了润滑油（脂）。

（4）按总装配的步骤清点好并按顺序排列各总成、组合件、部件及其连接零件；同时检查各连接零件的完整和质量。

2. 汽车总装配要求

（1）清洁各重要零部件和所有总成、部件装配接触面。有突点、麻点和伤痕部位必须予以清除。

（2）检查全部螺栓、螺母，其螺纹如有变形、拉长或断扣、滑牙不可再用。

（3）主要螺栓的丝扣均应长出螺母平面 1～3 扣（一般螺栓可平口）；凡规定有拧紧力矩的螺栓，应用扭力扳手紧够。

（4）凡螺栓螺母所使用的平垫圈、弹簧垫圈、开口销、保险垫片及其保险金属丝等应按规定装配齐全。

（5）用过的铜皮、铁皮、石棉衬垫、纸垫、软木垫等，在完全适用的条件下仍可装用。

（6）所有电线的焊接应用松香作焊剂，不得使用酸液作焊剂（蓄电池旧线除外）。

（7）全部滑脂嘴、杯应装配齐全，所有润滑部位按规定分别加足润滑油脂。

（8）气缸盖、进排气歧管、化油器、水泵、气缸体和水道侧盖等处螺栓和双头螺栓，安装前丝扣上应涂以红丹油。

3. 汽车总装配的作业组织方式

汽车总装配的作业法有固定作业法和流水作业法。所谓流水作业法，就是使汽车在装配线上移动作业，每个装配点只负责安装一种（类）零部件，依次装配，形成流水。所谓固定作业法，是由专业（门）小组负责，在一定工位上，按全车装配步骤和工艺进行总装。在汽车拆装实习教学中，汽车的总装宜采用固定作业法，即将实习学生分成若干个专业组（可按前面介绍的汽车零部件总成分类划分）。对汽车进行解体和各总成的拆装、解体、装配时，各专业小组可以轮换操作。但要求各专业组实习学生都能掌握和了解汽车总装配的步骤及整车调整的方法。

采用固定作业方法时，应先装配车架，以车架为基础，分上下、左右装上各总成、组合（部）件及连接零件，最后成为一部整车。

专业组的设立应参照汽车零件总成分类，一般为发动机总成、前桥带转向组、中桥组（传动系统为主）、后桥组四个专业组。

4. 小客车的总装

普通小客车多采用承载式结构，它的总装是以整体式的车身为基础件，各类总成直接与车身相连。

（1）前桥和前悬架的装配：

1）将车身用举升器举起，把发动机托架固定在车身纵梁上。

2）依次把平衡杆、侧拉杆和下支臂连在托架上。

3）使侧拉杆和平衡杆与下支臂相连。

4）将组合在一起的减振器总成上端吊装在车身相应部位，下端与下支臂相连接。

（2）转向机构的装配：

1）组合转向传动杆系。

2）将转向机固定在车身上，使主转向臂与转向器相接，副转向臂与车身纵梁相连。

3）连接侧拉杆与前轮转向节轴，注意穿上开口销。

（3）转向盘的装配。在车内将转向管柱固定好，将联轴节与转向机的输入轴相连。

（4）后桥和后悬架的装配：

1）在车下将与后桥壳相连的所有连杆，固定在后桥壳的安装位置上，螺栓暂时不要拧紧。

2）将后桥壳总成抬起，安装与车身相连的各个部位。注意各类胶垫、胶球的安装方向和位置不能装错。

3）安装减振器和螺旋弹簧。注意安装减振器前，应反复拉伸几次，以便排出油液中的空气。

（5）制动系统的装配：

1）将制动总泵和真空助力器连在一起固定到车身上。

2）安装制动油管，使之与前后轮制动分泵相连。注意应认真检查制动油管有无弯曲和泄漏。

3）在车内装制动踏板支架和踏板，调整制动踏板自由行程。

（6）装配车轮。将四个轮胎分别安装到位，先预紧轮胎螺母，把车身放下，轮胎着地后按顺序拧紧螺母。如不更换新轮胎，应按要求进行轮胎换位。

（7）发动机和变速器的装配。安装发动机和变速器时，有些车型是先将发动机和变速器组装在一起后，再装车；有些车型则分别安装。

在连接发动机和变速器时，必须使变速器第一轴的花键轴端准确插入离合器片花键孔内，不能用紧固连接螺栓的办法强行压入。

（8）传动轴的装配。将传动轴前端插入变速器，把后端凸缘与差速器凸缘相连，注意对准装配标识。然后，将中间支承固定在车身上。

（9）消声器的装配。将消声器前节与排气歧管相连，依次连接中节和后节消声器。注意在连接凸缘处垫好密封垫，均匀拧紧螺栓。用夹箍和吊挂将消声器固定在车身底板下面。

（10）燃油箱的装配。将油箱固定在车后部，连接油管。

（11）散热器和空调管路的安装。将散热器和冷凝器用固定支架装好，安装到车身前端，接好水管和空调管，引入车身内。

（12）全身线路及仪表装配。线束布置以仪表台为中心向车前后延伸，相同方向的线束用胶带捆扎在一起，在经过孔时要有防护胶套。安装仪表台前，先将线接插件连好，各个真空管、仪表灯、插头开关等要先安装到位。

（13）地板和内饰的装配。将地毯和胶皮用连接片（压板）固定在地板上，内饰板用卡扣连接到门柱和车棚上。

（14）座椅的装配。装配前在座椅的下滑道、转轴上加少许润滑油。

（15）前盖和后盖的装配。调整合页固定螺栓，使前后盖各处缝隙均匀一致，锁合轻松自如。

5. 载货汽车的总装

（1）前桥的装配。将车架用支承架搁平，把装有轮胎和钢板弹簧的前桥推至车架下面，使钢板弹簧前端与前支架相连接，后端通过销轴与吊耳和支架连接。也可先在车架上装好钢板弹簧，再装前桥和车轮。有减振器应先将减振器装到车架上，最后将减振器与前桥连接。

安装时应注意钢板弹簧销、吊耳销与衬套的配合间隙，以及钢板弹簧与支架、吊耳，吊耳与支架两侧的间隙应符合技术要求（两侧各为 0.5～1.0mm），否则应加垫调整。销轴装好后，应装好锁紧装置及润滑油嘴。安装减振器时，拉杆孔内的橡胶套等应完整。

（2）后桥的装配。将装有轮胎和钢板弹簧的后桥推至车架下面，使钢板弹簧前端与支架相连接形成固定旋转支承端，后端通过吊耳销、吊耳、支架销和后支架相连（或滑板结构），形成摆动（或滑动）支承端。也可先在车架上装好钢板弹簧，再装后桥和车轮，其他方法同前桥安装。

（3）轮胎换位。如果不更换新轮胎，应按要求对轮胎进行换位。

（4）制动器的装配。安装液压制动装置时，应先装上制动总泵，然后安装制动油管，使与前后轮分泵（轮缸）连接。安装气压制动时，应先装贮气筒与控制阀，然后再连接各部管路。所有管路应卡装牢固，管道与车架以及相互摩擦处用橡胶套隔开，以防行驶中颠动折断或磨破。

（5）离合器踏板及制动踏板的装配。将踏板安装支架固定在车架上，在支架上装好离合器踏板和制动踏板，装好离合器叉的拉杆、总泵推杆或控制阀拉杆，安装回位拉簧。

（6）发动机和变速器的装配。安装时，发动机和变速器可先装在一起，然后吊装到车架上，也可分别安装。安装发动机时，要注意在支承处安装橡胶垫，并使垫子原有厚度保持不变。发动机与车架间如有支承拉杆，应按规定装好。

（7）传动轴的装配。将传动轴置于车架下面，将万向节凸缘接头前后分别与变速器及主减速器凸缘相连接，中间支架与车架固定。装好的传动轴，两端的万向节叉应在同一平面上，防尘套等应按要求装备齐全。

（8）消声器的装配。消声器管与排气歧管凸缘连接处应安装石棉衬垫并用螺栓均匀紧固。用夹箍将消声器安装固定，并装好消声器排气管，消声器及排气管夹箍的固定螺栓等应可靠紧固、锁止。

（9）驾驶室的装配。吊装驾驶室时，应注意不使外表各部受到碰损变形，与车架固定处应装橡胶软垫，固定螺栓螺母下应装平垫圈。螺母拧紧后应用开口销锁止。安装驾驶室后即可安装油门操纵装置等连接部分。

（10）转向机的装配。转向机壳在车架上的固定螺栓应装弹性锁紧垫圈，螺栓先不拧紧，把转向管柱在驾驶室内固定后再拧紧固定螺栓螺母。然后安装转向摇臂，摇臂与摇臂轴安装时应注意对正装配标记，可靠紧固并锁止，最后，连接直拉杆并用开口销可靠地锁住。

（11）燃油箱的装配。将燃油箱安装到原来位置，油箱位置在驾驶室内的，螺栓下有弹簧必须照原样装好，螺母拧紧并锁止；油箱在侧面安装的，应用带衬垫的夹箍固定到车架上的油箱支架上。

（12）翼子板和脚踏板的装配。用螺栓把脚踏板安装到车架的相应支架上，然后装挡泥板和翼子板。在挡泥板和翼子板间应装有密封条，翼子板与脚踏板连接处应装有橡胶衬垫。

（13）散热器的装配。将散热器和固定支架组装好，然后将其安装到车架上，散热器与车架连接处应装橡皮软垫或弹簧；拧紧螺母时不能使弹簧或胶垫压死而失去弹性；螺母装好后应用开口销等锁止，最后连接散热器和水泵及发动机上进出水胶管、装好百叶窗拉杆等。安装发动机罩及拉杆。

（14）全车电气线路及仪表装配。电线所经各处，应与板壁表面紧密贴合，并按规定装好

214

线夹，两线夹之间的线应拉紧，所有线接触处应良好、不松动；各电器开关工作应可靠，灯泡安装应牢固，车辆行驶时灯光不得闪烁。

（15）加注润滑油、制动液和冷却液。在加油嘴或加油塞处，按原设计规定加足润滑脂或润滑油；如为液压制动，应在总泵内加足制动液。加足燃油和散热器内的冷却水。

（16）货箱的装配。吊装车箱，用 U 形螺栓将车箱与车架固定，U 形螺栓处车与架纵梁的槽内应装衬木。安装车箱时应注意车箱前部与驾驶室之间保持规定的距离。

（17）装配中及装配后的检查与调整。在装配中和装配后，还应检查和调整离合器踏板自由行程、前轮前束、转向盘游动间隙、制动踏板自由行程、制动蹄毂间隙、轮胎气压等项目。行驶中如发现问题，还应再次进行检查调整。

6. 总装后的检验

对于总装完工后的汽车，还要进行竣工检验，确认各总成的技术状况是否符合技术要求，整车的使用性能是否良好。总装后的检验一般分行驶前、行驶中和行驶后的检验三个方面。

（1）行驶前的检验。汽车行驶前的检验，主要是查明汽车各项装备是否齐全，装配是否达到原设计的技术要求，发动机运转和仪表工作是否正常，应润滑的部位是否已加注润滑油等。检验时，一般由两人配合进行，将被检车辆停放在平坦干燥的地面或检验地沟上。

1）车辆外观的检查：

a）观察翼子板、保险杠、发动机罩、驾驶室等，外表形状应正确，曲面圆滑，转角处无折皱，蒙皮平整无松弛及机械损伤等，驾驶室、翼子板左右应对称，各对称部位离地面高度差不得大于 10mm。

b）检查车前前拖钩安装是否牢固，散热器罩、发动机罩、翼子板、驾驶室等相互配合处缝隙是否合适均匀，螺栓紧固锁止是否可靠，前照灯安装紧固是否端正可靠。高级轿车还要检查前后保险杠和组合灯具的安装是否平滑、美观，全车装饰条是否齐全、光洁。

c）检查车身两侧各车门。要求车门开关自如灵活、声响轻柔。车门与车身的接合应严密，密封条接缝处不宜太大。车门玻璃升降轻松自如，不应有沉重的感觉和异响。

d）检查车箱内各部件是否配齐，边板缝隙是否超过规定，金属货箱的底板和边板有无变形、裂缝、脱焊现象，车架铆钉有无松动。

e）检查油箱、蓄电池架和备胎架安装是否牢固。

f）检查新喷漆的车辆的漆层有无裂纹、起泡、流痕、皱纹、斑点等缺陷。

g）对车辆进行淋水试验，检查风窗玻璃、车门玻璃等处有无漏水、渗水现象。

2）车下的检查：

a）从车下检查转向机、制动总泵等安装是否牢固。转向机各连接部位应不松旷；制动及转向机构各处的开口销、弹簧及平垫圈、螺母等是否按要求装配齐全、锁止可靠。

b）检查变速器、后桥壳内油平面是否符合规定。检查下曲轴箱、变速器、制动总泵等处有无漏出或溅上的油迹。如发现油迹应擦干净，以便行驶后检查证实其是否漏油。

c）检查钢板弹簧各片是否错位，U 形螺栓是否紧固，管路、电线等是否装卡可靠，铆钉是否松动。

d）检查传动轴、万向节是否松动。

3）打开发动机盖进行检查：

a）检查发动机盖开启、关闭是否灵活，支承是否可靠。

b）检查发动机附件是否齐全完好，风扇带松紧是否合适，进出水管、进回油管的卡箍是否紧固，电器插头和真空软管是否安装到位，线束走向是否合理、明晰。

c）检查冷却液、制动液和机油液面是否合乎标准，各处有无漏水漏油现象。

d）检查小客车悬架固定螺栓是否紧固。

4）驾驶室内检查：

a）制动踏板、油门踏板的高度应符合要求，不合适时应进行调整；手制动操纵杆拉到底应为3～5响（即棘爪在扇形齿板上移动3～5齿），不符合要求时应予以调整。

b）检查风窗玻璃的支承机构是否可靠。玻璃关闭应严密，不漏水，驾驶室通风、暖气等装置应完好。

c）检查制动踏板、离合器踏板的自由行程及驻车制动的有效行程是否符合要求。踏板在地板的开缝内移动时，不应有摩擦和卡滞现象；踩下踏板至极限位置后，放松踏板，踏板应能迅速回位。

d）检查喇叭、仪表、灯光、信号标志是否齐全，工作是否可靠，检查散热器百叶窗开闭是否灵活、到位。

e）检查转向盘游隙是否符合要求。

f）扳动变速杆，检查其摆动量，观察变速杆是否能轻便地挂入相应挡位。

g）检查座椅前后移动是否轻快、到位，座椅靠背仰角是否符合要求。

5）发动机运转情况的检查。启动发动机，检查怠速转速和点火正时是否正常；观察尾气有无冒黑烟或蓝烟等不正常现象，调整发动机到正常状态。

6）车轮的检查：

a）用气压表检查轮胎气压是否正常。

b）检查前轮前束是否符合规定。

c）顶起前桥转动转向盘，检查前轮转向角度是否达到要求；轮胎有无与直拉杆、钢板弹簧、翼子板等碰擦现象。

d）旋转前轮，检查制动毂是否与制动蹄片摩擦；用手摆动轮胎，检查转向节销及轮毂轴承等有无间隙过大现象。

e）顶起后桥转动车轮，检查制动毂是否与蹄片摩擦；驱动后车轮旋转，检查其有无摇摆现象。

（2）行驶中的检验。检验的主要目的是考查底盘各总成工作是否正常。行驶时一般应装载额定载质量的75%进行试验，如果没有难以确定的故障，行驶距离一般不超过30km，但也不应少于使车辆运转部分达到正常温度的距离，行驶速度以不超过30km为宜。

行驶中，应谨慎操作、注意安全。因为未经过行驶检验确定前，车辆各部分工作不能认为是十分可靠的。行驶中的检验项目如下：

1）行驶起步前，应使发动机达到正常工作温度，检查仪表和信号装置、发动机运转是否符合使用要求。

2）起步时离合器结合应平稳可靠，无发抖、打滑、响声等现象；换挡时离合器分离应彻底、操纵轻便。

3）低速行驶2～3km，使底盘各运转部分温度逐渐升高，润滑正常，注意各部分有无异常响声，轻踩一下制动踏板检查制动装置是否有效。然后提高车速，检查转向是否轻便灵活，有无跑偏、单边重及摆头现象。

4）选择适当场地试验车辆最小转弯半径。

5）在加速及减速中仔细听变速器、分动器、传动轴、主减速器和差速器等处有无响声，察听响声时应注意：

a）在不同挡位不同稳定车速下，允许齿轮有不同的轻微响声。

b）在低一挡位，车速突然变化时，允许齿轮有瞬间的撞击声。

c）传动轴在正常行驶时，不应有响声，但在行驶力不足而未及时换入低速挡时允许有轻微的响声。

d）前桥等速万向节，在车辆作最大转弯时允许有响声。

e）检验车辆的滑行性能。汽车空载行驶，初速为 30km/h，滑行距离应不少于 220m。

f）加速性能试验。带限速位置的汽车，以直接挡空载行驶，从初速 20km/h 加速到 40km/h 的时间应符合规定。

g）检验车辆的制动性能。路试时，小型车空载以 30km/h 运行，踏板力为 350N（有加力装置）的制动距离不大于 6.2m。中型车以 20km/h 行驶，踏板力为 600N（无加力装置）时的制动距离不大于 3.0m。对驻车制动装置的制动性能要求是：在车速不超过 15km/h 时，缓缓拉动手制动操纵杆，应能制动住车辆，或在 20%～30% 的坡道上能制动住车辆不下滑。

h）路试中还应注意车身等处有无松动响声，门窗等开关机构是否牢靠。

i）必要时，行驶中应停车检查变速器、主减速器，油温不应超过 70℃（气温不超过 35℃ 时）；传动轴油封、轮毂轴承等处温度是否过高，用手摸上述各部位不应烫手，在使用制动后，制动毂不应发烫。检查各处有无漏油、漏水现象。

（3）行驶后的检验。主要检查车辆经过行驶运转，道路颠簸振动后，各部机件温度是否正常，有无漏水、漏油、松动、脱落或其他异常故障。检验时，将车辆停放在平坦干燥的地面或检验地沟上按下列顺序进行：

1）检查各轮毂、制动毂、主减速器、传动轴、中间支承轴承等处温度是否正常。

2）检查散热器、水泵、气缸盖衬垫等处有无漏水。

3）检查汽油、机油及制动管路等处有无漏油、漏气；下曲轴箱、正时齿轮盖、气门室盖等处是否漏油。

4）检查变速器、后桥、传动轴等处衬垫、螺孔及油封处是否漏油。检查制动阀、控制阀或制动总泵、分泵增压器、软管和硬管接头有无漏气或漏制动液现象。对气压制动车辆，应旋松贮气筒放气开关，检查有无窜油现象。

5）拆下火花塞，观察其电极不得有发黑或机油油渍，重新校正发动机怠速，当突然加速或减速时，发动机不应熄火，重新检验气缸压力，其数值应符合原厂规定。按照规定力矩重新拧紧气缸盖螺栓、前后轮胎螺栓、后半轴螺栓、前后钢板弹簧中心螺栓及 U 形螺栓等。

实验考核

▶ 考核要求

（1）按正确的操作步骤进行拆装。

（2）有关力矩必须按标准拧紧，使之符合技术标准。

▶ 考核时间

考核时间 200min。

▶ 考核标准

考核内容和评分标准见表 6-1。

表 6-1   汽车的总装实验考核内容和评分标准

考核项目	分值	评分标准	评价结果
正确使用工具	10	工具使用不当扣 10 分	
拆卸顺序符合要求	30	拆卸顺序不符合要求扣 30 分	
装配顺序符合要求	40	装配顺序不符合要求扣 40 分	
整理工具、清理现场	10	每项扣 2 分，扣完为止	
遵守相关操作规范	10	因违规操作发生人身和设备事故，此项按 0 分计	
分数合计	100		

实验报告

实验结果整理与分析（实验报告模板见附录）。

附录

实验报告样例

实 验 报 告

班　　级		学　　号		姓　　名		
实验序号				日　期	年　月　日	
实验名称						
实验内容						
拆装方法及步骤						
注意事项						
指导教师评语				教师		
				日期	年　月　日	